COLEÇÃO
ABERTURA
CULTURAL

Copyright © 2000 by Roger Kimball.
First published in the United States by Ivan R. Dee, Inc. Lanham, Maryland U.S.A.
Reprinted by permission. All rights reserved.
Copyright da edição brasileira © 2016 É Realizações
Título original: *Experiments Against Reality. The Fate of Culture in the Postmodern Age*

Editor | Edson Manoel de Oliveira Filho

Produção editorial e projeto gráfico | É Realizações Editora

Preparação de texto | Nina Schipper

Revisão | Paulo Felipe Mendrone

Capa | Daniel Justi

Imagem da capa | © Rijksmuseum © Cary Markerink

Reservados todos os direitos desta obra. Proibida toda e qualquer reprodução desta edição por qualquer meio ou forma, seja ela eletrônica ou mecânica, fotocópia, gravação ou qualquer outro meio de reprodução, sem permissão expressa do editor.

CIP-BRASIL. CATALOGAÇÃO NA PUBLICAÇÃO
SINDICATO NACIONAL DOS EDITORES DE LIVROS, RJ

K62e

Kimball, Roger, 1953-
   Experimentos contra a realidade : o destino da cultura na pós-modernidade / Roger Kimball ; tradução Guilherme Ferreira Araújo. - 1. ed. - São Paulo : É Realizações, 2016.
   368 p. ; 23 cm.   (Abertura cultural)

   Tradução de: Experiment against reality
   Inclui índice
   ISBN 978-85-8033-265-0

   1. Literatura - História e crítica. 2. Crítica literária. I. Araújo, Guilherme Ferreira. II. Título. III. Série.

16-33030
CDD: 809
CDU: 82.09

É Realizações Editora, Livraria e Distribuidora Ltda.
Rua França Pinto, 498 · São Paulo SP · 04016-002
Caixa Postal: 45321 · 04010-970 · Telefax: (5511) 5572 5363
atendimento@erealizacoes.com.br · www.erealizacoes.com.br

Este livro foi impresso pela Edições Loyola em junho de 2016. Os tipos são da família Sabon Light Std e Frutiger Light. O papel do miolo é o off white Norbrite 66 g, e o da capa, cartão Poplar Board 300 g.

EXPERIMENTOS CONTRA A REALIDADE

O Destino da Cultura na Pós-modernidade

Roger Kimball

TRADUÇÃO DE GUILHERME FERREIRA ARAÚJO

Sumário

Agradecimentos 7

Experimentos contra a Realidade 9

PARTE I

Capítulo 1 | Arte *versus* Esteticismo: O Caso de Walter Pater 35

Capítulo 2 | A Importância de T. E. Hulme 53

Capítulo 3 | Uma Ânsia de Realidade: T. S. Eliot Hoje 69

Capítulo 4 | Wallace Stevens: Avaliador de Alegações Metafísicas 91

Capítulo 5 | O Auden Permanente 103

Capítulo 6 | A Primeira Metade de Muriel Spark 121

Capítulo 7 | As Qualidades de Robert Musil 139

PARTE II

Capítulo 8 | James Fitzjames Stephen *versus* John Stuart Mill 165

Capítulo 9 | O Legado de Friedrich Nietzsche 195

Capítulo 10 | O Mundo Segundo Sartre 219

Capítulo 11 | As Perversões de Michel Foucault 241

Capítulo 12 | As Angústias de E. M. Cioran 263

PARTE III

Capítulo 13 | A Banalização do Ultraje 281

Capítulo 14 | "As Duas Culturas" Hoje 309

Capítulo 15 | Francis Fukuyama e o Fim da História 323

Capítulo 16 | Joseph Pieper: Ócio e seus Dissabores.......................... 339

Índice Remissivo 353

Agradecimentos

Quando mencionei a um amigo que eu estava pensando em chamar este livro de *Experimentos contra a Realidade*, ele disse: "Você não quis dizer *experimentos com a realidade*?". No que diz respeito ao uso corrente da língua inglesa, meu amigo obviamente estava correto. Mas eu tinha em mente a descrição feita por Hannah Arendt do totalitarismo como um tipo de "experimento contra a realidade"[1] – o qual, entre outras coisas, encorajou as pessoas a crerem que "tudo era possível e nada era verdadeiro". Quanto da cultura moderna essa crença – fiando-se naquilo que Arendt chamou de "mistura de credulidade e cinismo" – parece caracterizar! Nos capítulos a seguir, tentarei delinear alguns dos procedimentos comuns usados para realizar tais experimentos. Este livro é, pois, em grande medida, uma crônica de desencanto espiritual – ora engenhosamente obstada, ora abraçada com entusiasmo. Devo acrescentar, contudo, que os leitores também encontrarão nela numerosas passagens afirmativas; *Experimentos contra a Realidade* testemunha não só as degradações da modernidade, mas também os gestos de reconhecimento – frequentemente inesperados – que essas degradações suscitaram. "O gênero humano", observou T. S. Eliot, "não pode

---

[1] Hannah Arendt, *Origens do Totalitarismo*. Trad. Roberto Raposo. São Paulo, Cia. das Letras, 1989, p. 442. (N. T.)

suportar tanta realidade."[2] Mas quanta realidade é preciso trazer à luz para dar-se conta da verdade dessa observação?

Versões anteriores da maior parte destes ensaios foram publicadas na *The New Criterion*. O ensaio sobre Wallace Stevens, aqui expandido, teve como ponto de partida uma resenha publicada no *The Times Literary Supplement*. Partes de *A Trivialização do Ultraje* foram publicadas nos periódicos *The Public Interest* e *The American Outlook*; uma versão anterior desse ensaio foi proferida na Conferência de Vice-Reitor *The American Century from Afar*, em Melbourne, Austrália, em 1999, patrocinada pela Conversazione Society de Boston, Oxford e Melbourne.

A título pessoal, gostaria de registrar minha profunda gratidão para com Hilton Kramer, cujas contribuições editoriais ao longo de quase vinte anos me inspiraram e igualmente me livraram de incontáveis erros. Gostaria ainda de agradecer a amizade e as excelentes intervenções editoriais de meus colegas de ontem e hoje da *The New Criterion*: Christopher Carduff, Erich Eichman, Sara Lussier, Robert Messenger, Robert Richman, Maxwell Watman e David Yezzi. Sou grato a todos eles. Por fim, é com grande prazer que agradeço a ajuda decisiva e o constante companheirismo intelectual de Alexandra Kimball, *coniunx sine qua non*.

Roger Kimball
Julho de 2000

---

[2] T. S. Eliot, *Burnt Norton*. In: *Quatro Quartetos*. Trad. Ivan Junqueira. Rio de Janeiro, Civilização Brasileira, 1967. (N. T.)

Experimentos contra a Realidade

> A mim, não têm lá muita utilidade noções como "valor objetivo" e "verdade objetiva".
> – *Richard Rorty*, Trotsky and the Wild Orchids

> Tanto o homem que não consegue acreditar em seus sentidos quanto aquele que não consegue acreditar em nada que não em seus sentidos são tolos, mas a tolice deles não é provada por um erro qualquer em sua argumentação, mas pelo evidente equívoco de sua vida inteira.
> – *G. K. Chesterton*, Ortodoxia

No prefácio de sua obra magna, *Literatura Europeia e Idade Média Latina* (1948), o grande erudito alemão Ernst Robert Curtius observou que seu livro, apesar da intimidadora erudição, não era "um produto de interesses puramente acadêmicos". Ao contrário,

> surgiu de uma preocupação em preservar a cultura ocidental. Ele visa a propiciar uma compreensão da tradição cultural ocidental na medida em que ela se manifesta na literatura. Ele intenta iluminar a unidade daquela tradição [...] através da aplicação de novos métodos. [...] Em meio ao presente caos intelectual, tornou-se necessário [...] demonstrar essa unidade. Mas a demonstração só pode ser feita de uma perspectiva universal. Tal perspectiva é proporcionada pela Latinidade.[1]

Não seria fácil encontrar uma passagem mais contrária, em tom ou conteúdo, às suscetibilidades que atualmente dominam o panorama cultural. Ao falar em "novos métodos", Curtius a princípio pode despertar algum entusiasmo nos defensores da teoria literária da moda – afinal, a palavra "método" inquieta-os como um toque

---

[1] Salvo indicação em contrário, as citações foram traduzidas livremente pelo tradutor deste volume. (N. E.)

de sino inquietou o cão de Pavlov –, no entanto, se de fato viessem a lê-lo, eles achariam a paciente investigação de *topoi* literários de Curtius – pois era isso o que ele queria dizer com "novos métodos" – irremediavelmente *retardataire*. E, das coisas que separam Curtius das suscetibilidades reinantes, seu método é a menor. Muito mais importante é sua discreta, porém determinada, preocupação com a "preservação da cultura ocidental", seu esforço para exibir "a unidade dessa tradição", sua crença numa "perspectiva universal" a partir da qual o "caos intelectual" de seu tempo pode ser efetivamente abordado. Até sua inclinação ao latim, "língua dos homens educados durante os treze séculos compreendidos entre Virgílio e Dante", assinala-o como uma excentricidade no atual ambiente intelectual.

Hoje a simples ideia de que pode haver algo distintivo na tradição cultural ocidental – algo, dentre outras coisas, eminentemente digno de ser preservado – é atacada de todos os lados. Multiculturalistas na academia e em outras instituições culturais – museus, fundações, indústria do entretenimento – despendem seu tempo denunciando o racismo, o sexismo, o imperialismo e o etnocentrismo do Ocidente. A unidade cultural celebrada por Curtius é contestada por uma série de praticantes da segregação intelectual, ansiosos por advogar o relativismo e atacar aquilo que enxergam como a "hegemonia" do eurocentrismo na arte, na literatura, na filosofia, na política e até mesmo na ciência. O ideal de uma "perspectiva universal" a partir da qual as façanhas do Ocidente possam ser compreendidas e disseminadas é ridicularizado por partidários dos estudos pós-coloniais, dos estudos culturais e do neopragmatismo, que o tacham de provinciano ou de algo ainda pior: de perigosa e arrogantemente "fundacionalista".

Como escreveu logo após a Segunda Guerra Mundial, ao falar no "caos intelectual" de seu tempo é natural que Curtius tivesse em mente sobretudo as agressões do totalitarismo. Hoje os comissários culturais – pelo menos até agora – não controlam quaisquer forças governamentais ou policiais. Mas o caos intelectual e espiritual que sancionam é potencialmente tão perturbador e paralisante quanto qualquer tipo de niilismo. A filósofa política Hannah Arendt certa vez descreveu o totalitarismo como um "experimento contra a realidade". Entre outras coisas, ela tinha em mente a peculiar mistura de credulidade e cinismo a que os movimentos totalitários incitam: um amálgama que fomenta um crepúsculo intelectual no qual as pessoas acreditam em "tudo e nada, pensam que tudo é possível e que nada é verdadeiro". É nesse sentido que os relativistas culturais de hoje revelam uma mentalidade totalitária. Seus esforços por desestabilizar a tradição intelectual do Ocidente são, pois, um sem-número de experimentos contra a realidade: a realidade de nosso legado cultural e espiritual.

Dar exemplos e descrever os efeitos desses experimentos contra a realidade é algo simples, mas descobrir a exata natureza deles – o que os motiva, o que eles pressagiam – é mais difícil. Eles são tão amorfos quanto difusos e virulentos. Portanto, é mais fácil perder-se no labirinto de barbarismos concorrentes: desconstrucionismo, estruturalismo, pós-colonialismo e teoria *queer* para o café da manhã; estudos culturais pós-desconstrucionistas e feminismo lacaniano para o almoço. Quem poderá prever o que será servido no jantar? O *menu* é infinito; e infinitamente hermético. E há ainda temas recorrentes, argumentos e convicções. Acima de tudo, há suposições unificadoras, muitas vezes apenas semiarticuladas, sobre a estabilidade da natureza humana, o sentido da tradição, o escopo e os critérios do conhecimento. Num apêndice aos *Essays on European Literature*, Curtius deu uma vez mais um contraexemplo arrasador para o que hoje se toma como sabedoria: fala da "conexão essencial entre amor e conhecimento" e enfatiza a *receptividade* do crítico, sua subserviência àquela realidade que ele busca compreender. "A recepção é condição essencial para a percepção", escreveu Curtius, "e isso leva, mais tarde, à concepção." Numa época em que a insolência do crítico só é equiparável à estultícia de suas teorias, a insistência de Curtius em que o conhecimento tem uma eterna dívida de gratidão com a realidade – que a erudição, como ele coloca, "tem sempre de permanecer objetiva" – é uma nota animadoramente dissonante.

De alguma forma, as reflexões de Curtius sobre as responsabilidades da erudição são – ou devem outrora ter sido – trivialidades. O problema da atualidade é que tais trivialidades tornaram-se extraordinariamente incomuns. O ideal erudito da diligência paciente é tão *démodé* quanto um compromisso com o ideal da objetividade. Tanto é assim, que nesses breves comentários Curtius tocou numa questão de crucial importância para quem quer que se preocupe com o futuro do passado europeu. Por trás de sua insistência na atitude essencialmente receptiva do crítico, existe um reconhecimento de que a realidade, no final das contas, transcende os esforços que empregamos para controlá-la. É a realidade que nos diz algo, não somos nós que lhe damos lições. Por outro lado, o completo comprometimento de Curtius com a erudição e com a "preservação da cultura ocidental" tem por base a fé em que a busca da verdade não é inútil. Se temos de esperar pela verdade, não esperaremos em vão. Essa postura dupla – aceitação da limitação humana e afirmação da capacidade humana – é o fundamento de seu intento erudito e o vincula à grande tradição humanística da qual ele foi um tardio e eloquente porta-voz. Por fim, é também o que o põe em conflito com os inimigos daquela tradição. Há duas grandes questões em discussão nesse conflito: a relação entre verdade e valor cultural, e a autoridade da tradição como zeladora das aspirações espirituais do gênero humano.

Das várias coisas que caracterizaram o principal curso da cultura europeia, talvez não haja algo mais fundamental do que a fé no poder libertador da verdade. Pelo menos desde que Platão descreveu a verdade como o "alimento da alma" e a vinculou à ideia de bem, a verdade tem sido, no Ocidente, um componente normativo bem como intelectual. Nesse sentido, conhecer a verdade tem sido considerado uma questão não só de compreensão, mas também de esclarecimento, e sua concretização, uma proeza moral bem como cognitiva. O hábito de julgar "de acordo com a reta razão", na famosa fórmula aristotélica, era tido como uma expressão tanto de caráter como de inteligência. Dizer sim à verdade implicava tanto ascensão como assentimento. A filosofia, o "amor à sabedoria", propôs a liberdade não apenas da ignorância, senão também da ilusão. "Vós conhecereis a verdade", diz-nos o Evangelho de São João, "e a verdade vos libertará." O otimismo inerente a esse imperativo subjaz não só às molas mestras da religião ocidental, mas também ao desenvolvimento de suas instituições científicas e políticas desde o tempo dos gregos até depois do Iluminismo.

É claro que essa imagem edificante teve uma enorme concorrência. "Que é a verdade?", perguntou Pôncio Pilatos enquanto lavava suas mãos; e assim dava às novas gerações de cínicos um modelo exemplar. No final de *A República*, Sócrates diz que a "principal preocupação" do filósofo deve ser "fazer uma escolha racional entre a vida melhor e a pior, em conformidade com a natureza da alma". Mas, numa passagem anterior do diálogo, ele admite que muitos dos que se devotam obstinadamente à filosofia tornam-se excêntricos, ou mesmo *pamponérous* ("completamente depravados"). O personagem de Trasímaco, escarnecendo de Sócrates com a declaração de que "a justiça não é senão a vantagem do mais forte", proporciona uma imagem duradoura do tipo – ou de um dos tipos – de niilista moral cuja influência Platão temia.

Na Idade Moderna, ninguém levou adiante a provocação com mais sutileza ou mais radicalidade do que Friedrich Nietzsche. Num célebre epigrama, Nietzsche escreveu que "nós temos a arte para que a verdade não nos faça perecer". Seu pensamento pertubador era o de que a arte, em sua inclinação para a ilusão e o faz de conta, não se prestava tanto a dar graça à vida quanto a servir de agradável distração dos horrores da vida. Mas o verdadeiro radicalismo de Nietzsche, como tentei mostrar em "The Legacy of Friedrich Nietzsche", estava no modo como ele empreendeu uma leitura da vida *contra* a verdade. Invertendo a doutrina platônico-cristã que vinculava a verdade ao bom e ao belo, ele declarou que a verdade era "feia". Suspeitando que "a vontade da verdade poderia constituir uma dissimulada vontade de morte", Nietzsche audaciosamente insistiu que "o valor da verdade precisava ser definitivamente *questionado*". Essa foi a fonte moral donde jorraram todas aquelas famosas fórmulas nietzschianas sobre verdade e conhecimento – como, por exemplo, "não há fatos, apenas interpretações"[2] ou "dizer a verdade é simplesmente mentir segundo uma convenção estabelecida", etc. Como Nietzsche reconheceu, sua tentativa de oferecer uma genealogia da verdade conduziu diretamente "de volta ao problema moral: *de que serve a moralidade*, se a vida, a natureza e a história são 'imorais'?".

Dificilmente se sobrestima a influência de Nietzsche sobre a vida intelectual contemporânea. "Eu sou dinamite", declarou ele pouco antes de afundar numa irremediável loucura. Ele estava certo. De um modo ou de outro, seu exemplo é pano de fundo indispensável para quase todos os movimentos intelectuais destrutivos que o século XX testemunhou. O filósofo Richard Rorty sintetizou a importância de Nietzsche quando observou com entusiasmo que "foi Nietzsche quem primeiro sugeriu explicitamente que abandonássemos de vez a ideia de 'conhecer a verdade'".

Pode-se argumentar que parte da influência de Nietzsche deve-se a um equívoco. Não foi, por exemplo, totalmente culpa de Nietzsche que ele viesse a se tornar, na prática, o filósofo da casa dos nazistas. Mas tampouco se pode exonerá-lo completamente disso. Se tivesse vivido para ver o nacional-socialismo, Nietzsche o teria rechaçado, especialmente por seu antissemitismo e por seus elementos *marginais*. Mas sua constante glorificação da violência, sua doutrina da "vontade de potência", sua distinção entre moral "de senhores" e "de escravos",

---

[2] A frase consta de uma de suas anotações em cadernos (*Nachlass*). (N. T.)

sua imagem do *Übermensch* "além do bem e do mal": tudo isso caiu como uma luva aos nazistas, porque a brutalidade das ideias do filósofo condizia com a brutalidade das exigências dos nazistas. Mesmo que Nietzsche quisesse dizer algo diferente do que diziam os nazistas, havia algo de "semelhante atraindo semelhante" quando suas ideias e sua retórica começaram a ser usadas por eles.

A influência moral e intelectual de Nietzsche sobre nossos contemporâneos aponta para complexidades similares. É de se imaginar que Nietzsche repugnaria *poseurs* como Jacques Derrida e Michel Foucault, para citar apenas dois nomes. Que mau gosto! Que escrita terrível! Mas as filosofias deles são inconcebíveis sem o exemplo de Nietzsche. E, mais uma vez, há muito no pensamento de Nietzsche que atende às necessidades da desconstrução, do pós-estruturalismo e de muitas de suas ramificações e transmutações. A obsessão de Nietzsche pelo poder é novamente central, em particular sua subjugação da verdade a cenários de poder. (A insistência de Foucault em que a verdade é sempre um coeficiente de "regimes de poder" é simplesmente Nietzsche remodelado em couro negro.) E que seria de nossos desconstrucionistas e pós-estruturalistas sem esta declaração de Nietzsche, incessantemente citada: a verdade é "um volúvel batalhão de metáforas, metonímias e antropomorfismos"? Um desconstrucionista sem a palavra "metonímia" é algo lastimável, como um cão sem seu osso favorito.

Conceitualmente, observações que são hoje a assinatura de Nietzsche, como "tudo quanto é louvado como moral é, em essência, idêntico a tudo quanto é imoral", pouco têm a acrescentar à mensagem que Trasímaco deixou-nos há 2.500 anos. Elas são o resultado previsível da união do nominalismo com o desejo de dizer algo chocante, uma combinação perene entre os intelectualmente impacientes. O verdadeiro radicalismo de Nietzsche surge da grandiosidade de sua insolência. Seu ateísmo militante resumido no "Deus está morto" tem seu corolário: o sonho da autocriação absoluta, de um novo tipo de ser humano, forte o suficiente para prescindir da moral herdada e criar, para citar Nietzsche, suas "próprias e novas tábuas de valores". Essa ambição reside na base da meta de Nietzsche de levar a cabo uma "transvaloração de todos os valores". É isso também o que torna sua filosofia um solvente tão eficaz do pensamento moral tradicional.

Essa é pelo menos a *substância* daquilo que faz de Nietzsche "dinamite" filosófica. O detonador fica a cargo do estilo singular de Nietzsche. Como estilista, Nietzsche teve muitos defeitos. Sua retórica pode ser tão pomposa quanto sua megalomania. Mas quase todos hão de concordar que Nietzsche era um escritor extraordinariamente sedutor, ainda que por vezes fosse intimidador. E também é preciso dizer que os excessos da retórica nietzschiana estavam geralmente ao serviço de uma seriedade permanente no que tange a coisas profundas. Ele pode até ter errado sobre muitíssimas coisas – sobre as coisas mais importantes –, mas ele jamais foi frívolo. Infelizmente, muitos dos imitadores e discípulos de Nietzsche copiaram a extravagância de sua conduta, ao passo que negligenciaram seu propósito, que, no final das contas, era sério. A rigor, seu exemplo muito fez para emancipar a frivolidade – aquilo que o filósofo David Stove com sagacidade chamou de *enfant terriblisme* – como um aceitável tique acadêmico. Quando combinado à portentosidade polissilábica de seu discípulo Martin Heidegger – outra influência importante sobre o estilo dos desconstrucionistas – o efeito é fatal: uma frivolidade portentosa, o pior dos dois mundos. Nietzsche certa vez escreveu que "ao escrever, uma pessoa não quer apenas ser compreendida, mas quer, tão seguramente quanto isso, não ser compreendida". Como ele teria lamentado essa frase se lhe fosse dado antever a prosa acadêmica repugnante que seus escritos ajudaram a inspirar!

Poder-se-ia facilmente encher um livro de exemplos das várias maneiras como a filosofia e as humanidades de maneira geral abandonaram não só qualquer compromisso com a clareza de expressão, mas também a busca pela verdade e, enfim, a fé em seu próprio poder como instrumentos de um esclarecimento moral. Eis a matéria de que são feitas hoje as brilhantes reputações acadêmicas: humanistas cuja mensagem é o fim do humanismo, filósofos empenhados em demonstrar a total nulidade da filosofia. Vamos nos limitar aqui a uns poucos exemplos distintivos de um dos mais influentes herdeiros de Nietzsche, o desconstrucionista francês Jacques Derrida. Inspirado por Nietzsche, Derrida está sempre a falar da filosofia como um "jogo" ou uma forma de "jogar". Assim, ele começa seu livro *La Dissémination* com a seguinte frase: "Isto (portanto) não terá sido um livro". "Portanto", de fato. Isso se segue de uma... não, não é uma explicação, mas uma espécie de esfoliação, uma exuberância de arabescos verbais concebidos não para esclarecer as coisas senão para ornamentar a obstinação inicial com engenhosidade. É óbvio que tais "jogos" rapidamente se tornam insípidos; e assim Derrida, como muitos de seus epígonos, tenta apimentar as coisas introduzindo conversas sobre sexo sempre que possível. Ele não consegue aludir a Rousseau sem fazer longos interlúdios sobre masturbação; não consegue refletir sobre a escrita sem falar em incesto, e por aí vai. É o que D. H. Lawrence chamou de sexo na cabeça: um anêmico esforço acadêmico por demonstrar que, apesar das aparências contrárias, há de fato sangue nas veias deles (ou delas).

Tudo isso pode ser bastante desagradável, como bem sabe qualquer pessoa familiarizada com o atual meio acadêmico das Humanidades. Mas a maior das obscenidades é na verdade praticada com a linguagem. Eis aqui uma passagem relativamente amena do início de *A Farmácia de Platão*, o famoso ensaio de Derrida sobre o *Fedro*:

> Um texto não é um texto a menos que esconda do primeiro que chega, à primeira vista, a lei de sua composição e as regras de seu jogo. Um texto permanece, além disso, eternamente imperceptível. Suas leis e regras não se abrigam, contudo, na inacessibilidade de um segredo; elas simplesmente não podem jamais ser contadas, no *presente*, como algo que poderia ser rigorosamente chamado de percepção. [...] Se leitura e escrita são uma só coisa, como hoje é comum que se pense, se leitura *é*

escrita, essa unicidade não indica nem uma (con)fusão indiferenciada, nem uma identidade em perfeito descanso; o *é* que une a leitura à escrita precisa ser rompido.

É preciso, portanto, num único mas duplicado gesto, ler e escrever. E não teria entendido nada do jogo aquele que, nisso, não se sentisse autorizado a incrementar; ou seja, a acrescentar qualquer coisa velha. [...] O suplemento à leitura ou à escrita precisa ser rigorosamente prescrito, mas, pelas necessidades do *jogo*, pela lógica do *jogo*, sinaliza com o que o sistema de todos os poderes textuais tem de concordar e a que ele deve adaptar-se.

Talvez este seja o momento apropriado para recordar a definição de loucura de Chesterton: "Fazer uso da atividade mental de maneira tal, que se atinja a impotência mental". Se se penetrar as meadas da retórica de Derrida, um pensamento momentâneo mostrará que a lógica "rigorosamente prescrita" desse jogo está em completo curto-circuito pelo simples fato de que, na verdade, a leitura não é o mesmo que a escrita. Nunca foi e nunca será.

Essa estupefação deliberada – a proposição de Derrida de que a escrita vem antes do discurso provê-nos de outro exemplo – está no cerne da desconstrução. A frase mais famosa de Derrida é, sem dúvida, *il n'y a pas de hors-texte*, "não há nada fora do texto". Daí a negar que palavras podem se referir a uma realidade além das palavras, a negar que a verdade tem sua medida em algo além da rede dos nossos jogos de linguagem, é um curto caminho. *Dizer* "não há nada fora do texto" é fácil. Soa inteligente e radical. Mas é verdade? Se fosse, então haveria ao menos uma coisa "fora" do texto, a saber, a verdade da declaração "não há nada fora do texto".

Ocorre o mesmo com todas estas afirmações: "Sentido literal é algo que não existe" (Stanley Fish), "toda leitura é uma má leitura" (Jonathan Culler), "a verdade [...] não pode existir independentemente da mente humana" (Richard Rorty). Ou, de uma forma um pouco menos fragmentada, eis Frederic Jameson:

Na verdade, o problema de uma relação entre pensamentos e palavras leva a uma metafísica da "presença" e implica uma ilusão de que existem substâncias universais, nas quais nos vemos de uma vez por todas face a face com os objetos; de que significados existem, de modo que seria possível "decidir" se são inicialmente verbais ou não; de que o conhecimento existe e alguém pode adquiri-lo de forma tangível e permanente.

Todas essas declarações não só são essencialmente autorrefutáveis – Stanley Fish falava literalmente quando disse que "sentido literal é algo que não existe"? –, mas elas também têm a deficiência de ser continuamente refutadas pela experiência. Quando Derrida deixa a *Farmácia de Platão* e vai a uma parisiense, ele se torna tremendamente dependente do fato de que *existe* algo externo à linguagem, de que, quando ele pede uma *aspirina*, não lhe será dado, em vez disso, *arsênico*.

Muito da filosofia de Derrida depende de um acidente linguístico: o verbo *différer* ("diferir")[3] significa tanto "ser diferente" quanto "adiar". Com base nesse fato prosaico, ele teceu um argumento vertiginoso, cujo desfecho é o adiamento, o *diferimento* perpétuo do sentido de qualquer texto. Mas é óbvio que, se um farmacêutico inescrupuloso estiver em vias de lhe dar arsênico, Derrida aprenderá a religar significante e significado muito rapidamente, e lamentará, no tempo de vida que ainda lhe restar, ter apostatado da "nostalgia" logocêntrica e passado à "metafísica da presença".

Hoje costuma-se dizer que desconstrução e estruturalismo tornaram-se velharia, que o desfile de modas acadêmicas passou a outros entretenimentos: aos estudos culturais e aos vários híbridos neomarxistas de "teoria" e política da queixa (os chamados estudos "subalternos" e pós-coloniais, a teoria *queer*, os estudos de gênero, etc.). Isso

---

[3] O acidente linguístico que se dá no francês ocorre também em português: o verbo "diferir" possui ambos os sentidos, "adiar" e "ser diferente". (N. T.)

é parcialmente verdadeiro. É claro que os termos "desconstrução" e "estruturalismo" definitivamente não têm mais a marca distintiva que possuíam nos anos 1980 e no começo dos anos 1990. Tampouco o nome "Derrida" produz automaticamente a reverência e o maravilhamento entre os graduandos como outrora soía ("Foucault", contudo, parece ter mantido seu amuleto talismânico). Há basicamente duas razões para isso. A primeira delas tem que ver com Paul de Man, falecido professor belga de literatura comparada em Yale, que, além de ser um dos mais proeminentes praticantes da desconstrução, foi – conforme revelou-se no final dos anos 1980 – um colaborador entusiasta dos jornais nazistas durante a Segunda Guerra Mundial. Essa descoberta e, acima de tudo, a torrente de falsidade obscurantista vomitada pela fraternidade desconstrucionista-estruturalista – e não menos pelo próprio Derrida – para desculpar De Man fizeram que pousasse uma nuvem permanente sobre o *status* da desconstrução como um instrumento amplamente aceito de liberação intelectual. Derrida iniciou sua resposta da seguinte maneira:

> Na impossibilidade de responder às questões, a todas as questões, em vez disso, eu me perguntarei *se responder é possível* e o que isso significaria em tal situação. E arriscarei colocar várias questões *antes* da definição de uma *responsabilidade*. Mas não constitui um ato assumir, em teoria, o conceito de responsabilidade? A sua própria assim como a responsabilidade a que se acredita que é preciso chamar os outros?

Derrida concluiu virando a mesa sobre os críticos de De Man e argumentando que criticar De Man era o mesmo que "reproduzir o gesto exterminador do qual se acusa De Man, ele não se tendo preparado a tempo com a necessária vigilância".[4] Em outras palavras, criticar de Man seria, de certa forma, envolver-se na brutalidade nazista.

---

[4] Jacques Derrida, "Like the Sound of the Sea Deep within a Shell: Paul de Man's War". *Critical Inquiry,* vol. 14, 1988, p. 651. (N. T.)

A segunda razão pela qual a desconstrução se enfraqueceu está em que, como qualquer moda acadêmica, o método e o vocabulário da desconstrução, outrora tão novos e repulsivos, foram gradualmente tornando-se parte da moeda comum do discurso acadêmico. Mas é importante reconhecer que o próprio processo de assimilação assegurou a contínua influência da desconstrução e do estruturalismo. Os *termos* "desconstrução" e "estruturalismo" não são hoje evocados tão frequentemente quanto foram outrora; mas as ideias fundamentais a respeito da linguagem, da verdade e da moralidade que eles expressam são agora mais difundidas do que nunca. Se antes se restringiam aos departamentos de filosofia e literatura, agora suas doutrinas niilistas estão brotando cada vez mais longe: nos departamentos de História, Sociologia, Ciência Política e Arquitetura; nas faculdades de Direito e – Deus nos ajude! – de Administração. Fora da academia, a retórica da desconstrução penetrou museus e outras instituições culturais. Temas e pressupostos desconstrutivistas foram tornando-se mais e mais parte da atmosfera intelectual geral: assim como as ideias da psicanálise, foram absorvidos a tal ponto que circulam quase despercebidos, como se fizessem parte da poluição espiritual do nosso tempo. Quem poderia esquecer o político que, acusado de agir mal, disse em sua defesa que "tudo depende do sentido da palavra 'é'"?

Embora a linguagem da desconstrução e do estruturalismo seja repulsiva, a atratividade das doutrinas não é difícil de entender. É basicamente uma atratividade nietzschiana. Como a falecida filósofa e romancista inglesa Iris Murdoch observou em *Metaphysics as a Guide to Morals* (1992), "a nova metafísica antimetafísica promete aliviar os intelectuais e deixá-los livres para agir. Ora, o homem já 'amadureceu' e é forte o bastante para se livrar de seu passado".

De qualquer modo, essa é a ideia – a promessa é feita, mas, como numa fantasia desconstrucionista, é sempre adiada. Como Murdoch notou, uma parte daquilo que é censurável no *ethos* desconstrutivista-estruturalista "é o dano causado a outros modos de pensar e à literatura". Ao dissolver tudo num mar de significantes desancorados, a desconstrução encoraja-nos a obscurecer algumas distinções fundamentais: distinções entre disciplinas intelectuais, entre fato e ficção, entre certo e errado. Uma vez que valor intrínseco é "algo que não existe", no fundo não há razão para respeitar a integridade da literatura, da filosofia, da ciência ou de qualquer outra atividade intelectual. Tudo se torna forragem para o "jogo" dos desconstrucionistas – ou talvez "disparate" seja um termo mais apropriado. O que se perde de fundamental é a verdade: nas palavras de Murdoch, o ideal da "linguagem como verdadeira, onde 'verdadeiro' significa fiel a uma realidade que está além de nós – implicando um compromisso inteligente e reponsável com ela".

Com sua doutrina do *il n'y a pas de hors-texte*, a desconstrução é uma evasão da realidade. Nesse sentido, pode ser descrita como uma força reacionária: em vez de comprometer-se com a realidade, ela se esconde dela. Mas, uma vez que a descontrução opera por subversão, suas evasões são ao mesmo tempo um ataque: um ataque à irrefutabilidade da linguagem e às reivindicações morais e intelectuais que a linguagem codificou na tradição. O elemento subversivo inerente ao movimento desconstrutivista é outra razão pela qual este tem exercido tão hipnótico encanto sobre intelectuais ávidos por demonstrar sua radical *bona fides*. Porque ataca as bases intelectuais da ordem estabelecida, a desconstrução promete a seus partidários não só uma emancipação das responsabilidades implicadas na verdade, mas também a perspectiva de engajamento num gênero de ativismo radical. Um golpe contra a legitimidade da linguagem, imaginam eles, é ao mesmo tempo um golpe contra a legitimidade da tradição em que a linguagem está inserida e na qual tem um significado. Eles não estão enganados quanto a isso. Pois é minando a ideia de verdade que o desconstrucionista também consegue minar a ideia de valor, incluídos aí os valores sociais, morais e políticos estabelecidos. E é aqui, como Murdoch aponta, que "a afinidade profunda, o acordo velado entre estruturalismo e marxismo torna-se inteligível". Os desconstrucionistas em sua maioria podem parecer improváveis revolucionários; afinal, são acadêmicos, não agitadores. Mas seus ataques contra os valores herdados de nossa cultura é tão radical e potencialmente desestabilizante quanto qualquer coisa maquinada pelo Sr. Molotov.

O impulso desconstrucionista vem numa variedade de sabores, de amargo a enjoativamente doce, e pode prestar-se a uma ampla gama de perspectivas filosóficas. E isso é em parte o que o torna tão perigoso. Um dos desconstrucionistas americanos mais cativantes e influentes é Richard Rorty. Era uma vez Rorty, um sério filósofo analítico. Entretanto, desde finais dos anos 1970, ele foi se ocupando cada vez mais em explicar por que a filosofia precisa abandonar sua preocupação com coisas fora de moda, como a verdade ou a natureza humana. De acordo com ele, a filosofia deveria tornar-se uma forma de literatura ou – como ele às vezes coloca – um "fantasiar". Ele incitou o "obscurecimento da distinção entre literatura e filosofia e promoveu a ideia de um 'texto genérico', sem emendas, indiferenciado" no qual, diz, a *Metafísica* de Aristóteles, um programa de televisão e um romance francês poderiam amalgamar-se num bem talhado objeto de escrutínio hermenêutico. É dessa forma que Rorty acredita que "o romance, o filme e o programa de TV substituíram gradual, mas perseverantemente, o sermão e o tratado como os principais veículos de mudança e progresso morais". (Não é preciso acreditar que sermões e tratados foram sempre "os principais veículos de mudança e progresso moral" para convencer-se de que romances, filmes e programas televisivos não são nada disso hoje.)

É escusado dizer que o ataque de Rorty à filosofia e sua celebração da cultura como um "'texto genérico' indiferenciado" rendeu-lhe muitas honras. No início dos anos 1980, ele deixou sua cátedra em Princeton para assumir uma ainda mais distinta na Universidade de Virgínia; depois de aposentar-se, em 1998, ele aceitou uma nomeação de cinco anos em Stanford. Foi premiado com a distinção de "gênio" pela Fundação MacArthur; e mais tarde emergiu como um daqueles "intelectuais multifuncionais [...] prontos para oferecer uma concepção sobre praticamente qualquer coisa", título com que se exalta em seu livro *Consequências do Pragmatismo* (1982). Hoje Richard Rorty é certamente tão amplamente estimado quanto ele mesmo se estimava: como um tipo de sábio mundano que dispensa qualquer tipo de exortação; e aparece tão facilmente na página de opinião de grandes jornais quanto na capa de um livro acadêmico que reúne ensaios filosóficos. O tom é sempre calmo; a retórica, travessa; a mensagem, niilista, mas animada. Essa tornou-se uma receita imbatível para o sucesso, passando condescendentemente ao leitor a ideia de que não há nada que não possa ser tratado com condescendência.

Em *Da Teoria Ironista às Alusões Privadas: Derrida*, seu ensaio sobre Derrida em *Contingência, Ironia e Solidariedade* (1989), Rorty escreve sobre o filósofo francês de forma muito elogiosa, como alguém que "simplesmente destila teoria" em nome de um "fantasiar" amoral sobre seus predecessores filosóficos, "jogando com eles, soltando as rédeas das sequências de associações que eles produzem". Ele próprio empenha-se em seguir esse método. Entretanto, não se denomina desconstrucionista. Poderia ser muito dissuasivo. Em vez disso, ele se denomina um "pragmatista" ou, mais recentemente, um "ironista liberal". O que ele quer – assim o explicou em *A Filosofia e o Espelho da Natureza* (1979), sua primeira incursão em águas filosóficas – é "filosofia sem epistemologia", ou seja, filosofia sem verdade; especialmente sem Verdade com "V" maiúsculo.

Em síntese, Rorty quer uma filosofia (se ainda a podemos chamar assim) que "vise a dar continuidade à conversa mais do que a descobrir a verdade". Ele até consegue tolerar "verdades" com um "v" minúsculo e no plural: verdades que nós não levamos tão a sério e que não poderiam ser impingidas aos outros; em outras palavras, verdades que são verdadeiras por mera convenção linguística; verdades que, na verdade, não são verdadeiras. O que ele não pode suportar – e tampouco pode suportar que suportemos – é a ideia de uma Verdade que seja algo além disso.

Rorty geralmente tenta sustentar uma imagem amigável, tolerante. Ela é compatível com seu papel de "ironista liberal", ou seja, de alguém que pensa que "a crueldade é a pior coisa que podemos fazer" (aí jaz a parte liberal), mas que, acreditando que valores morais são completamente contingentes, também crê que aquilo que conta como "crueldade" é um constructo sociológico ou linguístico. E é aí que entra a ironia. Rorty escreve o seguinte: "Não penso que haja quaisquer fatos morais evidentes [...], tampouco que haja qualquer tipo de terreno neutro em que se possa permanecer e argumentar que a tortura ou a benevolência são [sic] preferíveis uma à outra". Por conseguinte, algo que certamente ganharia o desprezo de Rorty seria ver filósofos sem suficiente desprezo pela verdade. "Ainda se podem encontrar professores de filosofia", diz-nos fulminantemente, "que dirão, em tom solene, que estão em busca *da verdade*; não de uma história ou de um consenso, mas de uma representação franca, rústica e exata de como o mundo é". Eis o problema com os ironistas liberais: eles são irônicos com tudo, menos com sua própria ironia; e toleram tudo seriamente, menos a seriedade.

Como Rorty faz questão de notar, a "questão metafísica fundamental" aqui é se temos algum acesso não linguístico à realidade. A linguagem realmente "é tudo" como pretendem Derrida e Rorty com sua doutrina do *il n'y a pas de hors-texte*? Ou a linguagem aponta para uma realidade além dela mesma, uma realidade que exerce um direito legítimo sobre nossa atenção e nos dá uma medida e um limite para nossas descrições do mundo? Em outras palavras, a verdade é algo inventado por nós ou é algo que nós descobrimos?

A tendência geral da cultura ocidental tem predominantemente defendido a segunda visão. Por exemplo, a insistência de Curtius em uma "receptividade" para o crítico é ininteligível sem tal pressuposição. Mas Rorty defende firmemente a ideia de que a verdade é uma mera invenção humana. Ele quer que abandonemos "a noção de verdade como plena consonância com a realidade" e que constatemos que não há "diferença que faça a diferença" entre a afirmação "isso funciona porque é verdadeiro" e "isso é verdadeiro porque funciona". Ele nos diz que "frases como [...] 'a verdade independe da mente humana' são tão somente chavões usados para inculcar [...] o senso comum do Ocidente". Rorty está evidentemente certo ao afirmar que tais afirmações acabam por "inculcar [...] o senso comum do Ocidente". Está certo até em chamá-las de chavões. A afirmação "o sol nasce no Leste" é um chavão desse tipo. Cabe ressaltar, contudo, que "o senso comum do Ocidente" tem muito a dizer sobre si e que até mesmo chavões podem ser verdadeiros.

Rorty diz-nos com arrogância que "não vê lá muita utilidade em noções como 'valor objetivo' e 'verdade objetiva'". Mas, se assim é, então a lista de coisas para as quais Rorty não vê lá muita utilidade é enorme. Por exemplo, ele quer que nos livremos da ideia de que "o indivíduo ou o mundo tem uma natureza intrínseca" porque isso traz "um vestígio da ideia de que o mundo é uma criação divina". Uma vez que para Rorty a "socialização" (assim como a linguagem) "é tudo", ele acredita que não pode existir um indivíduo à parte dos papéis sociais da sociedade em que vive: "A palavra 'eu' é tão vazia quanto a palavra 'morte'". ("Morte", ele nos assegura, é um termo "vazio".)

Rorty aguarda ansioso por uma cultura – ele a chama de "utopia liberal" – em que as "metáforas nietzschianas" da autocriação serão finalmente "literalizadas", ou seja, tornadas reais. Para os filósofos, ou para aqueles que costumavam ser filósofos, isso significaria uma cultura que "tem por certo que os problemas filosóficos são tão temporários quanto os problemas poéticos, que não há um só problema que una as gerações num único gênero natural chamado 'humanidade'". "Humanidade" é outra daquelas noções que Rorty não consegue conceber sem o uso de aspas.

Rorty reconhece que a maioria das pessoas ("a maioria dos não intelectuais") ainda não são ironistas liberais. Muitas pessoas ainda acreditam que existe uma verdade independente de seus próprios pensamentos. Há até quem continue acolhendo a ideia de que sua identidade é mais do que um produto da destilação de acidentes biológicos e sociológicos. Rorty tem consciência disso. Se ele tem consciência de que sua própria posição de ironista liberal depende crucialmente do fato de que existe uma maioria de *não* ironistas é outra questão. Presume-se que não. De qualquer forma, ele está claramente impaciente com aquilo que ele chama de uma visão de mundo "peculiar, condicionada historicamente e talvez transitória", a saber, a perspectiva pré-irônica, para a qual coisas como a verdade e a moralidade ainda importam. Em suma, Rorty é um perito em desprezo. Ele dificilmente teria como mostrá-lo de maneira mais explícita. Ele nos diz da maneira mais amigável possível que deseja que "cheguemos ao ponto em que não veneremos mais *nada*, em que consideremos o *nada* uma quase divindade, em que consideremos *tudo* – nossa linguagem, nossa consciência, nossa comunidade – um produto do tempo e do acaso". O que Rorty deseja é uma filosofia sem filosofia. A "utopia liberal" que ele visiona é uma utopia em que a filosofia, como tradicionalmente é concebida, vá-se enfraquecendo conforme a conveniência, abandone a busca pela verdade e passe a viver como um armazém de exercícios de fantasia mais ou menos estimulantes.

Em seu livro *Para Além do Direito* (1995), o jurista e filósofo da lei Richard Posner critica Rorty por seu "deficiente sentido do factual" e "sua crença na plasticidade da natureza humana", observando que ambas as coisas são "típicas da filosofia moderna". De qualquer maneira, são típicas de alguns influentes esforços da filosofia moderna. E é com a união dessas duas coisas – um deficiente sentido do factual e uma crença na irrestrita plasticidade da natureza humana – que o legado de Nietzsche dissemina seu fruto mais venenoso. Como observou a filósofa Susan Haack, uma das mais pungentes e perspicazes críticas de Rorty, "se alguém de fato acreditasse que critérios de justificação são puramente convencionais, sem qualquer fundamentação objetiva, então, embora pudesse conformar-se com as práticas de justificação de sua própria comunidade epistêmica, ele seria obrigado a adotar uma atitude de cinismo diante delas, a pensar na justificação sempre entre aspas". Richard Rorty gosta de se descrever como um "ironista", mas, Haack argumenta, ele na realidade é "um cínico escondendo-se sob um eufemismo". Ao despedir-se da verdade, ele despede-se simultaneamente de qualquer tipo de investigação séria. Como Haack observa, "a menos que exista algo como uma evidência melhor ou pior – uma evidência objetivamente melhor ou pior – para aceitar esta ou aquela proposição como verdadeira, não pode haver uma investigação genuína de nenhum tipo: epistemológica, [...] científica, forense, histórica ou matemática".

O pessimismo cognitivo abraçado por figuras como Derrida e Rorty tem implicações morais tanto como intelectuais. Quando Rorty, discorrendo sobre as delícias de sua utopia liberal, diz que "uma cultura pós-metafísica não me parece mais impossível do que uma pós-religiosa, e ambas são igualmente desejáveis", ele talvez esteja falando algo mais verdadeiro do que pretendia. Pois apesar de a não ironia persistir em muitos setores da sociedade, há muito em nossa cultura – a cultura da Europa em larga escala – que mostra os efeitos desastrosos do sonho nietzschiano de uma sociedade pós-metafísica e ironizada de homens que supostamente criaram a si mesmos. E é óbvio que dizer que tal sociedade seria tão desejável quanto uma sociedade pós-religiosa equivale a dizer também que seria igualmente *in*desejável.

Assim como seus companheiros ironistas liberais, Rorty toma o secularismo radical como um bem irrefutável. Para ele, a religião, bem como a verdade e qualquer coisa que transcenda nossas autocriações contingentes, pertence à infância da humanidade. Os ironistas estão além de tudo isso; e os ironistas liberais estão além de tudo isso com um sorriso no rosto e um chiste na ponta da língua. Mas ainda permanece aberta a questão quanto à nossa cultura ser realmente "pós-religiosa". O fato de ironistas liberais como Richard Rorty prescindirem da religião não nos diz muito sobre o assunto. Num ensaio intitulado *The Self-Poisoning of the Open Society*, o filósofo polonês Leszek Kolakowski observa que a ideia de que não há uma discussão fundamental sobre valores morais e espirituais é "uma ilusão intelectualista, uma inclinação semiconsciente dos acadêmicos ocidentais a tratar os valores que adquiriram de sua educação liberal como algo natural, inato, correspondente à disposição normal da natureza humana". Uma vez que ironistas liberais como Richard Rorty não acreditam que algo possa ser natural ou inato, a observação de Kolakowski tem de ser levemente modificada para adequar-se a ele. Mas sua ideia geral permanece, a saber, aquela de que "o resultado final de uma educação livre de autoridade, tradição e dogma é o niilismo moral". Kolakowski admite de bom grado que a crença num único núcleo de personalidade "não é uma verdade provável cientificamente". Mas ele argumenta que, "sem essa crença, as noções de dignidade da pessoa humana e de direitos humanos é um emplastro arbitrário, suspenso no vácuo, indefensável, fácil de descartar" e, portanto, presa fácil de doutrinas totalitárias e de outras deformidades intelectuais e espirituais.

Os sonhos prometeicos de escritores como Derrida e Rorty dependem em grande medida de sua negação da realidade de qualquer coisa que transcenda as prerrogativas de seus esforços de autocriação. Tradicionalmente, o reconhecimento de tais realidades tem sido vinculado ao reconhecimento do sagrado. É um erro típico de intelectuais acreditar que esse vínculo pode ser rompido impunemente. Isso também é algo que Kolakowski enxerga com clareza. Como discute em outro ensaio, *A Revanche do Sagrado na Cultura Profana*, "quando a cultura perde o sentido do sagrado, perde todo seu sentido".

> Com o desaparecimento do sagrado, que impunha limites à perfeição que poderia ser alcançada com o profano, ergue-se uma das mais perigosas ilusões de nossa civilização – a ilusão de que não há limites para as mudanças a que a vida humana pode se submeter, de que a sociedade é "em princípio" uma coisa infinitamente flexível e de que negar essa flexibilidade é negar a autonomia total do homem e, assim, negar o próprio homem.

É uma curiosa ironia que os autocriadores – de Nietzsche a Derrida e Richard Rorty – são filhos relutantes do Iluminismo. Em seu ensaio *O Que É o Iluminismo?*, num famoso comentário, Immanuel Kant observou que o mote do Iluminismo era *sapere aude*, "atreva-se a saber!". Para o desconstrucionista, o ironista liberal e outros protótipos de desengano, esse mote foi alterado para "atreva-se a crer que não há nada a saber". O Iluminismo procurou emancipar o homem libertando a razão e lutando contra a superstição. Revelou-se, contudo, que, quando a razão é totalmente libertada da tradição – o que também significa libertá-la completamente de todo e qualquer reconhecimento daquilo que a transcende –, a razão torna-se rancorosa e insolente: em suma, torna-se algo irracional.

É nesse sentido que quem quer que se preocupe com o futuro do passado europeu precisa aproximar-se do Iluminismo e de seu legado com sentimentos antagônicos: com um espírito a um só tempo disposto a criticar e a defender. Na verdade, poucos de nós gostariam de prescindir dos benefícios do Iluminismo. Como o sociólogo Edward Shils apontou em seu livro *Tradition*, de 1981, a tradição iluminista "de emancipação da tradição está [...] entre as preciosas conquistas de nossa civilização. Ela transformou escravos e servos em cidadãos. Abriu a imaginação e a razão dos seres humanos". Todavia – e Shils também o compreendia –, quando o racionalismo iluminista se volta contra a tradição que deu origem a ele, degenera-se numa força destruidora da cultura e das várias diretrizes que a cultura nos legou. Como tantas outras promessas de emancipação, essa continha as sementes de novas formas de escravidão. A filosofia foi um importante desastre desse desenvolvimento. Não foi por acaso que a filosofia moderna se comprometeu tanto em trazer-nos o evangelho do fim da filosofia. Uma vez abandonada sua vocação de amor à sabedoria, a filosofia inevitavelmente tornou-se o coveiro de suas mais altas ambições, sepultando a si mesma com as ferramentas originalmente forjadas para perpetuar seu serviço à verdade.

Refletindo sobre o ambíguo legado do Iluminismo, especialmente sobre a acelerada campanha contra as fontes tradicionais de ordem moral e intelectual, Shils veio alertar que "a destruição ou depreciação desses quadros cognitivos, morais, metafísicos e técnicos é um passo para o caos. A crítica destrutiva, que é uma extensão da crítica racional, agravada pelo ódio, anula os benefícios da razão e impede a emancipação". Hoje os efeitos dessa anulação estão evidentes em toda parte. Em jogo não está somente o futuro de uma disciplina acadêmica, mas as bases profundas de nosso autoconhecimento moral e intelectual. Em *Investigações Filosóficas*, Wittgenstein observa que "todos os problemas filosóficos têm a forma de um 'eu me desviei de meu caminho'". Numa época em que tão grande parcela da vida intelectual degenerou-se num experimento contra a realidade, talvez nossa principal incumbência seja enfrentar o fato de que muitas das libertações que desejamos serviram, sobretudo, para agravar a nossa perda.

PARTE I

Capítulo 1 | Arte *versus* Esteticismo: O Caso de Walter Pater

> Num tempo em que as vidas dos artistas eram repletas de aventura, a vida dele era quase sem cor.
> – Walter Pater, "Sandro Botticelli"

> Se não tivéssemos acolhido as artes e inventado essa espécie de culto do falso, teria sido absolutamente insuportável a compreensão da universalidade da inverdade e da falsidade que agora a ciência nos proporciona – a compreensão da ilusão e do erro como condições do conhecimento e da sensação humanos. A *honestidade* nos levaria à náusea e ao suicídio. Mas à nossa honestidade opõe-se uma força antagônica, que nos ajuda a evitar tais consequências: a arte como o assentimento da aparência.
> – Friedrich Nietzsche, A Gaia Ciência, aforismo 107

Para a maioria de nós, o ensaísta vitoriano Walter Pater permanece especialmente como uma espécie de aroma literário evidenciado por um punhado de frases célebres. Porque crescemos sob os escrúpulos severos do modernismo – que ostentosamente se definiu em oposição ao zeloso esteticismo de escritores como Pater –, estamos inclinados a achar esse aroma um bocado nauseante. Poucos escritores modernos sérios entregaram-se a uma prosa tão fulgurantemente rebuscada como Pater. Suas meticulosas adumbrações de coisas mortais tornadas belas pela morte chocarão a maioria dos leitores contemporâneos, que as hão de considerar esquisitas, neurastênicas ou ambas as coisas. Talvez a noção de que "toda arte aspira constantemente à condição de música", como Pater escreveu em *A Escola de Giorgione*, seja abstrata e elusiva o bastante para ocasionar uma meditação fecunda. Mas a ideia – outra das pepitas de Pater – de que a *Mona*

Lisa de Leonardo "é mais velha do que as pedras à sua volta; como um vampiro, morreu várias vezes e aprendeu os segredos do túmulo" parece pouco mais que um acessório cênico de tímida morbidez *fin--de-siècle*. Até mesmo o aforismo da conclusão de O *Renascimento*, o primeiro e mais famoso livro de Pater, é incômodo: "Arder sempre com essa chama firme e resistente, manter esse êxtase, eis o sucesso na vida". É isso? Para a maioria de nós, as cintilações já terão há muito se apagado com tão frequente repetição.

É curioso, pois, que o conhecido crítico literário Denis Donoghue tenha se dedicado a fazer uma biografia crítica de Walter Pater. Conquanto tenha escrito sobre uma vasta gama de tópicos e personalidades, sobre Swift, Emily Dickinson e o crítico R. P. Blackmur, a maioria dos leitores de Donoghue tomam-no por paladino do alto modernismo e conhecem-no por suas ambições decididamente não paterescas.

Ao menos pensávamos que eram não paterescas. A intenção de Donoghue em *Walter Pater: Lover of Strange Souls* (Knopf, 1995) é em parte restituir a Pater seu lugar como um importante precursor do modernismo, embora não seja reconhecido por isso. "Pater", diz, "deu à literatura moderna seu primeiro ato. Os grandes escritores completaram o segundo e o terceiro atos dissentindo dele e de seus próprios passados." Donoghue pensa que não se trata tanto de uma questão de "influência" quanto de "presença". Ele busca mostrar que Pater é "uma sombra ou rastro em praticamente todos os escritores significativos de Hopkins e Wilde a Ashbery".

Além desses já mencionados, sua lista dos herdeiros literários de Pater inclui Henry James, Yeats, Pound, Ford, Woolf, Joyce, Eliot, Aiken, Hart Crane, Fitzgerald, Forster, Borges, Stevens e A. R. Ammons. O primeiro "poema" do excêntrico *The Oxford Book of Modern Verse* (1936) editado por Yeats é uma versificação de um fragmento da expostulação de Pater sobre a *Mona Lisa*. Em sua fase madura, T. S. Eliot desaprovaria severamente Pater e tudo o que este defendia; de fato, seu ensaio *Arnold e Pater*, de 1930, é um *locus classicus* do ataque modernista ao esteticismo vitoriano; entretanto, obras anteriores como *Prelúdios*, *Retrato de uma Dama* e *A Canção de Amor de J. Alfred Pufrock* estão impregnadas de uma languidez pateresca, recheadas que estão de personagens a medir vidas em colherzinhas de café enquanto vão e vêm, falando de Michelangelo.

De modo similar, a primeira fase de Stevens está cheia de temas e aspirações paterescas. Pater certamente não detém os direitos de autor sobre a ideia de que "a morte é a mãe da beleza" – assim formulada por Stevens em *Manhã de Domingo*. Mas, se tomada em conjunto com penhoares complacentes, café e laranjas tardios e "a quietude santa do antigo sacrifício", a identificação da mortalidade como a condição para a beleza assume um colorido inconfundivelmente pateresco. É pouquíssimo provável que Pater tenha sido o primeiro a favorecer a evocação em detrimento da declaração; mas seu *estilo* de insinuação envolvente ecoa com nitidez em *Treze Maneiras de Olhar para um Melro*:

> Não sei se prefiro,
> A beleza das inflexões
> Ou a das insinuações,
> O assovio do melro
> Ou o instante depois.[1]

Se Donoghue estiver correto, a presença de Pater é mais do que uma coleção de ecos e insinuações. "Qualquer que seja o sentido de modernidade que adotamos", insiste, Pater "é uma parte irrefutável dela." Seu primeiro ensaio publicado, sobre Coleridge, em 1866, faz soar a nota distintiva e desabusada: "O pensamento moderno distingue-se do antigo por cultivar o espírito 'relativo' no lugar do 'absoluto' [...] Para o espírito moderno, nada é ou pode ser perfeitamente conhecido, senão de modo relativo e sob determinadas condições".

---

[1] Wallace Stevens, *Poemas*. Trad. Paulo Henriques Britto. São Paulo, Companhia das Letras, 1987.

Assim também o interesse de Pater pela literatura francesa e pela estética alemã ajudou a tornar a literatura inglesa mais cosmopolita, mais mundana. E em especial o elemento francês abriu novas possibilidades de percepção.

Em suma, Pater provocou na literatura inglesa algo similar ao que escritores como Baudelaire, Rimbaud, Verlaine, Huysmans e Mallarmé provocaram na literatura francesa. Ele fez do proibido, do remoto, do silente uma das principais preocupações literárias, embora o tenha feito muito discretamente, com a maior delicadeza possível. Se ele era um "amante de almas estranhas" – o subtítulo do livro de Donoghue está baseado no ensaio de Pater sobre Leonardo em *O Renascimento* –, se "estranheza e beleza" eram sua "combinação favorita", isto foi para ele um motivo de refinado deleite, não de renúncia. Nesse aspecto, ele revela uma afinidade com Mallarmé, que advogava pintar "não a própria coisa, mas o efeito que produz" e que certa vez definiu poesia como "um breve rompimento do silêncio". A jornada de Pater em direção à excelência não se deu por meio de absinto, haxixe, extravagâncias sexuais ou blasfêmias conscientes, senão através de uma acanhada voracidade por conhecimento.

Todavia, não obstante a enorme reserva de Pater, uma linha direta de descendência liga *O Renascimento* (que teve sua primeira publicação em 1873) a *O Retrato de Dorian Gray* (1890), de Oscar Wilde, e a outras manifestações decadentistas de pretensões artísticas da virada do século. Mario Praz estava certo (em *A Agonia Romântica*, seu estudo clássico sobre a literatura decadente) em identificar Pater como "o precursor do decadentismo na Inglaterra". Não foi em vão que Pater discorreu sobre a "fascinação da corrupção" e sobre os aspectos poéticos de um semblante tingido de um palor fúnebre. Algernon Swinburne foi não só um amigo como também um irmão espiritual. Especialmente em seus primeiros anos, Pater gostava de pensar-se como um paladino das virtudes pagãs. Mas é um lado oculto de vícios pagãos que está firmemente agarrado à sua prosa. G.

K. Chesterton notou com sagacidade a dualidade que acompanha os paladinos do paganismo:

> Um homem ama a Natureza de manhã por sua inocência e afabilidade e, ao anoitecer, se ainda a estiver amando, será por sua escuridão e crueldade. Ao amanhecer, ele se lava na água pura, como fizera o Sábio dos estoicos; e no entanto, no sombrio final do dia, ei-lo banhando-se no sangue quente de um touro, como fizera Juliano, o Apóstata.

Donoghue registra devidamente esse aspecto do legado de Pater, mas altera a ênfase: "Foi Pater, mais do que Arnold, Tennyson ou Ruskin, quem impulsionou a literatura moderna a seguir seu curso antitético – ou, como ele teria dito, antinomiano". Ou seja, Donoghue destaca aqueles elementos da trajetória de Pater que antecipam o lado crítico e romântico do modernismo: o lado que exaltou a arte como uma couraça espiritual que cai bem a uma época secularista e que se exprimiu, por exemplo, nesta máxima de Nietzsche: "Nós temos a arte a fim de que a verdade não nos faça perecer". Ou neste outro dito de Nietzsche: "Só como um fenômeno estético podem a vida e o mundo justificar-se eternamente". Pater chama-nos a atenção menos por suas ideias que por sua sensibilidade, seu estilo. Ele não era – como marca Donoghue – de fato "versado em história da arte ou em qualquer dos assuntos que abordou – mitos gregos, poesia inglesa, filosofia grega". Na verdade,

> ele não era um pensador original: praticamente todas as ideias que manifestou seguem os rastros de um escritor inglês, francês ou alemão. Ele serviu de impulso na crítica desses temas porque concebeu um estilo particular para escrever sobre eles: o pateresco, uma cor nova na paleta.

O livro de Donoghue é uma tentativa de definir e cultivar essa "nova cor", de recomendá-la dessa vez como uma compensação pelas perdas e danos da modernidade. Uma prova de sua eloquência é ele ter conseguido tornar o pateresco ao menos momentaneamente plausível; uma prova das limitações dos assuntos que escolheu é que essa plausibilidade é momentânea, episódica.

Donoghue separou a parte biográfica de sua história numa "vida breve" de aproximadamente setenta páginas no começo do livro. De certa forma, é notável que ele tenha sido capaz de alongar-se tanto. Pater aplicou a discrição até nas minúcias de sua biografia: sua vida foi notável, acima de tudo, por sua falta de acontecimentos notáveis. Todavia, temos as informações oficiais de praxe. Sabemos que ele, Walter Horatio Pater, nasceu em 1839, próximo a Stepney; era o segundo filho homem das três crianças de Richard e Maria Pater. Uma quarta criança, Clara Ann, nasceu em 1841. O pai de Pater, um cirurgião que assistia os pobres, morreu pouco depois do nascimento de Clara; tinha então 45 anos. Depois disso, a família mudou-se para Enfield e, mais tarde, para Canterbury. Em 1854, a mãe de Pater morreu, deixando as crianças aos cuidados da tia Elizabeth. Pater foi educado no King's School, em Canterbury, e posteriormente no Queen's College, em Oxford, onde leu bastante, mas formou-se num curso medíocre em 1862. Em Oxford, estudou com o grande platonista Benjamin Jowett e esteve sob a influência de Matthew Arnold e John Ruskin. Ele também, como tantos estudantes universitários de ontem e hoje, usou seu tempo na faculdade como uma oportunidade de esmorecer sua fé religiosa. Até 1859, conta-nos Donoghue, a atitude de Pater diante do cristianismo era "frívola". Ouviram-no dizer, por exemplo, que acharia muito divertido receber as Sagradas Ordens sem acreditar numa só palavra da doutrina cristã. Sua tentativa de levar esse plano adiante foi frustrada por um amigo que escreveu ao bispo de Londres, inteirando-lhe do real estado da fé de Pater.

Em 1862, com a morte da tia Elizabeth, Pater foi morar em Londres com Clara e sua irmã mais velha, Hester. Em 1864, conseguiu um cargo temporário no Brasenose College, em Oxford. Firmou-se no cargo no ano seguinte e desde então se manteve estável num padrão que conservou pelo resto da vida. Criado pelas irmãs solteiras, ele transitava discretamente entre Oxford e Londres, fez algumas viagens ocasionais ao continente e dedicou-se à leitura, à escrita, ao magistério e ao refinamento estético. Seu círculo de amigos incluía Edmund Gosse, o Sr. e a Sra. Humphry Ward, o classicista Ingram Bywater, assim como o influente dignitário de Oxford Mark Pattinson e sua jovem esposa, 27 anos mais nova do que ele, casal de que se costumava pensar que havia servido de modelo a George Eliot na criação do Sr. Casaubon e Doroteia em *Middlemarch*. A primeira visita de Pater à Itália, no verão de 1865, foi uma revelação. Ele encontrou nas pinturas renascentistas que viu em Ravena, Pisa e Florença "a imagem de um sentido para a vida, mais rico e mais audaz do que qualquer outro que encontraria em Oxford". Foi quando começou a "associar o Renascimento italiano com a liberdade" e com uma vida copiosamente sensorial. Com efeito, "o Renascimento" para Pater não nomeava um período histórico, mas um estado de espírito, uma promessa de realização.

É no ponto preciso em que a carreira de Pater está prestes a ser narrada que as coisas começam a ficar difíceis para o biógrafo. Como sua imagem de Botticelli, a vida de Pater era "quase sem cor". Donoghue observa que muitos daqueles que escrevem sobre Pater admitem que "ele deve ter tido mais vida do que parece, já que, de outro modo, teria de ser considerado uma aberração da natureza". Mas os relatos mostram que "em comparação com seus nobres contemporâneos, ele parece mal ter vivido". Thomas Hardy, ao encontrar-se com Pater em Londres em 1886, reparou que seus modos eram "os de alguém carregando pesadas ideias sem deixar que caíssem no chão". A deliquescência era um elemento em sua vida tanto quanto em seu trabalho. Donoghue nota que "havia semanas ou mesmo meses em que ele parecia ter lançado mão de seu tema favorito de desvanecimento e se afastado. Presume-se que ele ainda esteja vivo, mas são escassas as evidências de que esteja respirando".

Embora tivesse clara inclinação para o homossexualismo, a natureza hipercrítica de Pater – que Christopher Ricks chamou de "ganância por refinamento" – vetava qualquer coisa tão óbvia quanto um caso amoroso ou uma vida sexual. Ele era, como Edmund Wilson apontou, "um daqueles tipos semimonásticos [...] que as universidades inglesas produziram: consagrado a uma disciplina acadêmica, mas buscando uma intensa originalidade; dolorosamente reprimido e incompleto, mas, no estreito campo de sua arte, de certa maneira seguro e audaz". No caso, Pater contentava-se com umas poucas e impetuosas amizades e com uma ardente contemplação da beleza jovem masculina onde quer que calhasse de aparecer. Causava-lhe enorme pesar, a ele, um amante da elegância, que ele próprio fosse pouco atraente fisicamente: calvo, corpulento e dono de um formidável e denso bigode. Contudo, a partir de 1869, Pater passou a vestir-se como um janota. Donoghue guarnece-o com cartola, fraque negro, gravata em seda verde-maçã, calças de risca, luvas amarelas e pronunciados sapatos de couro. Pater surge como o Sr. Rose na sátira de W. H. Mallock *The New Republic* (1877): uma "criatura pálida, com grande bigode, olhando o pôr do sol pela janela [...] Ele sempre fala a meia-voz e seus dois assuntos prediletos são autoindulgência e arte". Em 1894, o último ano de sua vida, Pater foi convidado a encontrar Mallarmé, que então lecionava em Oxford. Mallarmé ensinava inglês num *lycée*; o francês de Pater era excelente, mas parece que os dois peritos em insinuação consideraram que falar seria demasiado trivial. Relata-se que eles "entreolharam-se em silêncio, e com isso se satisfizeram".

Pater não era totalmente desprovido de iniciativa; ele apenas tinha uma tendência a amealhá-la para sua imaginação. O infame Frank Harris – editor do *Saturday Review*, libertino, fanfarrão e autor da fantasia pornográfica *Minha Vida Meus Amores* (em quatro volumes) – é notoriamente uma testemunha que não inspira confiança. Mas sua anedota sobre Pater tem selo de autenticidade:

Ele por vezes parecia entrever sua própria deficiência. "Ah, se eu tivesse a coragem e a intrepidez de fulano e beltrano", lamentou-se certa vez. "Eu teria..." Súbito, mudou-se-lhe a disposição, o brilho nos olhos apagou-se, a cabeça tornou a pender para frente e, com um sorriso maroto, prosseguiu: "Eu provavelmente teria sido um criminoso, he, he"; e cruzou o cômodo com curtos e cuidadosos passos, até sua cadeira, e assentou-se.

O problema da anedota de Harris é que ela aprisiona Pater em sua caricatura. Pode ser verdade; mas não representa toda a verdade. Essas histórias fazem com que se torne mais difícil compreender a genuína ousadia do trabalho de Pater: apreciar, por exemplo, o enorme escândalo que O Renascimento causou quando foi publicado pela primeira vez, em 1873. Originalmente intitulado *Estudos sobre a História do Renascimento*, o fino volume consiste de nove ensaios, alguns dos quais já haviam sido publicados de alguma forma, um breve prefácio e (na maior parte das edições) uma conclusão. Como observou a Sra. Mark Pattison, amiga de Pater, desta vez numa resenha favorável ao livro, o título é "enganoso" porque "o elemento histórico é precisamente o que lhe falta. [...] A obra não é sobremaneira uma contribuição para a história do Renascimento". Pater chegou à mesma conclusão. Nas edições subsequentes, o livro passou a ter o título que hoje conhecemos: *O Renascimento: Estudos sobre Arte e Poesia*.

Não que a mudança de título tenha de fato vindo em resposta à crítica da Sra. Pattison. "O livro", alertou outro crítico coetâneo, "não é para um iniciante qualquer em busca de 'informação'." "Fatos" e precisão histórica não são a moeda com que Pater negociava. Para ele, a história era uma mina a ser explorada para o *frisson* do *insight*. Um tanto de licença poética apenas auxiliou no processo.

Talvez o principal exemplo de licença poética tenha que ver com o termo "Renascimento". Fica claro que a concepção de Pater do Renascimento era idiossincrásica especialmente se considerarmos os assuntos que ele reuniu sob a rubrica. O livro abrange ensaios sobre personagens reais do Renascimento como Pico della Mirandola, Leonardo e Michelangelo. Seu ensaio sobre Botticelli foi importante por apresentar ao público o pintor relativamente desconhecido. Mas o livro também trata de personagens como Abelardo, filósofo medieval e malfadado amante, e Johann Winckelmann, historiador da arte do século XVIII e empresário que contribuiu com a criação da imagem de uma "glória que outrora teve a Grécia".

Embora o interesse no Renascimento "se concentrasse principalmente" no Quatrocento italiano, Pater entendia o termo em "um escopo muito mais amplo do que tencionavam aqueles que originalmente o utilizaram para designar o reflorescimento da Antiguidade clássica no século XV". Para ele, o Renascimento era uma inconfundível "eclosão do espírito humano" cujas caracterísitcas peculiares abrangiam "o cuidado com a beleza física, a adoração do corpo, a derrubada dos limites que o sistema religioso da Idade Média havia imposto ao coração e à imaginação". Foi assim que, embora Winckelmann (que por muito tempo foi um dos heróis culturais de Pater) tivesse nascido em 1717, Pater concluiu que ele "de fato pertencia em espírito a um tempo mais antigo" em virtude de "seu entusiasmo pelas coisas do intelecto e da imaginação por si mesmas, de seu helenismo, da luta que travou por toda a vida para alcançar o espírito grego". Para Pater, o "Renascimento" era a forma abreviada de determinada espécie de vibração estética.

Não era necessariamente uma vibração saudável. Parte do que tornou a estreia de Pater algo escandaloso foi a atmosfera de estufa com que ele se deleitava: o sensório maduro, passado, que estava tão distante das vivas repreensões daqueles pragmáticos sequazes da cultura, como Matthew Arnold. A fascinação de Pater com a violência e a morte, com a interpenetração de morte e beleza fazia parte dessa maturação. Em seu ensaio sobre Michelangelo, por exemplo, Pater conta-nos que o grande artista, assim como "todas as mais nobres almas da Itália", "estava muito ocupado com seus pensamentos macabros, e sua legítima preceptora era a morte – a princípio, a morte como a pior das tristezas e desgraças, [...] mais tarde, a morte em sua mais alta distinção, em seu afastamento das necessidades triviais, as doloridas manchas da vida e da ação evadindo-se com ligeireza". Para Pater, todo amor genuíno seria um tipo de *Liebestod*. Pater deve ter feito eco ao final do *Adonais* de Shelley.

> A vida, qual domo de vidro multicor,
> tinge da Eternidade o branco esplendor,
> até que a Morte o estilhace. Deixa-te finar,
> se junto do que buscas queres tu estar.

Mas não era somente a atmosfera do livro de Pater o que chocava os leitores. Ainda mais importante era o paganismo imperturbável e estético que estava implícito em cada parte de *O Renascimento* e que Pater mostrou explicitamente na conclusão. Estendendo-se a respeito do "esplendor de nossa experiência e sua terrível brevidade", ele recomendou que nos ativéssemos ao momento, sem dar importância às consequências: "O fim não é o fruto da experiência, mas a própria experiência". Já que "só nos é dado um número limitado de pulsações de uma vida variegada e dramática", "nossa única possibilidade" está em "expandir aquele intervalo, aproveitando tantas pulsações quantas forem possíveis nesse tempo". Nem a moralidade nem a religião figuravam na equação de Pater. O que importava era a intensidade, o êxtase da experiência. Por conseguinte, teríamos de nos agarrar "a alguma bela paixão, ou a alguma contribuição ao conhecimento que pareça, por seu vasto horizonte, libertar o espírito por um instante, ou a alguma excitação dos sentidos, matizes estranhos, cores estranhas, odores curiosos, ou ao trabalho das mãos de um artista, ou ao rosto de um amigo". Para Pater, a medida da vida não estaria na fidelidade a um ideal, mas na perfeição da autossatisfação. "Arder sempre com essa chama brilhante e forte, manter esse êxtase, eis o sucesso na vida."

O prazer, não o dever, seria o principal imperativo. A vida não seria um todo a desdobrar-se continuamente, mas uma série de momentos líricos: "Em certo sentido poder-se-ia dizer que nossa falha está em formar hábitos".

Estetas abraçaram a expostulação de Pater. O jovem Oscar Wilde declarou que *O Renascimento* era "o livro de ouro do espírito e do sentido, as Sagradas Escrituras da beleza". Outros não foram tão entusiastas. O reverendo John Wordsworth, colega de Pater em Brasenose, ao falar sobre o livro, admitiu sua "beleza do estilo" e sua "exitosa reflexão", embora tenha objetado que a mensagem fundamental do livro era imoral: "Não posso esconder de mim mesmo", escreveu numa carta a Pater,

> que as páginas finais sumarizam de maneira adequada a filosofia do todo; e que essa filosofia é uma asserção de que nenhum princípio fixo, nem da religião, nem da moralidade, pode ser tomado como certo, que a única coisa pela qual vale a pena viver é a satisfação momentânea e que, provável ou certamente, com a morte, a alma se dissolve em elementos destinados a jamais tornarem a se unir.

Os clérigos cristãos não foram os únicos críticos do hedonismo de Pater. O livro foi considerado por muitos outros como um convite à frivolidade moral. George Eliot expressou a opinião de muita gente quando escreveu que era "completamente pernicioso em seus falsos princípios de crítica e em suas falsas concepções de vida".

Mas ninguém ficou mais chocado com o escândalo provocado por *O Renascimento* do que o próprio Pater. Ele não abandonou seu esteticismo. Mas tentou ajustá-lo. Na segunda edição de *O Renascimento*, ele renunciou à conclusão inteira. Posteriormente, reintegrou-a, mas com modificações cosméticas e uma nota informando aos leitores que receava que "ela pudesse talvez levar ao erro alguns jovens em cujas mãos porventura viesse a cair". Quando *O Retrato de Dorian Gray* foi publicado, Pater aproveitou a oportunidade para distinguir sua versão do epicurismo daquela de Wilde:

> Um verdadeiro epicurismo visa a um completo conquanto harmonioso desenvolvimento do organismo humano como um todo. Perder o senso moral e assim, por exemplo, o senso de pecado e retidão, como ocorre com o herói do Sr. Wilde – aliás, é uma tendência de seus heróis perdê--lo tão rápida e completamente quanto possível –, é perder, ou rebaixar, a organização; é tornar-se menos complexo, passar de um grau de desenvolvimento mais elevado a um mais baixo [...] Lord Henry – e mais ainda o herói suicida desde o princípio – perde demasiado na vida para ser um verdadeiro epicurista.

Pater tentou prover um retrato do "verdadeiro epicurista" em *Marius the Epicurean* (1885), romance autobiográfico excessivamente elaborado e um tanto artificial que descreve a jornada espiritual de seu herói do paganismo ao limiar do cristianismo. (Pater decerto preferia pairar no limiar da devoção a abraçar de fato qualquer fé definida.) De acordo com Donoghue, "a principal razão [para ter escrito o livro] era refutar a acusação, erguida contra seus *Estudos sobre a História do Renascimento,* de que ele era um hedonista, um epicurista e – a insinuação era clara – de que ele teria ensinado seus alunos em Brasenose a viver tão somente pelo prazer". Pater de fato acreditava no viver pelo puro prazer. Mas ele pensava que um cuidadoso discernimento entre os prazeres redimia seu esteticismo do hedonismo vulgar ou da imoralidade.

Redimiu-o? Em parte. Pater certamente teria retrocedido horrorizado se lhe fosse dado ver o narcisismo grosseiro e a decadência que sua obra ajudou a inspirar. Mas isso não faz com que George Eliot esteja errada ao criticar severamente seus "falsos princípios de crítica e suas falsas concepções de vida". Donoghue deseja ressuscitar Pater em parte porque pensa que um esteticismo pateresco encoraja os leitores a lidar com a arte de sua própria maneira, como que propiciando uma experiência valiosa por si mesma. "Há", escreve, "algumas experiências que são mais bem abordadas quando se assume que seu valor é intrínseco." Uma verdade, é certo. E pode ser que a visão da arte de Pater, como alega Donoghue, ajude realmente a tornar a arte imune à ideologia. Visto que afirmou que a arte "não tem qualquer intento moral sobre nós", Pater não teria paciência nenhuma com esforços por sujeitar a experiência estética à política – ou a qualquer outro valor "externo". "Em seu aspecto fundamental", escreveu ele em O Renascimento, "uma grande pintura não contém uma mensagem mais precisa para nós do que um acidental e momentâneo jogo de luz e sombra na parede ou no chão."

E isso ainda não é tudo. Donoghue escreve que "o propósito da arte é oferecer alívio à alma aflita, ainda que temporário". Este não é um tema novo para ele. Em seu livro *The Arts Without Mystery* (1984), por exemplo, Donoghue inquietava-se que nosso compromisso com a racionalidade científica havia sugado das artes o poder de encantar e incitar a imaginação. Ele buscou "reintegrar o mistério" nas artes, ao mesmo tempo distinguindo o mistério "do mero desnorteamento ou mistificação". Para Donoghue, o artista é mais sincero consigo mesmo quando assume para si uma atitude antagonista ou (usando uma de suas palavras favoritas) "antinomiana" perante a sociedade. Ainda assim, seu romantismo é categoricamente habilitado pela prudência, a menos romântica das virtudes. No entendimento de Donoghue, os principais interesses da sociedade não podem tolerar as extravagâncias que a imaginação artística fornece.

> As artes estão à margem, e não me incomodo de chamá-las de marginais. O que me aborrece são as reivindicações absurdas que fazemos para elas. Quero dizer que a margem é o lugar para aqueles sentimentos e intuições que não encontram lugar na vida cotidiana, e os quais ela, a maioria das vezes, parece suprimir [...] Com as artes, as pessoas podem criar um espaço para si mesmas, e preenchê-lo com sinais de liberdade e presença.

Pater teria concordado. Em seu ensaio sobre Winckelmann, ele escreveu que

O que a arte moderna tem de fazer a serviço da cultura é reorganizar os detalhes da vida moderna, bem como refletir sobre eles, de forma que possam satisfazer o espírito. E de que precisa o espírito em face da vida moderna? Do sentido de liberdade. [...] O fator determinante nos conceitos da mente moderna a respeito de si mesma é a complexidade, a universalidade da lei natural, até mesmo na ordem moral. Para nós, a necessidade é [...] uma teia mágica tramada ao nosso redor, como aquele sistema magnético do qual fala a ciência moderna, penetrando-nos com uma rede mais tênue que nossos mais tênues nervos, mas que carrega em si as forças centrais do mundo. Pode a arte representar homens e mulheres em meio a essas tramas desorientadoras, de modo a dar ao espírito ao menos o equivalente ao senso de liberdade?

A verdadeira questão, para Donoghue como também para Pater, é se esse "equivalente ao senso de liberdade" é algo mais que uma ilusão. A filosofia de Pater – ou qualquer outro esteticismo meticuloso – é realmente capaz de deixar espaço a algum "valor intrínseco", como Donoghue afirma?

No prefácio de *O Renascimento*, Pater começa *parecendo* concordar com a famosa definição de crítica de Matthew Arnold, porém, ele a seguir inverte dissimuladamente o sentido do que afirmara Arnold:

> Já se disse, com justiça, que "ver o objeto realmente como ele é em si mesmo" é o propósito de toda verdadeira crítica, seja ela qual for; e na crítica estética o primeiro passo para ver um objeto como ele realmente é consiste em conhecer a impressão que alguém tem dele como ela realmente é, discriminá-la, compreendê-la distintamente. [...] Que é esta música ou pintura, esta atraente personalidade que *me* foi apresentada na vida ou num livro? [...] A pintura, a paisagem, a personalidade atraente na vida ou num livro [...], tudo isso é valioso por suas virtudes, como costumamos dizer de uma erva, de um vinho, de uma pedra: têm a qualidade inerente de afetar as pessoas com uma única e especial impressão de prazer.

Para Pater, "a impressão de alguém" ultrapassa o sentido. E, como observou o crítico Adam Phillips, é uma curiosa ironia que, embora

Pater insista na importância da discriminação e da identificação precisa das "impressões" do crítico, seu vocabulário é "notavelmente vago". É assim que ele "abusa do convite a palavras inexatas: 'doce', 'peculiar', 'delicado' e, acima de tudo, 'estranho'".

Donoghue nota apropriadamente que Pater "olhava para um objeto sob o signo do prazer, não da verdade". Ele cita em tom aprobativo outro crítico que falara da "disjunção entre sensação e julgamento" na obra de Pater. A "imaginação pateriana", escreve, busca "relações" em vez de "deveres". "Pater, portanto, agia conscientemente não como uma forma de conhecimento, mas como uma alternativa para o conhecimento. [...] Pater revelava-se antinomiano, dentre outras formas, ao mostrar-se disposto a pensar que o entendimento não era tudo." Na verdade, sua principal preocupação era "seu prazer de sentir-se vivo". A "crítica estética", no sentido que lhe deu Pater, lida "não com objetos, obras de arte, mas com as classes de sentimentos que eles encarnam. [...] A ontologia dá lugar à psicologia".

"A ontologia dá lugar à psicologia": em outras palavras, o que importa para Pater são as condições sentimentais, não a verdade. Ao fim de seu livro, Donoghue admite os "riscos" do esteticismo: "Trivialidade, requinte, solipsismo". Um risco adicional é perder o peso ou a realidade da experiência própria. T. S. Eliot criticou Pater por ter proposto "uma teoria da ética" disfarçada de teoria da arte. O que ele queria dizer era que o conceito de "crítica estética" de Pater não oferecia um princípio de crítica, senão um modo de vida. No centro desse modo de vida estava o imperativo de tomar toda experiência como uma ocasião para deleite estético: uma proposta aparentemente atraente, até nos apercebermos de que isso depende de um ensimesmamento narcisista que torna negociável toda demanda moral. "O sentido de liberdade" é, com efeito, a essência do esteticismo; mas trata-se da fria e solitária liberdade do indivíduo isolado. Isso foi algo que Kierkegaard expôs com grande clareza em sua anatomia do "estilo de vida estético" em *Ou Isso, ou Aquilo*. Donoghue conta-nos que "a parte do esteticismo que ora deveria ser recuperada [...] é sua preocupação com a particularidade da forma em toda obra de arte". O problema é que, embora o esteticismo comece por dar ênfase à forma, ele termina dissolvendo a forma nas "sensações aprazíveis" e "pulsações" que Pater tanto valorizava. Nesse sentido, o esteticismo é inimigo do intrínseco. Donoghue fez uma crítica ao ensaio de Eliot sobre Pater, tachando-o de "extravagante" e "cruel". Mas Eliot estava certo: a teoria da "arte pela arte" só é "válida na medida em que pode ser tomada como uma exortação para o artista, a fim de que prossiga seu trabalho; ela jamais foi e jamais poderá ser válida para o espectador, para o leitor, para o ouvinte".

Capítulo 2 | A Importância de T. E. Hulme

O princípio fundamental de toda moralidade é que o homem é um ser que naturalmente ama a justiça. No *Emílio* eu me esforcei por mostrar como o vício e o erro, estranhos à constituição natural do homem, foram introduzidos desde fora, e como o modificaram sem que notasse.
– *Jean-Jacques Rousseau*

Considero que a perspectiva "clássica" seja esta. O homem é, por sua própria natureza, essencialmente limitado e incapaz de qualquer coisa extraordinária. Ele é incapaz de alcançar qualquer tipo de perfeição, porque, também por natureza, como resultado do pecado original, ou resultado da evolução, ele encerra dentro de si certas antinomias. Há uma guerra de instintos dentro dele, e é próprio de suas características permanentes que isso seja sempre assim.
– *T. E. Hulme*

"A história dos filósofos nós conhecemos, mas quem escreverá a história dos apreciadores e leitores de filosofia?" Assim o ensaísta e poeta imagista T. E. Hulme inicia "Cinders", uma coletânea de anotações e aforismos sobre arte, vida e linguagem publicada postumamente e que ele rabiscou quando tinha seus vinte e poucos anos, ao cruzar o Canadá trabalhando em estradas de ferro, fazendas e serrarias. Hulme (o nome pronuncia-se "Hume") era um conspícuo amante da filosofia. Ou talvez se pudesse dizer "filósofo amador" (eu uso "amador", como ele, no sentido mais lisonjeiro da palavra, para indicar um envolvimento apaixonado, quase amoroso, com as ideias).

Dentre muitas outras coisas, Hulme era tradutor e – ainda que por apenas alguns anos – um admirador da obra do filósofo francês Henri Bergson, pensador que, embora esteja praticamente esquecido atualmente, foi muito influente nas primeiras décadas do século XX.

Hulme foi leitor precoce e fluente de Edmund Husserl, G. E. Moore, Alexius Meinong, Georges Sorel (cujas *Reflexões sobre a Violência* ele também traduziu), Max Scheler e outros pensadores complicados e inovadores; ele foi o primeiro a disseminar na Inglaterra as ideias de Wilhelm Worringer sobre as origens da "ânsia por abstração" na arte; ele foi um entusiástico proponente de certos estilos de arte de vanguarda e um implacável crítico de outros. Acima de tudo, Hulme foi um Tory comprometido, embora idiossincrático, um ardente propagandista do "classicismo" e da "atitude religiosa", um duro flagelo do pacifismo e de tudo aquilo que interpretava como "romantismo" ou "humanismo".

Hoje Hulme merece uma extensa nota de rodapé na história do modernismo inglês – o alto modernismo de T. S. Eliot, Ezra Pound e Wyndham Lewis. Em sua edição dos escritos de Hulme pela Oxford's Clarendon Press, Karen Csengeri chama Hulme de "uma das mais mal compreendidas figuras das letras do século XX". Ele é, em todo caso, uma das mais fugazes. Hulme é uma dessas curiosas figuras cuja influência ultrapassa suas realizações – ou, ao menos, cujas realizações dificilmente são levadas em conta pelos padrões habituais. O movimento estético com o qual ele está mais intimamente ligado – o imagismo –, como René Wellek observou, baseia-se em ideias que são "extremamente simples e até mesmo banais". Como escreveu Hulme em uma exortação típica, a poesia devia ser uma linguagem "visual concreta" que "sempre se esforça por controlar e fazer com que você veja algo físico, impedindo-o de deslizar por um processo abstrato".

Está bem. Mas mesmo na juventude isso não era exatamente de fazer parar as máquinas. E a própria poesia de Hulme? Em volume, sua contribuição foi ridiculamente modesta. *The Complete Poetical Works of T. E. Hulme* consiste de cinco poemas curtos publicados todos juntos pela primeira vez na revista *New Age* em 1912 e, mais para o fim desse mesmo ano, publicados como um apêndice para as *Ripostes* de Ezra Pound. É claro que o título era, em parte, uma piada. Mas não era um exagero. A obra poética completa de Hulme chega a oito poemas, o maior dos quais tem quatorze linhas. Eles pertencem ao mesmo gênero do famoso *In a Station of the Metro*, de Pound. Eis *Autumn* [Outono]:

> Um toque de frio na noite de Outono –
> Eu caminhava,
> E vi a rósea lua debruçar-se sobre u'a sebe,
> como um corado agricultor.
> Não parei para falar, mas acenei com a cabeça.
> Ao redor estavam as melancólicas estrelas
> com alvas faces, como crianças da cidade.

Gracioso? Sim. Notável? Talvez. Mas não há dúvida de que é um tanto quanto... *pequeno*.

A diminuição é deliberada. "O poeta antigo", escreveu Hulme em *A Lecture on Modern Poetry* (1908), "ocupa-se essencialmente de coisas grandiosas. [...] Mas o moderno é seu exato oposto: ele não trata mais da ação heroica; ele final e definitivamente tornou-se introspectivo e agora se ocupa da expressão e comunicação de fases momentâneas na mente do poeta". Não é de admirar que Hulme então passe a citar com louvor G. K. Chesterton sobre a diferença entre a antiga e a nova poesia: "A antiga trata do cerco de Troia, a nova tenta expressar as emoções de um garoto pescando".

As reflexões filosóficas de Hulme são mais ambiciosas; contudo, ele não fez nenhum avanço teórico notável. Era dono de uma *personalidade* surpreendentemente original, mas – como seu amigo e biógrafo Michael Roberts reconheceu – ele não era "um pensador original, ele não solucionou problemas".

Às vezes, no entanto, uma simples articulação de problemas pode ser tão frutífera quanto sua solução. Em seu livro *Romantic Image*, Frank Kermode dedica um capítulo inteiro a Hulme. Kermode acaba sendo altamente crítico, quase desdenhoso, mas ele admite que Hulme era "em alguns aspectos, o mais influente" membro de seu círculo literário. Muitos críticos terminam uma leitura de Hulme com a mesma sensação. Ele era algo mais que a soma de suas partes. Hulme era um diapasão humano, vibrando poderosamente com determinadas tendências intelectuais e espirituais. E – o que se revelou mais importante – ele conseguiu desencadear vibrações em outros. Como notou Jewel Spears Brooker em "'Ole T. E. H.': Pioneer of Modernism", Hulme "foi mais do que um dos pais fundadores da poesia moderna; em todas as artes, ele foi profeta e paladino do modernismo".

Talvez a maior eminência a responder ao brado de Hulme tenha sido T. S. Eliot. Em 1924, sete anos depois da morte de Hulme, seu amigo Herbert Read, crítico de arte, reuniu uma crestomatia dos escritos de Hulme e publicou-os sob o título *Speculations: Essays on Humanism and the Philosophy of Art*. Ao fazer uma resenha de *Speculations* para *The Criterion*, Eliot gastou elogios tanto ao livro quanto a seu autor. Escreveu que Hulme era

> o precursor de uma nova mentalidade, que deveria ser a mentalidade do século XX, se é que o século XX deve ter uma mentalidade própria. Hulme é clássico, reacionário e revolucionário; ele é o antípoda da mentalidade eclética, tolerante e democrática do final do último século.

"Clássico", "reacionário", receoso da "mentalidade democrática": o léxico de Eliot não teria elogios mais elevados. Em suas *Clark Lectures* de 1926, Eliot referiu-se a Hulme como "a mente mais *fértil* da minha geração". Em outra passagem, descreveu-o diferentemente como "o mais notável teólogo da minha geração" e ainda como um "grande poeta". "Os poemas de T. E. Hulme", escreveu Eliot em *A Função da Crítica*, "precisam apenas ser lidos em voz alta para terem um efeito imediato."

É óbvio que nem todos foram suscetíveis ao encanto de Hulme como Eliot o fora. Ezra Pound, por exemplo, foi um de seus primeiros entusiastas, mas logo se desencantou com o crescente culto que se passou a prestar postumamente a Hulme. Pound fez tudo quanto pôde para minimizar o papel de Hulme na definição da estética imagista. "O Sr. Hulme está a caminho da glória mitológica", lamentou-se Pound na década de 1930, rejeitando um estudo apreciativo de Hulme com um sumário "papo furado!" poundiano.

Se Hulme tem subsistido como um personagem obscuro, uma das razões para isso é que, até agora, ele tem sido maltratado por seus editores. Em 1955, Samuel Hynes publicou uma segunda miscelânea de Hulme, *Further Speculations*, e outros escritos de Hulme foram publicados em estudos críticos (atualmente esgotados) de Michael Roberts e Alun Jones. Mas o volume que a maior parte dos interessados em Hulme conhece são as *Speculations* de Herbert Read. Como aponta Karen Csengeri em sua introdução à edição de Oxford dos escritos de Hulme, *Speculations* apresenta uma visão altamente distorcida do pensamento de Hulme. Os ensaios estão organizados mais ou menos em ordem cronológica reversa, e Read não dá qualquer pista sobre suas datas de composição. Assim, o volume abre com *Humanism and the Religious Attitude*, uma versão do último artigo filosófico de Hulme que Read abreviou e adornou com um título inventado por ele próprio. Csengeri publica a versão original sob o título de Hulme, *A Notebook*. Além disso, Read deixou para trás uma série de ensaios importantes, menosprezando os escritos políticos de Hulme, seus textos sobre arte e sobre a guerra. Ainda mais problemática foi a inclusão de tantos escritos de Hulme a respeito de Bergson. Como nota Csengeri, *Speculations* faz com que Bergson "pareça ser a peça fundamental da vida intelectual de Hulme, em vez de apenas um importante passo em direção às visões sumamente singulares de sua obra tardia". Hulme não foi um pensador sistemático, mas seu pensamento foi construído sobre uma visão de mundo consistente; *Speculations* obscurece tanto a evolução do pensamento de Hulme quanto sua consistência emocional subjacente.

Embora apresente erros tipográficos aqui e ali – "Hume" em vez de "Hulme", texto grego mutilado (e num livro da Clarendon Press!), etc. –, a edição de Csengeri supera as outras coletâneas do autor e é digna de elogio. Ela não apenas fez um trabalho magistral de edição crítica do texto de Hulme como também forneceu uma introdução imparcial e perspicaz que percorre um longo percurso para situar os feitos de Hulme. A autora reconhece as virtudes de Hulme como pensador – acima de tudo, sua "honestidade intelectual" –, mas não exagera sua importância. Em suma, ela tornou novamente acessível a nós a obra de um negligenciado pensador conservador de grande sugestividade, ainda que fragmentária, com uma formidável habilidade retórica e um vivo entusiasmo.

Thomas Ernest Hulme nasceu em setembro de 1883 em North Staffordshire. Veio de uma família em situação cômoda. Seu pai era fazendeiro e comerciante diletante. Em 1902, Hulme ganhou uma bolsa de estudos em matemática para frequentar o St. John's College. Apesar de abstêmio, Hulme aparentemente juntou-se a alguns homens que não carregavam o fardo da aversão ao álcool. De qualquer forma, em 1904 ele foi expulso por "perder-se em rixas", como delicadamente descreveu Herbert Read. Um documento universitário, que deve ter escapado do dossiê de Bertie Wooster,[1] registra "exceder os limites que as autoridades tradicionalmente permitiam para a noite da Regata Cambridge-Oxford". Em outra ocasião, um policial repreendeu Hulme por aliviar-se em plena luz do dia na Soho Square: "Você não pode fazer isso aqui!". Abotoando as calças, Hulme replicou: "Você sabia que está falando com um membro da classe média?". O policial disse "Perdão, senhor" e foi-se embora.

---

[1] Bertie Wooster é um dos personagens centrais da série de romances do mordomo Jeeves, criada pelo escritor britânico P. G. Wodehouse. (N. T.)

Herbert Read observou, com razão, que o temperamento de Hulme não era "do tipo que poderia ser prontamente submetido a um molde acadêmico". Depois de expulso, Hulme vagou por Londres e estudou por um curto período na Universidade de Londres, antes de embarcar em sua jornada através do Canadá. Nos anos subsequentes, ele seria visto em Bruxelas, de volta a Londres, discursando no Poets' Club, em Bolonha, em uma reunião do Congresso Filosófico, assimilando ideias de Pierre Lasserre e da Ação Francesa em Paris, e de Worringer em Berlim. Seus escritos eram publicados regularmente – às vezes sob o pseudônimo "Thomas Gratton" – na revista *New Age*, de A. R. Orage, e em outros periódicos. Em 1912, ele solicitou a readmissão no St. John's. Henri Bergson, cuja reputação havia atingido o apogeu, escreveu uma vibrante carta de recomendação em que descrevia seu discípulo como "*un esprit d'une grande valeur* [...] *rares qualités de finesse, de vigueur, et de pénétration* [um espírito de grande valor, (...) de raras qualidades como a sutileza, o vigor e a sagacidade]". Hulme foi devidamente readmitido.

Em vez de continuar seus estudos, entretanto, Hulme teve de fugir do país quando um pai enfurecido ameaçou processá-lo por tentar seduzir sua filha de dezesseis anos. Quando começou a guerra, Hulme alistou-se imediatamente; em abril de 1915, ele foi ferido e mandado de volta para recuperar-se. No ano seguinte foi-lhe concedido um posto na artilharia dos Royal Marines e então ele retornou à frente de batalha.

"Busque sempre a palavra dura, decisiva, pessoal", aconselhou Hulme em "Cinders". No curso de sua curta vida – ele tinha apenas 34 anos quando morreu em batalha, próximo a Niewpoort, Bélgica, em setembro de 1917 – Hulme buscou ostentosamente o duro, o definido, o impessoalmente pessoal em cada aspecto de sua vida. O escultor Jacob Epstein – um amigo próximo – observou, com orgulho, que Hulme "era capaz de derrubar uma teoria bem como um homem quando a ocasião exigia". O busto de Hulme esculpido por Epstein foi reproduzido na capa e no frontispício de *Speculations*. Ele revela um oficial britânico fora do comum: traços bem delineados, bigode bem aparado, olhar cauteloso e friamente calculista. Um monóculo e um chicote não lhe teriam caído mal.

A força de sua personalidade foi uma das razões que tornaram Hulme – que, afinal de contas, era um jovem provinciano – capaz de marcar tanto sua geração. A força do estilo foi outra. Hulme era senhor de uma prosa vigorosa e estimulante; assim como ele favorecia a imagem concreta em detrimento da abstrata na poesia, Hulme conseguia tornar palpáveis até as mais abstrusas questões filosóficas. Os ensaios e conferências de Hulme tendem a ser episódicos e epigramáticos. Em algumas partes, parecem desordenados; e jamais são repetitivos. Ler Hulme é participar de uma busca intelectual enérgica, animada, séria e impaciente. É característica a forma como inicia seu importante ensaio *A Tory Philosophy* (1912): "Meu objetivo neste artigo é explicar por que acredito no pecado original, por que não consigo suportar o romantismo, e por que sou um certo tipo de Tory".[2]

O estilo belicoso de Hulme possibilitou que ele fosse particularmente eficaz no ataque. *A Tory Philosophy* é, em parte, uma síntese do que ele chama de visão de mundo "clássica", uma visão que, desconfiando das reivindicações por um progresso moral, enfatiza a ordem, a disciplina e a tradição. "Como o homem é mau em essência", Hulme escreveu em uma passagem característica, "ele só consegue realizar algo de valor por meio da disciplina – ética e política. Com efeito, a ordem não é meramente negativa, mas criativa e libertadora. As instituições são necessárias."

Hulme percebeu que esses preceitos não eram novos, mas foi cuidadoso ao distinguir sua própria qualidade de "classicismo" das outras que ele considerava espúrias. Na passagem seguinte, por exemplo, eis o que ele tinha a dizer sobre Nietzsche em *A Tory Philosophy*:

---

[2] Tory é o nome do antigo partido de tendência conservadora do Reino Unido, que reunia a aristocracia britânica. (N. T.)

> A maior parte das pessoas está acostumada a associar esses tipos de perspectiva a Nietzsche. É certo que elas ocorrem em sua obra, mas ele as tornou tão horrivelmente vulgares que nenhum artista clássico o teria apreciado. Nele, tem-se o espetáculo de um romântico apoderando-se da perspectiva clássica, porque esta o atraía puramente como teoria, e ele, romântico que era, ao adotar essa teoria, passou sobre cada detalhe seus dedos lodosos. Tudo perde seu valor. A mesma ideia da necessária hierarquia de classes, com suas diversas capacidades e obrigações, vê-se mudada no *nonsense* romântico dos dois tipos de moralidade, a do escravo e a do senhor; e todos os outros elementos do posicionamento clássico são transmutados de maneira semelhante em algo ridículo.

Filosoficamente, Hulme não pertencia de modo algum à categoria de Nietzsche. Mas suas observações são agudas e, à medida que avançam, devastadoras. Tem-se a impressão de que Hulme poderia ter feito com Nietzsche o que Nietzsche fez com Wagner.

Hulme podia ser especialmente cruel com seus contemporâneos. Um ávido admirador da escultura de Jacob Epstein, ele não aceitava sobremaneira as críticas obtusas ao trabalho do escultor. Em *Mr. Epstein and the Critics* (1913), ele analisa os escritos sobre a arte de Epstein que ele considerava os mais atrozes. Devotou hilária atenção a um tal Anthony Ludovici, que, por coincidência, fora antes um (notoriamente confuso) comentador de Nietzsche. "Que tipo particular de charlatão revelou-se neste livro sobre Nietzche?", pergunta Hulme.

> O Sr. Ludovici, ao escrever sobre Nietzsche, pode ser comparado a uma criança de quatro anos num teatro a assistir a uma tragédia cujo tema é o adultério [...] Pensaríamos, então, numa mente pequena e ordenada que se aproximou furtivamente das complexas vigas da filosofia – imagina-lo-íamos perplexo, confuso – mas estaríamos completamente enganados [...] [Ao contrário, ele] apaga toda a complexidade que forma a realidade da questão, de maneira que ele simplesmente ignora sua existência. Ele enxerga apenas o que é familiar ao modo de operação de

sua mente, assim como cães, ao darem uma volta, só sentem o cheiro de outros cães; assim como um índio pele-vermelha, quando pela primeira vez numa cidade grande, só vê os cavalos. [...] Talvez não signifique muito um homem escrever coisas estúpidas e infantis sobre Nietzsche. [...] Mas quando um galinho de briga desse tipo tem a impudência de se referir ao Sr. Epstein como uma "personalidade de segunda categoria" [...] então a questão torna-se tão repulsiva que é preciso resolvê-la. O meio mais apropriado para lidar com ele seria um pouco de violência. Através desse método é possível livrar-se de um estorvo sem que se lhe dirija mais atenção do que sua insignificância merece.

Hulme foi mais sutil e talvez mais eficaz em seus ataques ao pacifismo de Bertrand Russell e do crítico de arte do grupo Bloomsbury, Clive Bell, em *War Notes*, a miscelânea de comentários que ele escreveu enquanto convalescia entre 1915 e 1916. No prefácio de *Speculations*, Herbert Read descreveu Hulme como "um militarista de fé". Ele estava errado. Hulme não era de modo algum insensível aos horrores da guerra. Tampouco, um irrefletido *hawk*. Em *Diary from the Trenches*, que se originou de cartas a sua família, ele escreveu que a vida nas trincheiras era "um tipo de pesadelo no qual se está no meio de um enorme disco de lama com explosões e disparos por toda a parte". "A partir do momento em que você vê alguém ferido", observou, "começa a pensar no bombardeio de uma maneira bastante diferente: não há nada pitoresco nele. É a coisa mais miserável que se pode conceber."

Hulme entendeu e até mesmo simpatizou com a repulsa pacifista à guerra. Mas ele também entendeu que, na guerra com a Alemanha, fez-se dessa repulsa uma forma de covardia moral. "Por piores que possam ser para a Europa as consequências do nosso Equilíbrio de Poder", observou Hulme, "as consequências da hegemonia alemã seriam muito piores. Nenhuma política é ideal; mas num mundo de *Realpolitik*, o alemão é odioso a todos, com exceção dos alemães. [...] O que se está estabelecendo na presente guerra é a configuração política, intelectual e ética da Europa no século que está por vir."

O pacifismo "esclarecido" de Russell e Bell deriva de uma ideologia em que não há "lugar algum para o heroico", que reduziu profundamente a importância da honra e que está pronta a sacrificar, na prática, qualquer princípio em prol da paz. Hulme não via isso senão com desprezo. "Chega-se ao ponto", escreveu, "em que a morte de um homem emancipado é um preço alto demais para se pagar por qualquer coisa. A vida e o conforto tornam-se os bens últimos." Apercebendo-se da retórica socialista com que o abastado Bell costumava engrinaldar suas declarações pacifistas, Hulme fez uma observação que é tão pertinente e desdenhosa hoje quanto o fora em 1916: "É uma ideia muito difundida, embora equivocada, supor que para corrigir os privilégios da riqueza basta declarar verbalmente que você é um socialista".

Enfatizando a ideia do pecado original; proclamando uma estética classicista; depreciando a ideologia romântica do progresso; insistindo na importância da honra e da coragem física; dessas e de outras maneiras Hulme foi quase tão politicamente incorreto, *avant la lettre*, quanto lhe era possível ser. E essa é, na verdade, uma das razões pelas quais ele permanece original e fascinante. Mas há razões mais profundas para a importância de T. E. Hulme. Suas opiniões não foram o produto da assunção superficial de uma atitude, senão de um apaixonado compromisso com questões espirituais fundamentais. Hulme viveu numa época em que a mudança social cataclísmica e o otimismo ingênuo com relação ao poder e à beneficência da racionalidade associaram-se e, por conseguinte, ameaçaram a sobrevivência de quaisquer valores que não estivessem sujeitos a um cálculo utilitário. Como nota Csengeri, uma das principais fontes da paixão de Hulme era o "medo de que o mundo moderno, ao trazer consigo uma bagagem científica e filosófica do passado vitoriano, estivesse tentando amalgamar a esfera dos valores com a da ciência. Permitir que as duas fossem amalgamadas só poderia levar à destruição da ética". Nisso, como ela aponta, Hulme antecipa o que disseram muitos pensadores que surgiram mais tarde, como Wittgenstein.

No fundo, independentemente do assunto em questão, Hulme falava como um moralista. Em "Cinders" ele proclamou a irredutível pluralidade do mundo e fez advertências nominalistas sobre as seduções da linguagem: "Símbolos [...] selecionados e que se acredita serem realidades". Seu longo flerte com Bergson desenvolveu-se porque ele esperava que a noção de "intuição" de Bergson pudesse dar uma resposta convincente à visão de mundo desumanizadora e mecanicista que, ganhando espaço em toda parte à época dele, ameaçava destruir a própria ideia de liberdade moral e transformar o mundo num lugar em que "a palavra 'valor' claramente não tem siginificado". Bergson, como o filósofo Leszek Kolakowski observou, prometeu libertar a vida intelectual francesa do "cientificismo",

> da crença de que a ciência natural [...] proporcionou-nos um modelo inigualável de conhecimento genuíno, de que todos os critérios de validade e verdade foram estabelecidos em procedimentos da ciência empírica e matemática e de que todos os resultados cognitivos dignos desse nome devem sua legitimidade à correta aplicação desses critérios. Do mecanismo, ou seja, da [...] [ambição] de reduzir todas as áreas do conhecimento à física. Da argumentação determinista de que o futuro sempre esteve definido em todos os seus detalhes, e particularmente de que nosso uso de termos como "livre escolha" ou "criatividade" resulta de nossa ignorância das causas. [...] Da rejeição positivista a todas as questões que têm que ver com o sentido da vida, a vocação da humanidade, a origem divina do universo, as distinções qualitativas entre as várias formas de existência.

A filosofia de Bergson, em suma, era como uma erva-dos-gatos para Hulme. Se ele no fim das contas repudiou Bergson, foi basicamente porque, sob a influência de Pierre Lasserre, ele passou a crer que a solução de Bergson para o problema do cientificismo, em especial para a confusão entre teologia e biologia, baseava-se numa espécie de sentimentalismo – o que, na verdade, não era "nada senão o mais novo disfarce do romantismo".

Hulme estava sempre à procura de saídas de emergência espirituais; por temperamento, ele só podia defender aquelas saídas que pudesse apresentar a si mesmo como conquistas. Seu ataque ao romantismo – ao sentimentalismo, ao "humanismo" – era, no fundo, um ataque às capitulações aviltantes exigidas pela modernidade. Daí sua atração pela teoria de Wilhelm Worringer sobre as origens psicológicas da arte abstrata. Hulme abraçou a arte abstrata não por sua estética, mas por aquilo que considerava ser seu potencial existencial. Ele esperava que a ascensão da abstração pudesse pressagiar a renovação de uma fonte espiritual fundamental que vinha sendo obscurecida por longo tempo por um apego ao humanismo superficial. "Nossa dificuldade agora", escreveu em 1915, "é que, na verdade, somos incapazes de compreender como outra perspectiva que não a humanista poderia ser adotada a sério por homens inteligentes e emancipados." Pensava ele que a arte abstrata poderia ser uma base na tarefa de articular uma alternativa convincente para o humanismo árido. Em seu livro de 1908, *Abstraktion und Einfühlung* [Abstração e Empatia], Worringer argumentou que através dos tempos a arte figurativa começou a florescer quando a humanidade sentiu-se à vontade no mundo, sentiu "empatia" por seu entorno natural. Por outro lado, Worringer identificou um sentimento de "mal-estar interior inspirado [...] pelos fenômenos do mundo exterior" como um primeiro "impulso para a abstração" nas artes:

> A simples linha e seu desenvolvimento numa regularidade puramente geométrica estava destinada a oferecer a maior das possibilidades de felicidade ao homem desassossegado com a obscuridade e com a complicação dos fenômenos. Pois neste lugar o último traço de conexão com e de dependência da vida foi obliterado; neste lugar a mais absoluta forma, a mais pura abstração foi alcançada; neste lugar jaz a lei, jaz a necessidade, enquanto em todos os outros lugares o capricho do orgânico prevalece.

Hulme explorou as ideias de Worringer com entusiasmo. "A reaparição da arte geométrica", escreveu numa conferência de 1914 chamada *Modern Art and Its Philosophy*,

> pode ser a precursora da atitude correspondente com respeito ao mundo e, por conseguinte, da ruptura com a atitude humanística do Renascimento. O fato de que essa mudança ocorre primeiro na arte, antes de ocorrer no pensamento, é facilmente compreensível por essa razão. Estamos tão completamente imersos no espírito da época em que vivemos, tão forte é a influência dele sobre nós, que só conseguimos escapar dele de uma maneira inesperada, ou seja, seguindo um rumo alternativo como a arte.

Muitos críticos de Hulme prontamente contestaram que o uso que ele fazia de termos como "humanismo" e "Renascimento" – para não mencionar "romantismo" e "pecado original" – é, na melhor das hipóteses, pickwickiano.[3] E eles estão, sem dúvida, corretos. Mas essas críticas estão equivocadas num ponto importante. Hulme não tinha a pretensão de ser um acadêmico: ele não buscava uma acurada taxonomia verbal, senão uma acurada descrição da condição espiritual do homem. Assim, por exemplo, ele livremente admitiu que "não [...] se interessava tanto pela religião quanto pela atitude, pelo 'modo de pensar' [...] a partir do qual surge uma religião". Qualquer ameaça a essa maneira de pensar, acreditava ele, era também uma ameaça à integridade espiritual do homem. O que ele chamava de "romantismo" era algo naturalmente hostil à atitude religiosa, porque encorajava sentimentos de um ilusório narcisismo. A "raiz de todo romantismo", para Hulme, era a crença de que "o homem, o indivíduo, é um reservatório infinito de possibilidades; e de que, se for possível reorganizar a sociedade através da destruição da ordem opressiva, então essas possibilidades terão uma chance e assim se chegará ao Progresso". Mais uma vez, há uma profusão de românticos (inclusive o próprio

---

[3] Alusão ao livro *As Aventuras do Sr. Pickwick*, de Charles Dickens, que, com ironia e humor, apresenta críticas à sociedade inglesa vitoriana e, em particular, ao espírito cientificista da época. (N. T.)

Hulme, como alguns poderiam dizer) aos quais essa descrição não se aplica. Mas a caracterização de Hulme localizou uma tentação espiritual que é tão viva hoje quanto fora na época em que ele escreveu isso.

Numa passagem famosa de seu ensaio *Romanticism and Classicism* (ca. 1911), Hulme lembrou que "a crença na Divindade faz parte da natureza permanente do homem". Afirmou que:

> isso deve ser tão seguro e verdadeiro para todos os homens como a crença na existência das coisas e do mundo objetivo. [...] Ora acontece de algumas vezes, pelo uso ou da força ou da retórica, esses instintos serem suprimidos. [...] O resultado inevitável de tal processo é que o instinto reprimido desata em alguma direção inusitada. O mesmo se dá com a religião. Pela retórica pervertida do racionalismo, seus instintos naturais são suprimidos e você se converterá num agnóstico. E, assim como no caso dos outros instintos, a Natureza tem sua vingança. Os instintos que encontram seus corretos e próprios meios de expressão na religião terão de sair de alguma outra forma. Você não acredita em Deus, então começa a acreditar que o homem é um deus. Você não acredita no Céu, então começa a acreditar num céu na terra. Em outras palavras, você se torna um romântico. Os conceitos que, quando nas esferas a que pertencem, eram corretos e apropriados passam a espalhar-se, e assim confundem, falsificam e obscurecem os nítidos contornos da experiência humana. É como verter um jarro de melaço sobre a mesa do jantar. O romantismo, portanto – e esta é a melhor definição que dele posso dar –, é uma religião derramada.

A natureza exata das crenças religiosas do próprio Hulme é alvo de controvérsia; mas penso que não é preciso aderir a nenhum credo em particular para perceber o poder de sua objeção: "Que o homem não é perfeito em sentido algum, mas uma criatura desprezível que, a despeito disso, é capaz de apreender a perfeição". Essa talvez não seja uma filosofia animadora, mas tem a vantagem de ser verdadeira. E foi por isso que Hulme concluiu que ele não "tolerava o dogma por causa do sentimento, mas [...] poderia eventualmente engolir o sentimento por causa do dogma".

Capítulo 3 | Uma Ânsia de Realidade:
T. S. Eliot Hoje

> Não se trate aqui de percutir
> O timbre de um reminiscente sino
> Ou revolver um sortilégio antigo
> Para invocar o espectro de uma Rosa.
> Não podemos reviver velhas tendências
> Não podemos restaurar velhas políticas
> Ou dar ouvidos a um tambor extinto.
> – *T. S. Eliot*, Quatro Quartetos, IV: Little Gidding, *1942*[1]

> Num futuro imediato, e talvez ainda por muito tempo, a continuidade de nossa cultura tenha de ser mantida por um número muito pequeno de pessoas.
> – *T. S. Eliot,* The Criterion, *1939*

> É ora nossa severa obrigação repudiar o Eliot reacionário.
> – *Cynthia Ozick,* "T. S. Eliot at 101", *1989*

"Seu" Eliot – morreu. Essa é a mensagem que os nativos estão passando a respeito de T. S. Eliot. Do nosso ponto de vista, no início de um novo milênio (talvez fosse mais adequado chamar a isso "ponto de cegueira"), a extraordinária autoridade literária e crítica que Eliot outrora exerceu é quase incompreensível. Isso não se dá simplesmente porque Eliot já não ocupa mais o elevado posto que costumava ocupar, mas também porque os próprios postos elevados estão basicamente indisponíveis. A cultura que a autoridade de Eliot pressupôs bem como ajudou a manter – a cultura do alto modernismo – parece estar por toda parte esgotada, fora de estoque: não é mais fabricada

---

[1] T. S. Eliot, *Obra Completa*, vol. 1, *Poesia*. Trad. Ivan Junqueira. São Paulo, Arx, 2004.

pois para ela já não há mais demanda. Hoje Eliot subsiste principalmente como um ícone destronado: fonte de um punhado de frases indeléveis, venerável acréscimo às bibliografias acadêmicas, amparo confiável para os vigaristas da literatura que praticam a indelicada arte da diminuição-pela-biografia. O mesmo ocorre com a cultura que Eliot buscava salvar por meio de sua poesia e de suas críticas. Tem-se a impressão de que a antiga autoridade de Eliot, que outrora inspirara o mundo inteiro, está irrecuperavelmente alheia e distante – e pensam assim, sobretudo, os observadores mais jovens. Para muitos, o pomposo poder de Eliot não passa de uma combinação oculta de mistificação e tirania – um pouco como o inquebrantável carisma do personagem Kurtz de Conrad, que Eliot imortalizou na epígrafe de "Os Homens Ocos" (1925): "'Seu' Kurtz – morreu". É difícil dizer o que é mais marcante: o vigor da influência de Eliot no seu auge, ou a brusquidão de seu eclipse.

Com efeito, não faz muito tempo que Eliot era uma presença inescapável. William Empson falou por muitos quando confessou, em 1958, que "não tenho certeza de quanto da minha própria mente [Eliot] forjou, muito menos de quanto dela é uma reação contra ele ou, na verdade, uma consequência de uma leitura equivocada dele. Ele é uma influência extremamente penetrante, talvez não diferente do vento oriental". É digno de nota, também, que a influência de Eliot tenha sido tão multifacetada quanto contundente. Isso não se deve apenas a suas façanhas na qualidade de poeta – embora eu acredite que tenha sido a poesia que lhe tenha dado o *imprimatur* derradeiro, a sanção final para sua autoridade. Edmund Wilson, veemente admirador da obra de Eliot – embora não tenha deixado sobremaneira de lhe fazer críticas –, notou que "seus versos têm uma vibração emocional, uma curiosa vida própria, que parece por pouco desligar-se do próprio autor". As sílabas de *A Canção de Amor de J. Alfred Prufrock* (1915), *Gerontion* (1920), *A Terra Desolada* (1922), *Os Homens Ocos*, partes dos *Quatro Quartetos* (1935-1942), além de outros poemas foram, para muitas pessoas, insubstituíveis guarnições mentais. As realidades que evocam foram – ou são? – *nossa* realidade.

Consideremos a seguinte miscelânea de alguns de seus poemas:

Sigamos então, tu e eu,
Enquanto o poente no céu se estende
Como um paciente anestesiado sobre a mesa
Sigamos por certas ruas quase ermas,
Através dos sussurrantes refúgios
De noites indormidas em hotéis baratos,
Ao lado de botequins onde a serragem
Se mistura às conchas das ostras.

***

No saguão as mulheres vêm e vão
A falar de Miguel Ângelo.

***

Após tanto saber, que perdão? Suponha agora
Que a história engendra muitos e ardilosos labirintos, estratégicos
Corredores e saídas, que ela seduz com sussurrantes ambições,
Aliciando-nos com vaidades. Suponha agora
Que ela somente algo nos dá enquanto estamos distraídos
E, ao fazê-lo, com tal balbúrdia e controvérsia o oferta
Que a oferenda esfaima o esfomeado. E dá tarde demais
Aquilo em que já não confias, se é que nisto ainda confiavas,
Uma recordação apenas, uma paixão revisitada. E dá cedo demais
A frágeis mãos. O que foi pensado pode ser dispensado
Até que a rejeição faça medrar o medo. Suponha
Que nem medo nem audácia aqui nos salvem. Nosso heroísmo
Apadrinha vícios postiços. Nossos cínicos delitos
Impõem-nos altas virtudes.

***

Abril é o mais cruel dos meses, germinando
Lilases da terra morta, misturando

Memória e desejo, avivando
Agônicas raízes com a chuva da primavera.

* * *

Cidade irreal,
Sob a neblina castanha de uma aurora de inverno,
Fluía a multidão pela Ponte de Londres, eram tantos,
Jamais pensei que a morte a tantos destruíra.

* * *

Com tais fragmentos foi que escorei minhas ruínas.

* * *

Assim expira o mundo
Não com uma explosão, mas com um gemido.

* * *

No ponto imóvel do mundo que gira.[2]

Essas e outras passagens do acanhado corpo de publicações da poesia de Eliot (pense em Sweeney, em Madame Sosostris, no "jovem carbunculoso") impregnaram o imaginário literário do século XX. Elas não foram somente "discurso memorável", para citar a breve definição de Auden para a poesia: foram marcos existenciais, pontos de referência na batalha espiritual da modernidade pela sobrevivência da cultura.

Uma lista de frases igualmente memoráveis, ou quase tão memoráveis, poderia ser feita a partir da prosa crítica de Eliot: "objetivo correlativo"; "dissociação de sensibilidade"; os monumentos da literatura formando "uma ordem ideal entre si, a qual é alterada pela introdução da nova, da verdadeiramente nova, obra de arte"; o progresso

---

[2] Ibidem.

do artista como "um contínuo autossacrifício, uma contínua extinção de personalidade"; "a poesia genuína é capaz de comunicar-se antes mesmo de ser compreendida". Essas e outras famosas ideias ajudaram a inaugurar a Neocrítica, uma abordagem da literatura e da cultura que outrora parecia – e talvez ainda pareça – a mais flexível, séria e responsiva dentre todas as outras formuladas no século XX.

De fato, se o calibre poético de Eliot era alto, seu calibre como crítico – como crítico de literatura, acima de tudo, mas também, de maneira mais limitada, como crítico social, moral e religioso – era ainda mais alto. A repercussão de seus ensaios nas questões literárias, religiosas e educativas era no mínimo fascinante. E não nos podemos esquecer de sua obra como editor. A partir de 1925 sua posição na Faber and Faber permitiu-lhe contribuir a moldar o gosto contemporâneo através da publicação de nomes como W. H. Auden, Stephen Spender, Cecil Day-Lewis, Ezra Pound, Edwin Muir, Robert Lowell, Marianne Moore, Ted Hughes e Sylvia Plath. E como editor de *The Criterion*, revista fundada por ele em 1922 e publicada até 1939, Eliot contribuiu na transformação da crítica de sua época. "Não houve crítico moderno", escreveu R. P. Blackmur, "que tivesse exercido impacto comparável ao efeito de Eliot [...] sobre os literatos." Como Hugh Kenner afirmou, ele era "o crítico mais talentoso e influente na Inglaterra do século XX – muito provavelmente o melhor desde Coleridge". Clement Greenberg – como Wilson, entusiástico admirador da obra de Eliot, mas de qualidades distintas – foi ainda mais longe em seu encômio ao poder crítico de Eliot. Depois de mencionar "Aristóteles, Johnson, Coleridge, Lessing, Goethe" e outras figuras do panteão da crítica, Greenberg concluiu: "T. S. Eliot é possivelmente o melhor dentre todos os críticos literários".

Os meados da década de 1970, quando eu estava na faculdade, foram provavelmente os últimos anos em que a grandeza de Eliot foi levada em consideração, em que ela podia ser *sentida* como um desafio inevitável. Todos, mesmo os mais remotamente interessados em literatura, conheciam seus poemas e ensaios. E é provável que também conhecessem sua biografia: que Eliot nasceu em 1888 em St. Louis e era o mais novo de sete irmãos; que estudou em Harvard com personalidades tais como George Santayana e Irving Babbitt; que ele quase se doutorou em filosofia com uma tese que versava sobre o idealista britânico F. H. Bradley; mas que, em vez de concluí-la, decidiu mudar-se para a Inglaterra, onde por muitos anos (até 1925) trabalhou no Lloyds Bank. Em meados da década de 1970, a envergadura de Eliot ainda era reconhecida, mas mesquinhamente: havia-se degenerado numa questão de "Sim, mas..."; "Sim, ele foi um poeta importante, mas e suas opiniões políticas reacionárias?"; "Sim, ele foi um crítico influente, mas e sua visão hierárquica, reacionária da cultura?"; "Sim, ele foi um importante porta-voz da cultura, mas e sua sujeição reacionária ao cristianismo ortodoxo?". Por volta de 1975, o mundo já se havia colocado contra Eliot e tudo o que ele defendia. Certa vez, ele declarou ser "clássico na literatura, monarquista na política e anglo-católico na religião". Teria seu pior inimigo sido capaz de elaborar acusação mais incriminatória? (Na verdade sim, como uma série de inimigos dele mostrou, um após o outro.) A partir da segunda metade da década de 1960, o que o mundo pedia era subjetividade amorfa na literatura, igualitarismo na política e romantismo *low-church* ou *no-church* na religião.

Eliot ganhou o Prêmio Nobel em 1948 e, quando morreu, no início de 1965, sua reputação parecia inatacável. Na verdade, as sementes de sua derrota já estavam germinando. É verdade que a morte é um seguro (embora temporário) inibidor de reputações, especialmente quando se trata de reputações que desfrutaram de um longo triunfo. Dentre muitas outras coisas, a morte é um convite para revisões, reconsiderações, reavaliações. A direção inevitável dessas operações parece apontar para baixo. Celebrações, ternas lembranças e coletâneas de homenagens podem até abundar: mas a nota dominante é comumente deflacionária.

Todavia, o destino da reputação de Eliot não pode ser explicado por meio do apelo a esse processo de reajuste póstumo. Outros elementos estiveram e estão presentes. Talvez o mais importante deles tenha sido o desaparecimento da seriedade para com a literatura e a cultura. A perda da seriedade, com suas consequentes degradações, marca o limite entre o modernismo vigoroso de personalidades como Eliot e Joyce e o pós-modernismo flácido que em seguida se desenvolveu. Diz-se com frequência que Eliot deu à sua época um tipo de consciência literária. Mais exatamente, seu exemplo dissuadiu as pessoas de negligenciarem suas *próprias* consciências literárias. Se Eliot foi um "ditador da literatura", como alguns sustentaram, isso teve mais a ver com aquilo que, inspiradas na prática de Eliot, as pessoas cultas habitualmente exigiam de si mesmas no que diz respeito ao gosto, ao discernimento e aos padrões, do que com algo que Eliot poderia ter pretendido exigir delas. É – perfeitamente – possível imaginar uma figura lugubremente cômica como o crítico literário Harold Bloom, de Yale, pontificando sobre a "angústia da influência" e depreciando as façanhas de Eliot enquanto a influência deste ainda estava intacta. Mas, no apogeu de Eliot, os melodramas pomposos e freudianos de Bloom não seriam recebidos senão com negligência ou com a merecida zombaria.

A poesia de Eliot sempre atraiu numerosos críticos. A princípio, a crítica enfocava mais o tom de Eliot. Com poemas como *Prufrock*, *Prelúdios*, *Retrato de uma Dama* e *Manhã à Janela* ("penso nas almas úmidas das domésticas / brotando melancólicas nos portões das áreas de serviço"),[3] Eliot introduziu um novo registro emocional na poesia inglesa. Moldando sua obra especialmente na poesia do desafortunado simbolista francês Jules Laforgue (1860-1887), que Eliot descobriu em 1908 através do livro de Arthur Symons *The Symbolist Movement in Literature* (1899), Eliot alcançou uma poesia que era

---

[3] Ibidem.

urbana, polida, irônica e repleta de sofisticada lassidão. Ela era, como Symons disse de Laforgue, "viva, inquieta, deliberadamente incerta". Como era de esperar, o estilo suave, emocionalmente rarefeito de Eliot – ele falou de sua *aboulie* – era um ultraje ao convencional gosto georgiano, que desconfiava da ironia quase tanto quanto repugnava o urbano. ("Os 'poemas' dele dificilmente serão lidos por muitos com prazer", desdenhou um crítico anônimo de *Prufrock* no *The Times Literary Supplement.*)

Mas a reação crítica aos primeiros poemas de Eliot não foi nada, comparada aos acessos de fúria dirigidos contra *A Terra Desolada*, com sua dispepsia poliglota e estrutura (ou antiestrutura, de acordo com seus detratores) trêmula em forma de mosaico. *A Terra Desolada* foi odiado por todas as pessoas corretas. ("Virtuosismo como fim em si mesmo", "tanto papel desperdiçado", "mistificação deliberada".) A reação a *A Terra Desolada* catapultou Eliot à notoriedade canônica. Como observou um crítico, ele foi "aclamado como o cético do momento, o porta-voz de uma geração 'perdida', desafogando a amargura da desilusão com as gerações anteriores, levando-as a uma guerra desnecessária".

Ironicamente, na época em que o poema foi publicado, em outubro de 1922 (primeiro na edição inaugural do *The Criterion*, depois em Nova York, no *The Dial*), Eliot havia se distanciado consideravelmente da poderosa perspectiva do poema, a de um desespero cultural e espiritual. Em novembro de 1922, disse ele: "Minhas ideias atuais são bastante diferentes". Na verdade, num certo sentido, suas ideias *sempre* foram bastante diferentes. Como bem se sabe, nós devemos *A Terra Desolada* – que Eliot a princípio tencionava chamar "Ele Representa a Polícia com Vozes Diferentes" (uma passagem de *Nosso Amigo Comum*, de Dickens) – em parte às numerosas intervenções editoriais de Ezra Pound. Não por acaso Eliot dedicou o poema a Pound, com uma citação de Dante: *il miglior fabbro* – "o melhor artífice". Pound cortou cerca de mil linhas até chegar às atuais 433. Ele fez consideráveis correções na dicção do poema – por exemplo, ele fez o Sr. Eugênides falar um francês "demótico" em vez de "abominável"; e enquanto Eliot via o marido de Lil "saindo da Royal Corps of Transport",[4] Pound viu que ele fora "dispensado"; uma grande melhoria. Mais expressivas foram as sutis amputações operadas por Pound, que reduziram no poema o elemento de anseio religioso. O resultado, como contou em carta ao benfeitor nova-iorquino de Eliot, John Quinn, em 1922, foi um "poema extremamente bom [...], quiçá bom o bastante para fazer o resto de nós fechar as portas".

As contribuições editoriais de Pound à poesia de Eliot encerraram-se com "Os Homens Ocos". A dimensão religiosa do verso de Eliot, e também de sua vida, tornaram-se mais e mais proeminentes, o que equivale a dizer que ambas tornaram-se decididamente não poundianas. Em 1928, ano seguinte àquele em que Eliot converteu-se ao anglo-catolicismo (e com isso tornou-se assunto dos britânicos), um crítico anônimo do *The Times Literary Supplement* queixava-se de que Eliot havia trocado "o modernismo pelo medievalismo". Essa queixa viu-se reforçada pela publicação de poemas religiosos como *Quarta-feira de Cinzas* (1930) e os *Quatro Quartetos*. Numa carta a Paul Elmer More em 1929, Eliot respondeu que aquilo era "antes uma tentativa de parecer sentar-se numa cadeira confortável, quando na verdade havia-se apenas iniciado uma longa jornada a pé".

Entretanto, ele teria concordado com o crítico do *TLS* em um ponto. Por mais estruturalmente modernista que seja sua poesia mais recente, na atitude ela rompe radicalmente com certos pressupostos modernistas. De fato, em 1928 Eliot escreveu no *The Criterion* que "modernismo" (que naquele contexto ele tomava como sinônimo de "humanismo") "é uma ferrugem mental". Os *Quatro Quartetos* estão repletos de extraordinária poesia. Mas Donald Davie sem dúvida

---

[4] De 1965 a 1993, a Royal Corps of Transport (RCP) foi o corpo do exército britânico responsável pelo transporte de homens e materiais, a serviço do exército e da Defesa. (N. T.)

estava certo quando observou, em 1956, que a reação aos *Quatro Quartetos* foi "notoriamente ideológica": "Os inclinados à religião aplaudem os Quartetos, os que militam a favor do secularismo e do 'humanismo' depreciam-nos. Simples assim".

Sob alguns aspectos, Eliot deu a seus detratores um alvo fácil. Sua panóplia de alusões eruditas – ele mais tarde alegou que as notas de rodapé de *A Terra Desolada* eram um tipo de chiste, mas eram mesmo? – deu margem a que lhe acusassem de pedantismo. Como Edmund Wilson notou num importante ensaio de 1958 intitulado '*Miss Buttle' and 'Mr. Eliot'*, "a obra de Eliot adequa-se fatalmente às necessidades dos professores de cursos de inglês na América". Além disso, o fraseado e a voz poética de Eliot eram sempre tão característicos e até mesmo afetados, que parodiá-los (intencionalmente ou não) tornava-se irresistível. Wilson lança mão de diversas citações extraídas de *The Sweeniad*, de Myra Buttle (*My Rebuttal*), pseudônimo do inglês dom Victor Purcell.

> Entre a mistificação
> e a desilusão
> Entre a multiplicação
> E a divisão
> Tomba a Torre de Londres.
>
> Substantivos mil em *is*
> Para as palavras que masculinas se quis
> Amnis, axis, caulis, collis,
> clunis, crinis, fascis, follis...
> Tome o número que primeiro lhe vier à mente...
> Pare de produzir...
> Pare de respirar...
>   *Pof!*

Tudo isso é muito divertido, mas não tão divertido quanto a poesia "séria" do Sr. Purcell, cujos fragmentos Wilson cita. Tais paródias são, no final das contas, uma espécie de homenagem não intencional, evidenciando a força e a ubiquidade do original. O que torna o afã da Srta. Buttle engraçado é que nós instantaneamente reconhecemos o estilo de "Os Homens Ocos" por trás dele. Uma coisa foi o ataque filisteu a Eliot. Muito mais danosa foi a absorção do espírito filisteu pela elite literária. Esse é mais um aspecto de nossa condição pós-moderna. Quando Harold Bloom diz-nos que John Ashbery é um poeta mais "forte" que Eliot, nossa primeira reação é sentir pena das gerações de estudantes de Yale sobre as quais Bloom se impôs. Mas quando uma escritora talentosa e sensível como Cynthia Ozick ataca Eliot, considerando-o a epítome de uma alta cultura reacionária cujo tempo já passou, o resultado é muito mais chocante. Em "T. S. Eliot at 101", um artigo longo e mordaz publicado na *The New Yorker* em 1989, a Srta. Ozick misturou veneno *ad hominem* a um populismo cultural que estava então em voga, numa investida a um só tempo contra Eliot e contra o exigente ponto de vista que ele articulou a respeito das belas-artes. Quanto ao próprio Eliot, ela o criticou severamente, tomando-o por "autocrático", "reprimido", "tacanho", "um pseudoinglês consideravelmente fanático", além de repudiar e tachar de inútil a cultura do alto modernismo que Eliot representava. A conclusão da Srta. Ozick foi que "as belas-artes estão mortas". Uma das coisas que fizeram da atuação de Cynthia Ozick algo tão deprimente foi o fato de que ela, antes disso, havia se alinhado, se não exatamente com Eliot, ao menos com o tipo de seriedade na arte e na cultura que ele defendia. Ela apresentou seu ensaio como um exercício de "nostalgia". Na verdade, funcionou mais como uma forma de apostasia de despedida. O livro *T. S. Eliot: An Imperfect Life* (Norton, 1998), de Lyndall Gordon, causa-nos uma sensação parecida.

O livro de Gordon é uma compilação e a continuação de suas duas biografias mais antigas sobre Eliot: *Eliot's Early Years* (1977) e *Eliot's New Life* (1988). No prefácio a *T. S. Eliot: An Imperfect Life*, ela diz que o trabalho de reescrita e as alterações que fez "vão além de uma mera revisão". E decerto vão além. Os volumes mais antigos davam-nos uma biografia tediosa de Eliot, embora competente. Ao lado de *T. S. Eliot: A Life* (1984), de Peter Ackroyd, eles estavam entre os primeiros. Mas o novo livro de Gordon é menos um relato do que um ataque à vida de Eliot, cercando-a por todos os lados. Gordon nunca teve de carregar o fardo do dom narrativo, mas em seus primeiros volumes ela apresentou a parafernália da vida e da carreira de Eliot de maneira clara e sucinta. O livro novo tem uma espessa aura de hostilidade. Gordon conta que seu objetivo não era desmistificar Eliot, mas "seguir o processo de um pesquisador cujas imperfeições e dúvidas falam a todos nós, cujas vidas são imperfeitas". Na verdade, ela nunca perde uma oportunidade de destacar os pontos fracos de Eliot. Chega a ser cômico comparar *T. S. Eliot: An Imperfect Life* com seus predecessores: em toda parte a autora subiu o nível de críticas.

A diferença entre as publicações mais antigas e a edição revisada está resumida numa rubrica no índice do livro de Gordon. Nos volumes originais, sob *Eliot, Thomas Stearns*, encontramos a categoria *Opiniões*. Em *Imperfect Life*, o título é reformulado: *Opiniões e Preconceitos*. Na biografia original, Gordon por vezes divagava sobre a "misoginia" de Eliot. Há muito mais disso em *Imperfect Life*. Ela descreve como "coisas repugnantes" os jogos poéticos levemente obscenos que o jovem Eliot enviava em carta aos amigos: "Há ali uma fúria doentia", acrescenta Gordon, "uma aversão obsessiva a mulheres e sexo, punitiva em sua virulência".[5]

No novo livro, como era previsível, Gordon também se alonga em descrições do antissemitismo de Eliot – uma indústria que hoje

---

[5] Eliot nunca publicou esses poemas (em sua maioria, bastante insignificativos). Estes e outros poemas mais antigos – esboços para *Prufrock*, entre outros – foram reunidos e ornamentados com um extenso aparato crítico em *Inventions of the March Hare, Poems 1909-1917*, organizado por Christopher Ricks (Harcourt Brace, 1996).

só faz crescer – e vai tão longe a ponto de dizer que "ele não refreou o enorme preconceito que contribuiu com a maior atrocidade do século". O que ela quis dizer? Que Eliot foi algum tipo de nazista enrustido? Eliot foi sem dúvida um antissemita. Há muito que os críticos vêm apontando um punhado de versos antissemitas na poesia de Eliot: "E o judeu acocora-se no peitoril da janela", "Raquel, nascida Rabinowitz", etc. E o comentário que fez numa série de conferências em 1933 – publicadas como *After Strange Gods*, um livro que nunca foi republicado – de que "razões raciais e religiosas combinam-se para tornar indesejável um grande número de livre-pensadores judeus" rapidamente se tornou notório.

Mas insinuar, como faz Gordon, uma ligação entre o Holocausto e o tipo de antissemitismo social muitíssimo comum de Eliot é algo absurdo e anacrônico. Por exemplo, é digno de nota que o real foco de seu comentário em *After Strange Gods* eram os livre-pensadores, não os judeus. Em consonância com suas observações desaprovadoras, mais adiante no mesmo livro temos que "os anglo-saxões mostraram uma capacidade de *diluir* sua religião, provavelmente maior do que a de qualquer outra raça". Não quero com isso negar o antissemitismo de Eliot, mas apenas classificá-lo. Seu antissemitismo estava intimamente ligado a seu antissecularismo. O jovem Eliot pode ter sido um modernista, mas havia aspectos da modernidade que o apavoravam. Sua crítica dirigia-se primeiramente contra aqueles aspectos da sociedade industrial moderna que favoreceram o desarraigamento social e minaram a continuidade com o passado. O problema, como Eliot colocou em *A Ideia de uma Sociedade Cristã* (1940), foi a "tendência da industrialização sem limites [...] a criar massas de homens e mulheres [...] desligados da tradição, alienados da religião e suscetíveis à influência da massa: em outras palavras, uma turba. E uma turba não deixará de ser uma turba se estiver bem alimentada, bem-vestida, bem alojada e bem disciplinada".

Eliot chama-nos mais a atenção como poeta e crítico, não como teórico social ou político. Entretanto, é algo irônico, como Hilton Kramer observou quanto à questão do antissemitismo de Eliot,

> que o próprio Eliot tenha sido um exemplo notável do cosmopolitismo desarraigado que ele tanto temia e desprezava. Como americano expatriado e poliglota, que cortou suas raízes naturais para ingressar numa sociedade estrangeira que se opunha profundamente ao modernismo que ele praticava como poeta, Eliot, a um só tempo, estava em contradição com a cultura e a política do país que adotara, como ele acreditava estar com relação àquelas de sua pátria.

Nenhuma dessas questões mais profundas é tratada de maneira apropriada na biografia de Gordon. Ela estava ocupada demais com as "variedades de virulência" e a "aversão social". Essa busca chegou a respingar em seus comentários sobre algumas personalidades que influenciaram Eliot. Assim, Jules Laforgue é acusado de compor uma "poesia permeada de feminino" – distinta do outro tipo, eu suponho.

Gordon reuniu muita informação ao longo das décadas que passou pesquisando Eliot. E nesse percurso ela faz observações memoráveis. Sobre a primeira viagem do autor a Paris, em 1910, por exemplo, ela notou que onde Laforgue, antes dele, fora participativo, Eliot era "um inspetor do vício [...]. Enquanto Laforgue tendia a censurar as mulheres por seu senso de banalidade, Eliot compreendia a banalidade do próprio vício".

Apesar desse *insight* perspicaz, está claro, contudo, que o que quer que no início tenha atraído Gordon a Eliot acabou sendo suplantado, em algum momento ao longo do processo, com uma porção de queixas então em moda. Há nisso também um bocado de construtivismo social acadêmico a respeito do sexo: "Quem poderia determinar hoje", ela pergunta numa seção sobre a relação entre Eliot e seu amigo Jean Verdenal (a quem dedicou *Prufrock e Outras Observações*), "como exatamente as pessoas do passado envergavam suas inclinações para construir o gênero de acordo com os modelos absurdos de masculinidade e feminilidade?". Certo: "Eu, Tirésias, embora cego, pulsando entre duas vidas".

Tanto em *Eliot's Early Years* quanto em *T. S. Eliot: An Imperfect Life*, Gordon diz que seu objetivo é "acompanhar a progressão da carreira de Eliot e ver a poesia e a vida como partes complementares de um mesmo plano, uma busca desgastante pela salvação". Se ela teve ou não êxito, esse objetivo está claro em *Eliot's Early Years*. No livro novo, a ambição original é enterrada sob repetitivas ladainhas sobre a "trajetória" de Eliot, "deixando um rastro de vidas destruídas", e sobre sua "intolerância para com as massas, as mulheres e os judeus". Gordon faz declarações contundentes a intervalos regulares ("a biografia [...] não pode reduzir um homem a categorias antagônicas – inocente ou culpado – tiradas de um tribunal"), mas na sequência ela prossegue de maneira condenatória: "Há, sem dúvida, uma infecção em Eliot – o ódio".

A hostilidade de Gordon chega a incluir até mesmo os antepassados de Eliot. Em sua biografia original, ela nos conta que se acreditava que Andrew Eliot "havia participado nos julgamentos das bruxas de Salém". Na nova redação, lemos, em vez disso, que "ele foi atraído pelo frenesi dos julgamentos das bruxas de Salém, e condenou inocentes à morte". Presume-se que ela estivesse insinuando que não é de espantar que Eliot tenha se tornado um fanático: afinal, tinha em seus antepassados um queimador de bruxas.

Citei anteriormente a observação de Edmund Wilson de que os versos de Eliot "têm uma vibração emocional, uma curiosa vida própria, que parece por pouco desligar-se do próprio autor". Wilson prossegue: "Talvez nenhum outro autor tenha feito as sábias palavras de Cocteau parecerem-nos tão verdadeiras: o artista é uma espécie de prisão da qual as obras de arte escapam".

Wilson estava certo. Apresentar-nos Eliot, o artista, e não uma caricatura patética é algo que requer tato e sensibilidade excepcionais de qualquer biógrafo. Eliot afirmou explicitamente que não queria uma biografia: agora sabemos por quê. Eliot é digno de atenção não por conta de certas posturas com relação a mulheres, judeus, educação ou religião que nós hoje desaprovamos. Ele é digno de atenção em primeiro lugar porque escreveu uma poesia dotada daquelas "vibrações", daquela "curiosa vida" que Wilson notou. É claro que há um correlativo biográfico para grande parte da poesia de Eliot. E quando lemos esta passagem frequentemente citada de *A Terra Desolada* –

> Estou mal dos nervos esta noite. Sim, mal. Fica comigo.
> Fala comigo. Por que nunca falas? Fala.
> Em que estás pensando? Em que pensas? Em quê?
> Jamais sei o que pensas. Pensa.[6]

– é revelador saber que Eliot escreveu a maior parte do poema enquanto se recuperava de um colapso nervoso em 1921, e que sua esposa, Vivienne Haigh-Wood, era histérica, inválida, saturava-se de drogas e eventualmente tinha crises de loucura. Bertrand Russell, que teve um caso com Vivienne pouco tempo antes de ela se casar com Eliot, escreveu sobre isso a um amigo: "Finalmente passei uma noite com ela. *Foi um inferno absoluto*. Foi de uma repugnância que não consigo descrever". E outro conhecido recordou o seguinte:

> Ela passava a impressão de terror absoluto, de uma pessoa que viu um gnomo medonho. [...] Seu rosto via-se esgotado e pálido, e seus olhos eram selvagens, aterrorizados, irados. Uma superintensidade para nada. Se você dissesse a ela "Você aceita mais um pedaço de bolo?", ela diria "O que é isso? O que você quer dizer com isso? Por que você está falando isso?". Ela era apavorante! Ao final de uma hora, eu estava completamente exausto, exaurido. E dizia a mim mesmo: Pobre Tom, já basta! Mas ela ainda assim era a sua musa.

Bem, talvez. Vivienne sem dúvida deu suas contribuições à obra de Eliot. Foi ela, por exemplo, que teve a ideia para o título de *The Criterion*: Eliot pretendia chamá-lo de *The London Review*. O fato

---

[6] Tradução de Ivan Junqueira, op. cit.

é que há muitos homens com esposas histéricas e meio loucas, mas poucos são grandes poetas. O próprio Eliot certa vez disse que "vários críticos fizeram-me o favor de interpretar [*A Terra Desolada*] nos termos da crítica do mundo contemporâneo; eles na verdade consideraram a obra como uma parcela importante da crítica social. Para mim, era apenas o alívio de uma queixa pessoal e inteiramente insignificante contra a vida; era só um resmungo ritmado". Mas havia algo de insincero nisso. A queixa pode ter sido pessoal e insignificante; o poema – *na qualidade de* poema, não de artefato biográfico – não é nem meramente pessoal nem meramente insignificante. De acordo com o célebre comentário de Eliot em "Tradição e Talento Individual" (1919),

> Não é por suas emoções pessoais, emoções provocadas por acontecimentos particulares de sua vida, que o poeta se torna notável ou interessante. Suas emoções particulares podem ser simples, brutas ou triviais. A emoção em sua poesia será algo muito complexo, mas não terá a complexidade das emoções das pessoas que têm emoções muito complexas ou incomuns na vida. [...] A poesia não é liberar a emoção, mas fugir da emoção; não é a expressão da personalidade, mas uma fuga da personalidade. Mas é claro que somente aqueles que têm personalidade e emoção sabem o que significa desejar fugir dessas coisas.

Para Eliot, escrever *A Terra Desolada* pode ter sido em parte uma catarse pessoal. Para nós, é justamente a *impessoalidade* da emoção o que torna o poema significativo. Ele não nos fala do trauma de Eliot, mas de um trauma inerente à nossa cultura.

O caos da vida emocional de Eliot nas décadas de 1910 e 1920 não o impediu de orquestrar sua carreira literária. Logo que renunciou à carreira acadêmica, em 1914, ele lançou-se à vida literária londrina. Ao escrever a sua mãe em 1919, ele falou com orgulho da "privilegiada posição" que ocupava: "Há um pequeno e seleto público que me considera o melhor crítico vivo, bem como o melhor poeta vivo da Inglaterra. [...] Eu acho realmente que exerço muito mais *influência* sobre a literatura inglesa do que qualquer outro americano já exerceu, com exceção de Henry James". Seu orgulho era perfeitamente justificável, pois, como ele observou em outra carta, para um americano, "ser reconhecido na literatura inglesa é como arrombar uma caixa-forte". Eliot demonstrou muita ponderação e astúcia em sua busca pela fama literária. Conforme escreveu a um antigo professor de Harvard em 1919, há "apenas dois modos de um escritor tornar-se importante":

> escrever muito e fazer com que seus escritos apareçam por toda parte, ou escrever muito pouco. É uma questão de temperamento. Eu escrevo muito pouco, e não hei de me tornar mais poderoso se aumentar minha produção. Minha reputação em Londres foi construída sobre um volume pequeno de versos e é mantida com a publicação de dois ou três poemas novos por ano. A única coisa que importa é que eles sejam perfeitos a seu modo, de forma que cada um deles possa ser um acontecimento.

E assim foi. Os poemas reunidos de Eliot, com exceção de seus poemas de infância, não passam de 140 páginas; trinta ou mais dessas páginas são ocupadas por poemas "menores" ou "inacabados". Mas Eliot compensava com concentração o que lhe faltava em quantidade. De *Prufrock* e *A Terra Desolada* aos *Quatro Quartetos* e as últimas peças, a publicação das obras de Eliot sempre foi um acontecimento literário eletrizante, prendendo atenções mesmo quando não obtinha um assentimento completo.

A razão principal para Eliot ter conseguido tanta atenção foi, sem dúvida, a originalidade, a força e a qualidade de sua obra. A obra é o pressuposto indispensável. Mas, para além dela, Eliot animava tudo o que tocava com uma rara paixão e urgência de convicção. Isso está evidente em seu descompromissado partidarismo em nome da alta cultura. Em *Notas para a Definição de Cultura* (1948), Eliot escreveu que "a cultura pode até mesmo ser definida como aquilo que torna a vida digna de viver". E, embora depois de sua conversão ele sempre tenha visto cultura e religião como coisas inseparáveis ("se o cristianismo caminha", disse, "toda nossa cultura caminha"), ele, contudo, comunicava através de sua poesia e de sua crítica a percepção de que questões de grande e absoluta importância estavam sendo abordadas.

Ao mesmo tempo, é importante notar que Eliot não encarava a cultura como fetiche. *Misture Horácio, os mármores de Elgin, São Francisco e Goethe*, escreveu ele em *Second Thoughts About Humanism*, "e o resultado será uma sopa rala." E concluiu: "Cultura não é o bastante, embora nada seja o bastante sem a cultura". A distinção é crucial. Se ler Eliot é, até certo grau, um aprendizado de seriedade, então também será uma introdução aos limites ou ao decoro da seriedade.

Eliot nem sempre foi sóbrio. Longe disso. Há um elemento divertido e travesso em grande parte de sua obra, do "*rag* shakespeaéreo" de a *A Terra Desolada* a seu ensaio de 1923 sobre a cantora Marie Lloyd. W. H. Auden estava certo ao dizer que no lar que era T. S. Eliot viviam juntos um imponente arcediago, uma velha caipira e rabugenta que já passara por grandes penúrias e perseguições e um menino travesso, inclinado a pregar peças. Não é nenhuma surpresa que o autor de *A Terra Desolada* tenha sido também o autor de *Old Possum's Book of Practical Cats*, tampouco que tenha sido um ávido admirador do *vaudeville* e dos irmãos Marx.[7] O grande

---

[7] Gordon relata a visita que Groucho Marx e sua esposa fizeram à família Eliot em 1964. Groucho se preparara lendo *Crime na Catedral* duas vezes, *A Terra Desolada* três vezes, e recapitulara o *Rei Lear*. "Veja bem, senhor", escreveu Groucho em uma carta, "enquanto os coquetéis eram servidos, houve uma momentânea calmaria. [...] Então, sem praticamente nenhum propósito, [...] eu lancei uma citação de *A Terra Desolada*. Eu pensava que aquilo mostraria a ele que eu tinha lido uma coisa ou outra além das notas de imprensa de *vaudeville*. Ele deu um sorriso débil – como que para dizer que ele estava inteiramente familiarizado com seus próprios poemas e não precisava que eu os recitasse. Foi quando arrisquei um *Rei Lear*. [...] Tampouco aquilo conseguiu impressionar o poeta. Ele parecia mais

crítico E. R. Curtius, que traduziu *A Terra Desolada* para o alemão, lembrava-se de que, quando lera o poema pela primeira vez, ele o cativara "com lampejos súbitos e esplêndidos de mistério e música, com uma ressoante alegria".

A princípio, "ressoante alegria" pode parecer estranho. Afinal, como Curtius observa, "em Eliot, o elemento depressivo predominava"; os próprios títulos de suas obras já comunicavam gravidade: *A Terra Desolada, Os Homens Ocos, Quarta-feira de Cinzas...* Nos seus primeiros poemas, havia frequentemente uma nuvem saturada de impotência, exaustão, secura. Pense em Prufrock, no narrador de *Gerontion*, nas "veleidades e suspiros a custo reprimidos" de *Retrato de uma Dama*. Mais tarde, aquela textura de sentimento integrou-se numa atmosfera de angústia religiosa. E no entanto Curtius está certo. Ler Eliot transmite-nos uma sensação peculiar de flutuar, de tensa vitalidade – usando as expressões de Edmund Wilson, "vibrações" e "curiosa vida". Uma razão para isso – creio eu – está em que Eliot iniciava sempre uma nova viagem de descobrimento. Muitos críticos notaram uma progressão no desenvolvimento de Eliot, desde o estetismo de Arnold e Pater, passando do irônico desalento à resignação, até finalmente chegar à afirmação cristã.

Não tenho dúvida de que haja um itinerário tal no pensamento de Eliot. Mas o *leitmotiv* definitivo da jornada de Eliot é uma ânsia de realidade. Aquela ânsia – a satisfação daquela ânsia – é a fonte da "ressoante alegria" que Curtius percebeu. É a fonte das convicções religiosas de Eliot: "O homem é homem", escreveu num ensaio sobre o humanismo, "porque é capaz de reconhecer as realidades sobrenaturais, não porque é capaz de inventá-las". A ânsia de realidade de Eliot também está por trás de suas repetidas admoestações sobre os perigos de aceitar substitutos estéticos – de tentar "conservar as emoções sem

---

interessado em discutir *Os Galhofeiros* e *Uma Noite na Ópera*. Ele citou uma das minhas piadas que eu já havia esquecido há muito. E então foi a minha vez de dar um sorrisinho débil."

conservar as crenças com as quais a história delas está envolvida". Quão diferente de um poeta como Wallace Stevens, que, como veremos, em grande parte de sua carreira pareceu ter acolhido a esperança de que a invenção poética pudesse suplantar a crença! Eliot, como Hulme antes dele, desconfiava, por temperamento e por convicção, de todas essas ambições. Ambos criticaram severamente o "romantismo" em parte porque temiam o poder sedutor dos simulacros.

Os comentários de Eliot sobre a paixão em *After Strange Gods* ilustram este temor. "É um ponto cardeal da fé numa era romântica", escreveu ele, "acreditar que há algo admirável na emoção violenta em si mesma, qualquer que seja a emoção ou qualquer que seja o objeto." Eliot discorda e chama este "emocionalismo extremo" de "sintoma de decadência":

> Não é, de maneira alguma, autoevidente que os seres humanos sejam mais reais quando estão agitados de maneira mais violenta; em si mesmas, paixões físicas violentas não diferenciam os homens uns dos outros, mas antes tendem a reduzi-los todos ao mesmo estado; a paixão tem seu significado somente em relação ao caráter e aos comportamentos do homem em outros momentos de sua vida e em outros contextos. Ademais, uma paixão forte só é interessante ou significativa em homens fortes; aqueles que abandonam a si mesmos sem resistir à excitação que tende a privá-los da razão tornam-se meros instrumentos dos sentimentos e perdem sua humanidade; a menos que haja resistência moral e conflito, não há sentido algum.

Quem estuda a obra de Eliot sabe que a palavra "emoção" exerce um papel complicado em seu pensamento; o que quer que se diga, parece claro que ele tendia a considerar o valor e a realidade de uma emoção como diretamente proporcionais à resistência que ela encontra. A crença – entendida como compromisso moral genuíno – é um troféu de obstáculos superados.

"Sabemos demais e convencemo-nos de menos", advertia Eliot em *A Dialogue on Dramatic Poetry* (1928). "Nossa literatura é um substituto da religião e, portanto, é a nossa religião." Em *O Uso da Poesia e o Uso da Crítica* (1933), numa discussão sobre Mathew Arnold, ele aborda este ponto de maneira mais completa:

> Nada, neste mundo ou no próximo, é um substituto de seja o que for; e se alguém pensa que poderá passar sem alguma coisa, como a fé religiosa ou a crença filosófica, então deve passar sem ela, realmente. Descubro que posso me persuadir [...] de que algumas das coisas que espero conseguir são mais dignas de se ter do que algumas das coisas inalcançáveis; ou posso esperar me transformar, para querer coisas diferentes; mas não posso me persuadir de que são os mesmos desejos que são satisfeitos, ou que na realidade tenho a mesma coisa desejada, mas sob um nome diferente.[8]

Eliot estava obcecado pela realidade. Esta é a fonte última de seu poder como poeta e de sua autoridade como crítico. Onde quer que estivesse, estava engajado numa batalha contra a falsificação: a falsificação cultural, a falsificação religiosa, a falsificação da humanidade. Enfim, era isto que tornava o último Eliot, o Eliot religioso, afim ao modernismo: sua impaciência com a impostura. Em *Burnt Norton*, o primeiro dos *Quatro Quartetos*, Eliot escreveu que "o gênero humano / não pode suportar tanta realidade". Sua tarefa solitária era lembrar-nos disso mesmo quando começa a persuadir-nos dos feitos cada vez maiores da resignação.

---

[8] T. S. Eliot, *O Uso da Poesia e o Uso da Crítica*. Trad. Cecília Prada. São Paulo, É Realizações, 2015, p. 118-19. (N. T.)

Capítulo 4 | Wallace Stevens: Avaliador de Alegações Metafísicas

> Disto brota o poema: vivemos em um lugar
> que não é o nosso e, ainda mais, que não é nós mesmos.
> E que é duro, apesar dos dias brasonados.
> – *Wallace Stevens,* Notas para uma Ficção Suprema

"A poesia deve resistir à inteligência quase com sucesso", escreveu Wallace Stevens num conhecido aforismo. Stevens devia gostar dessa formulação, pois ele a utilizou novamente, com uma leve variação, em *Man Carrying Thing*, um poema do final da década de 1940. Os detratores de Stevens, que nunca foram poucos, sem dúvida ficariam tentados a dizer, com sarcasmo, que ele deve ter considerado seus próprios poemas especialmente bem-sucedidos, já que tantos deles parecem resistir à inteligência não quase, mas com total sucesso.

Tais objeções falham em compreender o feito poético de Stevens, que sempre foi mais uma questão de evocação ("meias cores de quartos de coisas", como ele formulou em *The Motive for Metaphor*) que de demonstração. Mas acusações de obscuridade e de afetado obscurantismo perseguiram Stevens antes mesmo da publicação de seu primeiro livro, *Harmonium*, em 1923. Parte do problema está na extravagância linguística de Stevens, na herança da decadência pateresca e dos simbolistas franceses. Como Mallarmé, Stevens frequentemente busca capturar "não a coisa em si, mas o efeito que ela produz", uma política que garante o favorecimento do requinte.

Numa resenha favorável à segunda edição ampliada de *Harmonium* (1931), R. P. Blackmur comentou que "o mais surpreendente, se não o mais importante" no verso de Stevens era seu vocabulário, um impetuoso constructo incluindo raridades tais como *fubbed* ("embaiu"), *girandoles* ("girândolas"), *diaphanes* ("diáfanas"), *pannicles* ("panículos"), *carked* ("preocupado"), *ructive* ("revoltoso"), *cantilene* ("cantilena"), *fiscs* ("erários") e *princox* ("dândi"). Em contraste com E. E. Cummings, Blackmur elogiava Stevens por ser mestre de uma ambiguidade "densa e viva".

Outros o admiraram menos. Em 1915, quando tinha 36 anos e ainda era praticamente desconhecido, Stevens foi com sua esposa, Elsie, fazer uma leitura de seu livro mais recente no New York Studio, de Walter Arensberg, um rico diletante e colecionador de artes. Pouco antes disso, Stevens escrevera alguns dos poemas mais conhecidos de *Harmonium*: *Manhã de Domingo*, *Desilusão às Dez Horas* e *Peter Quince no Teclado*:

> A beleza, na mente, é transitória –
> O incerto vestígio de um portal;
> Mas na carne ela é imortal.

Um convidado recordou que, quando todos se reuniram para escutá-lo, Stevens "disse que sua esposa, que já demonstrara desaprovação antes mesmo de ele começar, não havia gostado dos poemas. 'Eu gosto das coisas do Sr. Stevens', disse ela, 'quando não são afetadas. Mas ele escreve tanta coisa afetada!'". Como o esposo escreveu em uma carta a ela em 1922, "a Sra. Stevens é uma criatura fascinante da qual não há bem como se afastar".

O casamento de Stevens, assim como o resto de sua vida íntima, parece ter sido assegurado por sua imaginação. Ele conheceu Elsie numa visita a Reading, Pensilvânia, em 1904. Ele tinha 26 anos e acabara de sair de Harvard, Nova York, e da escola de Direito. Ela tinha dezoito, era tímida, de parca educação e exageradamente insegura. Embora o tempo, com cruel rapidez, viesse a roubar a Elsie a fisionomia, quando jovem, ela era dona de uma beleza muito bem delineada. Suas feições foram mais tarde imortalizadas na moeda de dez centavos de dólar por Adolph Alexander Weinman. Desde o começo, ela parecia ser mais musa que companheira. Sempre prudente, Stevens insistiu para que protelassem a data do casamento até que ele estivesse bem estabelecido em sua carreira. Com Stevens em Nova York e Elsie em Reading, os cinco anos de namoro desdobraram-se principalmente no papel. Uma retrospectiva parece revelar que Stevens preferia as coisas daquele modo: tornava os solilóquios interiores muito mais fáceis. Consideremos *Solilóquio Final do Amante Interior*: o título, sozinho, já registra uma interioridade inviolável. Seus biógrafos traçam um enregelado retrato do Sr. e da Sra. Stevens ocupando quartos separados em sua requintada casa em Hartford: ela, repreensiva, inclinada à censura; ele, perdido em intricadas fabricações de sua mente. Elsie sem dúvida foi, ou tornou-se, intolerável. O pormenor de que ela proibira a filha Holly de chamá-la "mamãe" parece capturar uma dureza emocional imperativa. Mas igualmente intolerável é ser o ensejo e não o objeto das fantasias do marido.

Elsie Stevens, cujo gosto literário tendia para Longfellow e *Good Housekeeping*, talvez não fosse a melhor juíza da obra do marido. Mas não estava sozinha em seu julgamento. Ezra Pound, que não era exatamente um poeta mediano, lamentava-se – num comentário memorável – que Stevens era "uma colegial esforçando-se para ser original". E, no princípio dos anos 1940, numa obra que recebeu o título significativo de *The Anatomy of Nonsense*, Yvor Winters reclamava, entre outras coisas, do "hedonismo" de Stevens, que insultava a lógica. É claro que é possível louvar Stevens exatamente pelas mesmas coisas pelas quais Winters o censurava. Hedonismo? Ora, a poesia "deve dar prazer", declarou Stevens em *Notas para uma Ficção Suprema*. Mas a questão permanece: de que prazeres esse "hedonista" nos provia de fato?

Stevens é frequentemente descrito como um poeta "filosófico". Empregaram-se muitos esforços em rastrear influências e mostrar similaridades entre Stevens e Nietzsche, Wittgenstein, William James, Santayana, Emerson, o zen budismo, Hans Vaihinger (autor de um livro de inspiração kantiana chamado *A Filosofia do Como Se*), Bergson e muitos outros. Tais expedições foram sempre bem-sucedidas, e não tenho dúvida de que Stevens tenha lido e absorvido algo de muitas das fontes supracitadas – se não de todas. Mas ao chamar alguém de poeta filosófico corre-se um risco: cair na tentação de substituir a poesia pelas ideias que a poesia supostamente expressaria ou "simbolizaria". Stevens sempre relutou em "explicar" seus poemas, temendo, com razão, que a explicação tomasse o lugar do poema, diminuindo-o. A peculiaridade da poesia de Stevens é que ela habita, *na condição de poesia*, zonas mentais geralmente ocupadas pelos filósofos e teólogos. Mas ela não o faz com proposições ou argumentos, senão com tons, sentimentos, ânimos, música. Por conseguinte, não extrai conclusões, mas considera possibilidades. Stevens era sem dúvida movido por algumas das inquietações que movem os filósofos: pensemos apenas no lugar que a palavra "ser" ocupa em sua poesia. Mas a resposta de Stevens a essas inquietações é em primeiro lugar uma precisão linguística, não conceitual. Ele se empenha menos por uma afirmação intelectual – o produto do argumento – do que por seu coeficiente emocional – o produto da poesia. O que Stevens pretende é

> Não uma realização da vontade,
> Mas algo ilogicamente recebido,
> Um presságio, um descendimento
> das alturas, incertezas com esplendor
> resolvidas numa esplêndida descoberta.

Isso contribui para uma curiosa situação. Num capítulo anterior, citei a reflexão de T. S. Eliot sobre os esforços de Matthew Arnold em encontrar na cultura um substituto para a religião: "Nada neste mundo ou no próximo é um substituto para outra coisa; e se você considera que deve prescindir de algo, como uma crença religiosa ou uma convicção filosófica, então você tem apenas de prescindir disso". Seria difícil encontrar uma passagem mais contrária à sensibilidade de Wallace Stevens. De fato, sua carreira poética pode ser descrita como uma longa série de tentativas de conjurar exatamente essas substituições. Ao escrever ao crítico Hi Simons em 1940, Stevens observou que "tenho o hábito mental de pensar em algum substituto para a religião [...]. Minha dificuldade, e a dificuldade de um grande número de pessoas, está na perda da fé no tipo de Deus no qual nós todos somos levados a acreditar". A esperança de Stevens – mais que sua resposta – estava na arte: esperava que a poesia pudesse servir como o substituto necessário. "Depois de abandonar a crença em deus", escreveu, "a poesia é aquela essência que toma seu lugar como redenção da vida."

Havia um lado polêmico nessa esperança, um secularismo agressivo que reformulava a "redenção da vida", convertendo-a num vernáculo fixo. Stevens escreveu em uma coletânea de ensaios intitulada *The Necessary Angel* que "os grandes poemas do céu e do inferno já foram escritos, e o grande poema da terra permanece ainda por se escrever". Se tal julgamento é preciso ou não (para dar um exemplo, que escrevia Wordsworth senão poemas "da terra"?), ele serve como uma declaração de própósito, que Stevens cumpriu, sobretudo, ao reconhecer suas limitações. Em *Os Poemas de Nosso Clima*, publicado em *Parts of a World* (1942), Stevens começa com uma imagem de fria perfeição estética: "Água clara num jarro brilhante, / cravos brancos e rosados".[1] A sedutora promessa desse "mundo de água clara, de orla brilhante" era uma "simplicidade completa" que "arranca todos os tormentos". No final, Stevens confessa, a própria simplicidade desse sonho minimalista torna-o desumano: "Ainda assim seria preciso

---

[1] Wallace Stevens, *Poemas*. Trad. Paulo Henriques Britto. São Paulo, Companhia das Letras, 1987.

mais, muito mais, / Mais que um mundo de neve e cheiros brancos". O que "mais" haveria para um esteta stevensiano? O "mais" de redenções parciais, unidades incompletas, totalidades fragmentárias:

> A imperfeição é nosso paraíso.
> E nesse travo amargo, o prazer,
> Já que o imperfeito arde tanto em nós,
> Está na palavra falha, obstinada.[2]

Incorporar desapontamento no deleite era uma forma de se precaver do desapontamento mais profundo de um fracasso incontornável.

Stevens é, até certo grau, famoso como o esteta supremo que também calhava de ser assessor jurídico da companhia de seguros Hartford Accident and Indemnity Company. Como Anthony Trollope antes dele, Stevens cumpria suas obrigações profissionais com a máxima seriedade. E exatamente como Trollope prosperou em sua carreira nos Correios, assim também Stevens veio a tornar-se, como disse um de seus colegas do ramo dos seguros, "o deão dos agentes de seguros em todo o país". É de uma peculiar conveniência que a vida profissional de Stevens também tenha que ver com substituições. Pois o seguro só funciona se os prejuízos puderem ser compensados; por fim, isso depende da ideia de fungibilidade: de que uma coisa pode validamente substituir outra. Stevens devotou sua vida profissional a adjudicar créditos por perdas tangíveis; na vida poética, ele empenhou-se em ser uma espécie de avaliador de crédito metafísico, receitando remédios por conta própria para prejuízos espirituais incorridos em outra parte.

Stevens escreveu em *Adagia*, uma coletânea de aforismos, que "dinheiro é um tipo de poesia". Talvez ele quisesse dizer que o dinheiro é o capital de giro com que os seguros resgatam seus prejuízos. De forma similar, a crença é o capital de giro do espírito. Diz-se com certa frequência que a poesia de Stevens trata da

---
[2] Ibidem.

relação entre imaginação e realidade. Isso é bem verdade, mas o drama central nessa relação diz respeito à natureza e à vitalidade da crença. William James, que ensinava em Harvard quando Stevens lá estudou na virada do século, dedicou um breve livro à *Vontade de Crer*. Stevens dedicou sua vida inteira ao assunto. Em *A Queda do Piloto*, ele imaginou a morte como "uma dimensão em que / Nós acreditamos sem crença, para além da crença". Isso faz sentido? Não estou certo disso. Mas não há dúvida de que no centro da poesia de Stevens há uma dialética de hipótese e afirmação, uma gramática modernista de assentimento razoável. "A crença final", registrou em uma de suas típicas reflexões, "está em crer numa ficção, que você sabe ser uma ficção, não havendo ali mais nada. A verdade extraordinária está em saber que se trata de uma ficção e que você acredita nela voluntariamente."

O esteticismo extremo inerente a um pronunciamento tal é muitas vezes tomado como o núcleo do pensamento de Stevens. Eu acredito que esse seja apenas o ponto de partida. A antologia das obras de Stevens editada em 1997 pela Library of America reforça essa crença. Organizada por Frank Kermode e pela biógrafa mais importante de Stevens, Joan Richardson, essa é a mais abrangente compilação de sua obra já publicada. Ela reúne toda a poesia de Stevens – inclusive alguns poemas inéditos de sua juvenília –, a maior parte de sua prosa, suas três peças e um punhado de cartas e textos para jornais. Não há surpresas aqui. A parte da juvenília publicada pela primeira vez não tem muito interesse, coisa de aprendiz: é Stevens antes de se tornar Stevens. Todavia, no decorrer da leitura do volume da Library of America, uma nova imagem do poeta emerge, embora talvez não seja aquela que os editores pretendiam. É a imagem do poeta como peregrino espiritual e encantador estético.

Em uma carta sobre *Notas para uma Ficção Suprema*, seu poema mais longo e provavelmente mais ambicioso, Stevens falou sobre sua esperança de que, "nos variados apuros da crença, fosse possível rendermo-nos, ou tentarmos fazê-lo, a uma ficção declarada". Nesse cenário de aquiescência, a ênfase recaiu, pelo menos, tanto nos "apuros da crença" quanto na "ficção declarada". Como ele formulou em *Adagia*,

> a relação entre arte e vida é de primeira importância, especialmente numa época cética, pois que, na ausência da crença em Deus, a mente volta-se para suas próprias criações e as examina, não só do ponto de vista estético, mas pelo que revelam, pelo que validam e invalidam, pelo auxílio que prestam.

O contraste-chave é entre "o ponto de vista estético" por si mesmo e aquilo que é revelado, validado, invalidado. Está claro que com "ficção" Stevens não se refere a imaginações arbitrárias e sem fundamento. Sua atitude severa para com o surrealismo mostra que ele não era um profeta do relativismo ou do irracionalismo: "O problema fundamental do surrealismo", observou, "é que ele inventa sem descobrir." Para Stevens, invenção sem descoberta era algo estéril. É verdade que no final da década de 1930, em resposta à crítica marxista a sua obra, ele anunciou: "A longo prazo, meu interesse é a poesia pura". Especialmente em sua obra anterior a 1940, Stevens abandonou-se à larga ao humor, aos jogos verbais e à magia encantatória das palavras, que muitas vezes resultavam em pouco mais que uma espécie de verso *nonsense*. Pensemos, por exemplo, em *O Imperador do Sorvete*, que Stevens certa vez disse ser o favorito de seus poemas; ou nestes versos de *Garnisés no Pinheiral*:

> Cacique Iffucan de Azcan em cafetã
> avelã com penas de hena, alto lá!
>
> Maldito galo universal, como se o sol
> fora um negro para levar teu rabo flamejante.
>
> Gordo! Gordo! Gordo! Gordo! Eu sou o pessoal.
> Seu mundo é seu. Eu sou meu mundo.

Et cetera. É partindo desse afluente poético pouco promissor que se chega finalmente à inteligência maçante e sem sentido de John Ashbery.

Mas essas ejaculações verbais, embora em certo sentido sejam tipicamente stevensianas, representam Stevens garatujando. Elas mostram-no brincando com os elementos, mas não mostram o espírito condutor de sua poesia. O que importa em Stevens não são suas submissões, mas suas resistências. Se Stevens estava "a longo prazo" interessado em "poesia pura", então a mais pura poesia é aquela moderada pela realidade e responsiva a ela. Mais uma vez, é verdade que Stevens, como William Blake, podia às vezes afirmar que "Deus e a imaginação são um só". Mas ele também sustentava que na relação entre imaginação e realidade a realidade não se rende nem facilmente nem todas as vezes. Num apontamento de seus tempos de faculdade, Stevens observou que "a arte pela arte é indiscreta e indigna. [...] Beleza é força. Mas arte – a arte sozinha, destacada, sensível a bem da sensibilidade, não para perpetuar inspiração ou pensamento, arte que é mera arte – parece-me o que há de mais notório, assim como o mais inescusável lixo". Essa linguagem pesada que lhe é pouco característica ecoa novamente numa carta de 1945, na qual Stevens insiste que "se a poesia limita-se ao vaticínio da imaginação, ela logo se torna indigna. O elemento cognitivo envolve a consciência da realidade".

A verdade é que à medida que Stevens amadurecia, mais se fazia capaz de reconhecer a recalcitrância da realidade em face das lisonjas da imaginação. Isso veio acompanhado de uma perda gradual de exuberância – ou, colocando-o de modo mais positivo, veio acompanhado de uma crescente tensão em seu verso. Para o jovem Stevens, Flórida não era apenas o lugar predileto para passar os feriados, mas seria também como um emblema de consumação imaginativa. A despeito de poemas mais precoces como *O Boneco de Neve* – com sua "mente de inverno" e seu "ouvinte" que, "nada sendo, nada observa que lá não esteja e observa o nada que lá está" –, predomina na poesia precoce de Stevens o tom viçoso, suntuoso e tropical: "Café e laranjas numa espreguiçadeira, / E a liberdade verde de uma cacatua", como em *Manhã de Domingo*. Uma melancolia animal – o aspecto negativo do paganismo – derrama-se sobre muitos de seus poemas em *Harmonium*, mas não há qualquer resignação, qualquer senso de conclusão.

A crescente aridez de seu verso tardio é alimentada por uma crescente limpidez, que oscila entre a serenidade e o desalento. *To an Old Philosopher in Rome*, homenagem de Stevens a seu velho professor de Harvard, George Santayana, é um de seus poemas tardios mais delicados, com sua visão do "possível celestial" vibrando com esperança e gratidão. Mas muitas das notas finais são na verdade melancólicas. Em *Ao Sair da Sala*, último poema da edição da Library of America, ouvimos o enunciador questionar-se: "Terei eu vivido uma vida de esqueleto, / descrente da realidade [...]". A partir de aproximadamente 1950, houve, como Stevens notou em *O Sentido Claro das Coisas*, um sentimento recorrente de que "um esforço fantástico falhou".

É nesse sentido que a totalidade da poesia de Stevens aparece como um tipo de prolegômeno – necessário, delicioso, mas essencialmente incompleto. Como Janet McCann observou em *Wallace Stevens Reconsidered* (1995), seu excelente estudo sobre o desenvolvimento espiritual do poeta, os poemas tardios de Stevens "mostram sua gradual aproximação do compromisso religioso, o qual se deu à margem de sua vida criativa, mais além de seu último poema escrito".

A natureza desse compromisso não é nenhum segredo. Como foi demonstrado por Milton Bates e outros, na primavera e no verão de 1955, durante sua última enfermidade, Stevens foi instruído na fé católica romana, foi batizado na Igreja e recebeu a Sagrada Comunhão. A passagem de esteta a converso representava um familiar "último ato" entre os decadentistas, de Oscar Wilde em diante: um gesto final que escandalizou, de uma vez por todas, os juízos daqueles que devotaram suas vidas ao escândalo. A biógrafa de Stevens falou em nome de muitos quando sugeriu que o fato de ele se voltar para Roma foi pouco mais que uma "última peça pregada". Não estou tão certo disso. Dado o lugar central ocupado pelo problema da crença na obra de Stevens, sua conversão tem uma pungência especial. Peças há aos montes na obra de Stevens. No entanto, por trás das peças há, geralmente, uma seriedade latejante. Em 1954, John Crowe Ransom elogiou Stevens por "argumentar a favor de uma cultura secular baseada na Nobreza". Muito antes disso, contudo, Stevens começou a suspeitar da nobreza que Ransom exaltava. "O humanismo seria o substituto natural", escreveu ele numa carta de 1940, "mas quanto mais eu vejo do humanismo, menos o aprecio". No final das contas, Stevens é um poeta de partidas, limiares, acenos: repleto de deleitações, mas também de ponderações. As "emoções tempestuosas / nas úmidas vias das noites de outono" (*Manhã de Domingo*) que ele celebra em sua poesia precoce tornam-se sinais de insuficiência: indicadores espirituais, não fins em si mesmas. *The Sail of Ulysses*, escrito em 1954, surgiu logo que Stevens, o poeta, estava preparado para partir: "Chegamos ao conhecimento quando chegamos à vida. / Mas sempre há uma outra vida, / Uma vida para além desse presente conhecer [...]".

Capítulo 5 | O Auden Permanente

É uma pena que Wystan nunca cresça.
– *W. H. Auden*, Carta a Lord Byron

Eu só lhe pedirei que aplique um teste muito simples à obra do morto. Quantas de suas linhas você consegue recordar?
– *W. H. Auden*, The Public v. the Late Mr. W. B. Yeats

Em junho de 1994, pouco antes de a Princeton University Press ter dado a conhecer sua edição da juvenília de W. H. Auden, *The New Criterion* publicou alguns dos poemas da juventude do autor, de meados dos anos 1920. Enquanto eu redigia uma breve introdução que acompanharia a seleção, tive uma conversa com um crítico inglês visitante, cuja obra eu admiro. Disse-lhe que eu estava escrevendo algo sobre a juvenília de Auden. Ele não pôde perder a oportunidade de dizer: "E a obra dele não é toda ela uma juvenília?".

Rimos juntos. Mas seu comentário na verdade deixou-me desconcertado. Seria W. H. Auden, talvez o mais talentoso artífice poético desde Yeats – o homem que certa vez alegou ter escrito poemas exemplificando cada uma das formas discutidas nos três volumes de *History of English Prosody*, de George Saintsbury –, um fornecedor vitalício de poemas juvenis? Certamente não. Auden foi um dos mais sofisticados e criteriosos ensaístas do século XX. Isso é indiscutível. Mas e sua estatura poética?

Parece haver duas principais escolas de pensamento. Ninguém nega a prodigiosa habilidade, a inteligência e a vasta – se não excêntrica – erudição exibida na poesia de Auden. E pouquíssimos negariam a força de muitos – bem, digamos que sejam alguns – poemas publicados entre 1930 – data de sua primeira publicação – e 1940 – um ano depois de sua emigração (seus inimigos falam em "fuga") para os Estados Unidos. Esses foram os anos em que a maior parte das obras antológicas de Auden foram escritas: *O Agente Secreto, Acalanto, Ao Descer a Rua Bristol, Musée des Beaux Arts, Em Memória de W. B. Yeats, 1º de Setembro de 1939, Em Memória de Sigmund Freud* e um ou outro mais. As opiniões sobre a obra tardia de Auden dividem-se, especialmente, quanto à sua produção posterior a 1945. E desde 1973, quando Auden morreu aos 66 anos, as opiniões foram-se tornando cada vez mais dissonantes quanto à complexa questão do que seus feitos poéticos realmente acrescentaram. Podem eles rivalizar ou mesmo ultrapassar aqueles de Yeats ou de Eliot? Ou será que a disciplina da posteridade os fez parecer menos amplos, menos vitais, menos necessários?

Entre os defensores de Auden encontram-se muitas figuras distintas e articuladas: poetas como Joseph Brodsky, Richard Wilbur e John Fuller, cuja obra de referência de 1998, *W. H. Auden: A Commentary*, é um meticuloso trabalho de amor e erudição. Uma versão ampliada e revisada do *Reader's Guide* de 1970 dedicado aos poemas de Auden, o *Commentary* de Fuller busca "dizer algo útil sobre todos os poemas originais, peças ou libretos escritos por ele em língua inglesa e publicados até então (com exceção da maior parte de sua juvenília)".

Dos comentadores de Auden, o prêmio deve ir para Edward Mendelson, o executor literário do poeta, seu editor chefe, bibliógrafo e mais devotado crítico. Em *Early Auden* (Viking, 1981), Mendelson fez uma distinção entre as tradições de "poesia civil" e "poesia profética", instalando Auden firmemente na primeira. "Ele não tinha qualquer pretensão de alcançar um triunfo da imaginação sobre a realidade comum", escreveu Mendelson em sua introdução. "Seus poemas não eram objetos autônomos e quiméricos, isentos dos padrões práticos e éticos apropriados a todas as outras obras humanas. Eles foram elaborados para ser julgados tanto por sua arte quanto por sua verdade." Como Mendelson escreveu mais adiante no livro, o que Auden desejava era que "a poesia que refletira as lições formais e linguísticas do modernismo ainda pudesse servir ao bem comum. A arte que ele queria criar tinha menos um propósito de autonomia e estabilidade que de entendimento e ação".

Early Auden descreve a carreira do autor às vésperas de sua emigração para os Estados Unidos, em janeiro de 1939, com seu amigo, amante esporádico e colaborador ocasional Christopher Isherwood. *Later Auden* (Farrar, Straus, 1999) continua a narrativa a partir daí, oferecendo uma história e uma interpretação da obra de Auden desde 1939 até sua morte em 1973.

Later Auden é um trabalho escrupuloso e instigante de crítica literária, escrito num estilo vigoroso, e repleto daquela autoridade discreta que resulta do profundo domínio do assunto em questão. Na verdade, duvido que alguém possa reivindicar maior domínio do *corpus* de Auden que Mendelson. Tudo começou com uma dissertação de doutorado sobre Auden. Em 1970, quando o poeta pensava em editar uma coletânea de suas resenhas de livros e ensaios críticos, percebeu que era incapaz de lembrar exatamente o que havia escrito ou onde havia deixado esse material. Mas Mendelson, que havia conhecido Auden enquanto trabalhava em seu doutorado, tinha consigo fotocópias de quase tudo. Auden – que era incrivelmente desorganizado – ficou muito impressionado com essa demonstração de ordem (e, sem dúvida, com a homenagem nela implicada) e confiou a Mendelson a seleção do volume que veio a chamar-se *Forewords and Afterwords* (1973). Em 1972, Mendelson foi nomeado executor literário de Auden (juntando-se a Monroe K. Spears e William Meredith), e desde então ele se dedicou à Audeniana. Para além de seus estudos críticos, ele é membro fundador da Auden Society. E também editou quase todas as obras póstumas de Auden:[1] a última coletânea

---

[1] Uma exceção é a já citada *Juvenilia: Poems, 1922-1928*, organizada por Katherine Bucknell (Princeton, 1994).

de poemas, intitulada *Thank You, Fog* (1974), *Collected Poems* (1976), *The English Auden: Poems, Essays, and Dramatic Writings 1927-1939* (1977) e a coletânea *Complete Works of W. H. Auden,* da qual até então foram lançados três volumes (peças, libretos e prosa até 1938) pela Princeton University Press. Tudo isso vem mostrar que praticamente não há o que Mendelson não conheça da obra de Auden.

Embora ele fosse até mais longo do que seu predecessor, *Later Auden* não apresentava o mesmo tipo de andaime interpretativo. Em *Early Auden*, ao defender os méritos daquilo que ele chamou a "tradição civil" da poesia, Mendelson desafiou o ambiente crítico prevalecente, que dava precedência à tradição romântico-modernista, em sua ênfase no indivíduo isolado e na autonomia da obra de arte. Sua análise pormenorizada do desenvolvimento precoce de Auden era ao mesmo tempo um resumo da visão de poesia – e, por implicação, da visão de sociedade e do lugar nela ocupado pelo homem – que Auden veio representar. No final das contas, é uma visão do século XVIII, segundo a qual o propósito da arte é deleitar e instruir.

Em *Later Auden*, esses argumentos mais amplos são mais implícitos que explícitos. Na introdução, Mendelson estabelece várias oposições – entre mito e parábola, entre o "poeta dominado por Ariel e o poeta dominado por Próspero", entre o poema como "mecanismo verbal" (para usar uma expressão de Auden) e como artefato moral – com as quais a poesia de Auden lutava. Mas o texto propriamente dito é um *tour* – com um foco bem projetado e por vezes quase abrupto – pela obra de Auden, desde a elegia para Yeats, escrita poucas semanas depois de ele ter chegado a Nova York, até o "derradeiro carnaval" de seus últimos e loquazes poemas. Como em sua obra anterior, Mendelson entremeia sutilmente sua narrativa crítica com detalhes biográficos, selecionados com perspicácia. Embora não substitua uma biografia completa, esse procedimento dá aos leitores uma espécie de epítome dos movimentos de Auden, de suas atividades, de suas obsessões. Os interessados num relato mais detalhado da vida de

Capítulo 5 | O Auden Permanente

É uma pena que Wystan nunca cresça.
– *W. H. Auden*, Carta a Lord Byron

Eu só lhe pedirei que aplique um teste muito simples à obra do morto. Quantas de suas linhas você consegue recordar?
– *W. H. Auden, The Public v. the Late Mr. W. B. Yeats*

Em junho de 1994, pouco antes de a Princeton University Press ter dado a conhecer sua edição da juvenília de W. H. Auden, *The New Criterion* publicou alguns dos poemas da juventude do autor, de meados dos anos 1920. Enquanto eu redigia uma breve introdução que acompanharia a seleção, tive uma conversa com um crítico inglês visitante, cuja obra eu admiro. Disse-lhe que eu estava escrevendo algo sobre a juvenília de Auden. Ele não pôde perder a oportunidade de dizer: "E a obra dele não é toda ela uma juvenília?".

Rimos juntos. Mas seu comentário na verdade deixou-me desconcertado. Seria W. H. Auden, talvez o mais talentoso artífice poético desde Yeats – o homem que certa vez alegou ter escrito poemas exemplificando cada uma das formas discutidas nos três volumes de *History of English Prosody*, de George Saintsbury –, um fornecedor vitalício de poemas juvenis? Certamente não. Auden foi um dos mais sofisticados e criteriosos ensaístas do século XX. Isso é indiscutível. Mas e sua estatura poética?

Parece haver duas principais escolas de pensamento. Ninguém nega a prodigiosa habilidade, a inteligência e a vasta – se não excêntrica – erudição exibida na poesia de Auden. E pouquíssimos negariam a força de muitos – bem, digamos que sejam alguns – poemas publicados entre 1930 – data de sua primeira publicação – e 1940 – um ano depois de sua emigração (seus inimigos falam em "fuga") para os Estados Unidos. Esses foram os anos em que a maior parte das obras antológicas de Auden foram escritas: *O Agente Secreto*, *Acalanto*, *Ao Descer a Rua Bristol*, *Musée des Beaux Arts*, *Em Memória de W. B. Yeats*, *1º de Setembro de 1939*, *Em Memória de Sigmund Freud* e um ou outro mais. As opiniões sobre a obra tardia de Auden dividem-se, especialmente, quanto à sua produção posterior a 1945. E desde 1973, quando Auden morreu aos 66 anos, as opiniões foram-se tornando cada vez mais dissonantes quanto à complexa questão do que seus feitos poéticos realmente acrescentaram. Podem eles rivalizar ou mesmo ultrapassar aqueles de Yeats ou de Eliot? Ou será que a disciplina da posteridade os fez parecer menos amplos, menos vitais, menos necessários?

Entre os defensores de Auden encontram-se muitas figuras distintas e articuladas: poetas como Joseph Brodsky, Richard Wilbur e John Fuller, cuja obra de referência de 1998, *W. H. Auden: A Commentary*, é um meticuloso trabalho de amor e erudição. Uma versão ampliada e revisada do *Reader's Guide* de 1970 dedicado aos poemas de Auden, o *Commentary* de Fuller busca "dizer algo útil sobre todos os poemas originais, peças ou libretos escritos por ele em língua inglesa e publicados até então (com exceção da maior parte de sua juvenília)".

Dos comentadores de Auden, o prêmio deve ir para Edward Mendelson, o executor literário do poeta, seu editor chefe, bibliógrafo e mais devotado crítico. Em *Early Auden* (Viking, 1981), Mendelson fez uma distinção entre as tradições de "poesia civil" e "poesia profética", instalando Auden firmemente na primeira. "Ele não tinha qualquer pretensão de alcançar um triunfo da imaginação sobre a realidade comum", escreveu Mendelson em sua introdução. "Seus poemas não eram objetos autônomos e quiméricos, isentos dos padrões práticos e éticos apropriados a todas as outras obras humanas. Eles foram elaborados para ser julgados tanto por sua arte quanto

Auden podem consultar a excelente biografia escrita por Humphrey Carpenter (Houghton Mifflin, 1981) e o relato – este mais curto e mais temático – escrito por Richard Davenport-Hines (Pantheon, 1995).

Early Auden defende a grandeza de Auden ("o mais completo poeta do século XX, o mais tecnicamente habilitado e o mais verdadeiro"); *Later Auden* a toma por certa. É uma obra revisionista na medida em que coloca a obra tardia de Auden em pé de igualdade com sua obra precoce, ou a põe até mesmo à frente dela. Mendelson está longe de ser acrítico. Sobre alguns poemas dos anos 1940, por exemplo, ele escreve que "os santos contemplativos – lacônica, mas desastrosamente – tomaram posse da maior parte de sua obra e arruinaram cada poema que tocaram". Mas essas críticas pontuais são feitas presumindo-se a grandeza do autor. Elas visam a salientar a ousadia desta impressionante asserção de Mendelson: "Boa parte da obra mais profunda e pessoal [de Auden] foi escrita nos últimos quinze anos de sua vida", a saber, de 1958 em diante. "Pessoal", é claro que pode ser; qualquer rabisco pode ser pessoal. E de fato Auden, que fez uma declaração famosa de que não queria que escrevessem uma biografia sobre ele, com muita frequência observava que seus poemas estavam impregnados de referências autobiográficas codificadas. "Para um poeta como eu", escreveu, "uma autobiografia seria redundante, já que tudo de importante que acontece a alguém é imediatamente incorporado, embora de maneira obscura, num poema." A tarefa de identificar tais referências manteve os estudiosos ocupados por anos e é uma das coisas que torna o *Commentary* de John Fuller tão valioso. Entre outras coisas, Fuller é quase sempre capaz de presentear-nos com um correlativo biográfico pertinente: "Auden escreveu este poema quando estava na Pensilvânia, na casa nova de Caroline Newman, sua benfeitora"; "Auden passou a noite de 19 de janeiro em Paris; estava com Isherwood a caminho de Marselha"; "as circunstâncias desse poema a [seu amante Chester] Kallman eram [...]", etc.

Mas com "profundo" Mendelson queria dizer artisticamente expressivo: não só tecnicamente perfeito, mas também (dado o entendimento que Auden tinha da arte) moralmente criterioso e esteticamente atraente. Mendelson sustenta essa ideia de forma apaixonada e inteligente; se a sustenta de maneira convincente, isso já é outra questão. Há muitas formas através das quais se poderia delinear o desenvolvimento poético de Auden. O caminho que vai da perplexidade existencial à afirmação religiosa é um rumo possível. Em 1940, aos 33 anos, Auden começou, de "forma provisória e experimental", a retornar à fé anglo-católica de sua juventude. A passagem do isolamento lírico ao didatismo deliberado marca outra trajetória. Uma terceira via tem que ver com aquilo que poderíamos chamar de diminuição de tensão poética. Não me refiro a uma perda de virtuosidade prosódica. A extraordinária mestria técnica de Auden jamais o abandonou; se a idade lhe deu algo, foi flexibilidade. Seu exemplo estupendo contribuiu para tornar-nos mais conscientes de que a aptidão técnica é requisito para o empreendimento poético. Pode ser também que nos tenha encorajado a negligenciar o fato de que a técnica, quando não catalisada pela sensibilidade e pelo tema central, pode ser inimiga do empreendimento poético. De qualquer modo, para Auden a fluência técnica às vezes resultava numa poesia que parecia funcionar no piloto automático verbal.

Auden comentava com frequência sobre sua predileção pelo *Oxford English Dictionary*. Anos mais tarde, o dicionário lhe proporcionou alguns de seus tópicos favoritos de leitura e foi certamente a fonte de muitas das curiosidades lexicais que – de modo crescente – arrebicaram sua poesia. Humphrey Carpenter observa que o mais conspícuo objeto na sala de trabalho da casa de Auden em Kirchstetten, Áustria (onde ele passou os verões, de 1958 ao final de sua vida), era o *OED*. A coleção, escreve Carpenter, sempre tinha "um volume faltando, o qual estava no andar de baixo, pois Auden o utilizava habitualmente como almofada para sentar-se à mesa – como se fosse uma criança ainda não grande o bastante para o mobiliário, observou um amigo". Os assaltos de Auden ao dicionário resultaram em algumas raridades desnorteantes. Em uma resenha de *Epistle to a Godson* (1972), um crítico lista *"blouts, pirries, stolchy, glunch, sloomy, snudge, snoachy, scaddle, cagmag, hoasting, drumbles"*, dentre outras palavras. Quantas delas você conhece? Quantas delas foram escolhidas porque o poeta sentiu que houvera dado um passo em falso diante da única palavra absolutamente adequada para o pensamento ou sensação que ele estava tentando expressar? Quantas ele adotou porque, ao vê-las no dia anterior numa viagem pelo dicionário, percebeu que completavam a métrica de um poema? Auden regularmente descrevia a poesia como um quebra-cabeça verbal, comparável a palavras cruzadas. Bem, é e não é. Nem todos os poemas são quebra-cabeças verbais – nem mesmo todos os bons poemas –, e é óbvio que nem todos os quebra-cabeças verbais são poemas. Essas são distinções que algumas das poesias tardias de Auden omitem.

Em 1936, Auden disse que "a primeira, a segunda e a terceira coisa na [...] arte é o assunto. A técnica segue-se ao assunto e é governada por ele". É possível que ele tenha mudado de ideia posteriormente; pois na prática ele certamente mudou. O amor de Auden por formas complicadas de verso e por palavras pouco usuais era sem dúvida, até certo ponto, uma expressão de um deleite do poeta com os recursos da linguagem e de sua capacidade de manipulá-los habilmente. Pode ter sido também uma tentativa de compensar a redução da tensão de que falei anteriormente: um esforço por inocular uma complexidade verbal arbitrária para desviar a atenção dos leitores – e talvez até a sua própria – da falta de uma genuína densidade poética que caracteriza tantos de seus poemas da idade madura. Quanto a isso, parece significativo que a palavra "confortável" apareça com tanta frequência no vocabulário de Auden durante seus últimos anos de vida.

Essas particularidades da poesia de Auden não passaram despercebidas. Já em 1940, quando revisava *Outro Tempo*, Randall

Jarrell queixou-se de que, ao contrário dos primeiros e "oraculares" versos de Auden, os poemas de então pareciam "morais, racionais, manufaturados, escritos de cabeça para cabeça". Embora ele só fizesse elogios sobre o talento de Auden, Jarrell também escreveu que "os poemas de então dizem com frequência: 'seja bom'. Eles ascendem através de abstrações morais, de anedotas gnômicas, a um vago misticismo humanitarista". E isso ainda em 1940. Até 1955, quando resenhou *O Escudo de Aquiles*, Jarrell recorreu ao sarcasmo: "Uma tapeçaria não euclidiana, um homem sentado num cabriolé fazendo malabarismos com quatro copos, quatro pires, quatro torrões de açúcar e um círculo quadrado: isso é o que grandes e bons poetas fazem quando não se preocupam em tentar escrever grandes e bons poemas".

Uma das reflexões mais devastadoras sobre o desenvolvimento – ou melhor, declínio – de Auden está na resenha que Philip Larkin fez de *Homage to Clio* em 1960. Nessa resenha intitulada *What's Become of Wystan?* (uma brincadeira com uma frase de Browning: *What's become of Waring*), Larkin começa louvando a poesia de Auden anterior a 1940 e segue descrevendo seu verso como "prolixo demais para ser memorável e intelectual demais para ser comovente". Larkin admite sem dificuldade a grande ambição de Auden e suas virtudes poéticas – "a retórica ampla, o lirismo sem emendas, as súbitas e fascinantes dramatizações" –, mas insiste que "quase tudo o que prezamos está confinado aos dez primeiros anos" de sua carreira. Para Larkin, Auden havia se tornado "um leitor em vez de um escritor" e, como resultado, sua poesia havia sofrido uma "perda de vitalidade" e passado a "uma certa verbosidade abstrata". Larkin prossegue dizendo que a "incoerente confusão intelectual de *New Year Letter* não passa de um *vamp-till-ready*".[2] Os poemas em *Homage to Clio* eram

---

[2] Expressão utilizada em notação musical para designar a improvisação ou repetição de uma frase musical até que o vocalista esteja pronto. (N. T.)

"agradáveis e engenhosos", mas sua "força poética não é alta". Com muita frequência os leitores encontram "uma mixórdia obstinada de rimas da Era do Plástico, de balé folclórico e de Hollywood Lemprière servidos com uma ceceosa brejeirice que chega a estragar os dentes". Como exemplo, Larkin cita o seguinte trecho de *Plains* (1953), parte de *Bucolics* de Auden:

> Romance? Não neste tempo! O feiticeiro de Ovídio
> que guia a dança na Arcádia, jovem senhor
> de corações que podem dizer por si sós Sim e Não,
> doidivanas que é, morreria logo de frio ou insolação:
> Suas vidas estão em mãos mais firmes; aquela austera Velha
> que marca os encontros às cegas para os gêneros deschapelados
> cria suas questões nacionais.

Horrível, não?

Por mais severa que seja a resenha de Larkin, ela revelava tanto desapontamento quanto hostilidade. Foi com tristeza, não com malícia, que Larkin concluiu que Auden, "que nunca fora um poeta pomposo, havia então se tornado um poeta leviano" que "já não toca nossas imaginações". Mas conta a favor de Auden o fato de, alguns meses depois da publicação dessa resenha, o poeta ter escrito sobre o primeiro livro de Larkin, *The Less Deceived*, e, como Mendelson observa, tê-lo "elogiado sem reservas".

A afetação que Larkin percebeu no verso de Auden sempre foi uma tentação para Auden; uma tentação à qual ele se entregou cada vez mais com o passar dos anos. Daí as crescentes frivolidade e afetação da poesia de Auden. Isso foi algo que Christopher Ricks registrou com precisão implacável em sua resenha a *About the House* (1965). Ricks começa descrevendo a qualidade "encantadora" de grande parte da poesia de Auden; a seguir, acrescenta a observação de que é "mais difícil identificar o momento em que uma palavra deve ser dita em tom de acusação do que em tom de agradecimento". Consideremos, por exemplo, a proeminência da palavra "tolo" (*silly*) no vocabulário poético de Auden (como na elegia a Yeats: "Você é tolo como nós"). Como Ricks aponta, Auden sem dúvida esperava que seus leitores recordassem a etimologia da palavra *silly* ("abençoado", "afortunado"), mas o verso depende principalmente do efeito deflacionário da palavra: um efeito reservado e acolhedor que pode facilmente ser exagerado. E cada vez mais Auden o exagerou. Consideremos os versos que Ricks cita de *Grub First, Then Ethics* (1958): "Quem crê que Deus é refeição / pode chamar decerto um bom / omelete de feito cristão".[3] Na melhor das hipóteses, isso é tolo na acepção moderna do termo: "a que falta bom senso", "frívolo". O fato de que Auden escreveu não para ridicularizar, mas partindo de um professado comprometimento com a doutrina católica, torna o poema ainda de gosto mais questionável.

Gosto é a estrela guia da arte, o princípio inerente que representa o decoro do convenientemente dito. A faculdade do gosto de Auden foi passando a operar corretamente somente no modo engraçado ou zombeteiro. Se lhe dessem o assunto e a forma corretos, ele seria capaz de ser muito engraçado. E foi, por exemplo, um mestre do *clerihew*:[4]

> Ninguém jamais poderia
> induzir George William Friedrich Hegel
> a oferecer a menor apologia
> para sua *Fenomenologia*.

Ou:

> Mallarmé
> Tinha muito a dizer:
> nunca foi capaz, de fato,
> de deixar o papel intato.

---

[3] "*Surely those in whose creed / God is edible may call a fine / omelette a Christian deed.*" (N. T.)

[4] Excêntrica composição em verso composta de quatro linhas, de conteúdo biográfico e tom cômico. (N. T.)

Mas Auden encontrou dificuldades para purgar essa frivolidade de sua poesia. O que funciona num *clerihew* pode ser desastroso num poema sério. Como Ricks aponta, o hábito de sobrançaria de Auden revela-se com lamentáveis consequências em seu hábito de capitalização irregular: "um profeta maior tomado como pequeno", "um número social perfeito", etc. O efeito é perturbador e, no final das contas, frívolo. Ricks pergunta: como, exatamente, isso difere da conduta de A. A. Milne com o Urso Pooh: *A Good Hum, such as is Hummed Hopefully to Others?*

Essa espécie de crítica é feita até mesmo por alguns dos mais leais admiradores de Auden. Nos anos 1940 e 1950, Edmund Wilson tornou-se um devotado incentivador de Auden. Ele concluiu seu grande tributo, *W. H. Auden in America* (1956), descrevendo-o como "um grande poeta inglês que é também [...] um dos grandes ingleses do mundo". Aproximadamente vinte anos mais cedo, contudo, Wilson apontou outra dimensão da sensibilidade de Auden: "W. H. Auden apresentou o curioso espetáculo de um poeta com uma linguagem original [...] cujo desenvolvimento parece ter-se prendido à mentalidade de um estudante adolescente". Não há dúvida de que a poesia de Auden desenvolveu-se; a questão é se realmente se pode dizer que ela amadureceu. A qualidade de que Wilson, Jarrell, Larkin e Ricks falam a todo o tempo, cada um à sua maneira, tem que ver com a precocidade que nunca tem fim. No final, Auden apresentou o perturbador espetáculo de um precoce sexagenário. Mais tarde, Auden passou a referir-se a si mesmo como "mãe", especialmente em relação ao grande irresponsável Chester Kallman. Embora eles tenham sido amantes apenas por um curto período de tempo, Auden amparou Kallman pelo resto da vida e os dois viveram juntos de tempos em tempos. Mais revelador e, por fim, mais apropriado foi o apelido que Auden ganhou em Oxford: "A criança" (*The Child*). O acanhamento e a prolixidade característicos da poesia tardia de Auden são um emblema daquilo que acontece quando o desejo por uma perpétua adolescência fracassa em amadurecer: e, em vez disso, cresce extenuado. Ao lançar um olhar sobre a obra poética de Auden, é chocante notar quão cedo a extenuação começou.

Auden certa vez definiu, numa frase inolvidável, poesia como "discurso memorável". Em que medida sua própria poesia atenderia esse critério? Auden certamente disse e escreveu algumas coisas memoráveis. Seu comentário de que Rilke fora "o maior poeta lésbico desde Safo" pode ser descrito como inesquecível. O mesmo se aplica a seu comentário de que seu rosto, que alguns anos mais tarde foi devastado pelos densos sulcos de uma paquidermoperiostose, estava "como um bolo de casamento deixado na chuva". Os versos memoráveis de sua poesia são quase exclusivamente provenientes de poemas escritos, como Larkin notou, na primeira década de sua carreira. Eles também tendem a ser fragmentários: um verso aqui, dois ou três ali. "Deita tua cabeça adormecida, meu amor, / humana em meu braço descrente." (*Acalanto*, 1937); "Quanto ao sofrimento, nunca estavam errados, / os velhos mestres" (*Musée des Beaux Arts*, 1938); "Na prisão de seus dias / Ensine o homem livre a louvar" (da elegia a Yeats, 1939: esses versos também aparecem no epitáfio inscrito na lápide de Auden na Abadia de Westminster); "Triste está Eros, construtor de cidades, / e lamentando está a anárquica Afrodite" (da elegia a Freud, 1939).

É uma ironia o fato de o poema provavelmente mais famoso de Auden, *1º de Setembro de 1939*, ter sido repudiado e até mesmo "detestado" por ele, como afirmou em 1957. Entretanto, o poema contém alguns dos mais notáveis versos da poesia de Auden, desde estas ominosas primeiras linhas –

> Sentado numa das espeluncas
> da rua cinquenta e dois,
> indeciso e receoso,
> com o expirar da sagaz esperança
> de uma década profundamente corrupta,
> ondas de raiva e medo

circulam sobre as luminosas
e trevosas regiões da terra,
desvairando nossas vidas privadas.

– até o famoso término da oitava estrofe: "Precisamos amar uns aos outros ou morreremos". Como Mendelson aponta, "esse verso é quiçá mais citado e admirado do que qualquer outro" da obra de Auden. E. M. Forster disse que, porque Auden o escreveu, "ele pode ordenar-me, que eu o seguirei". O que, sem dúvida, diz-nos bastante sobre Forster.

De qualquer modo, Auden logo fez ressalvas ao poema. Em 1944, ele renunciou à celebrada oitava estrofe, em parte porque acreditava que no contexto do poema ("A fome não deixa escolha / Para o cidadão ou para a polícia") o verso sobre o amor reduzia o que deveria ser um ato voluntário a um impulso instintivo como a fome. Em 1964, o desgosto de Auden com relação ao poema cresceu até transformar-se em repugnância, quando o publicitário da campanha eleitoral infame de Lyndon Johnson apropriou-se indevidamente do verso. Como Richard Davenport-Hines relata em sua biografia, a propaganda retratava uma garotinha contando as pétalas de uma flor; subitamente, ela é interrompida por uma austera voz masculina fazendo uma contagem regressiva de dez a zero, até o momento em que a imagem da garota é substituída pelo brilho de uma explosão e uma nuvem de fumaça. Então, a voz de Johnson entoa: "Estas são as apostas: construir um mundo em que todas as crianças de Deus possam viver, ou cair na escuridão. Precisamos amar uns aos outros ou morreremos". Auden respondeu com aspereza: "Rezo a Deus para que eu não seja lembrado dessa forma novamente". Quando preparava seus *Collected Shorter Poems* para publicação no ano seguinte, ele omitiu o poema e negou-se a permitir que fosse republicado enquanto ele estivesse vivo.

A maioria dos leitores será capaz de citar uns poucos versos ou poemas – *At the Grave of Henry James* (1941), por exemplo, com o início de sua austera última estrofe: "Todos serão julgados". Mas depois de 1940 a maioria dos leitores verá que as preciosidades são mais escassas e cada vez mais esporádicas. É triste notar que, entre os poemas tardios de Auden, um dos mais famosos é o último que ele escreveu, um haicai reproduzido com bastante frequência:

Ele ainda ama a vida
mas O O O O como quer
que o Bom Deus o leve.

[*He still loves life*
but O O O O how he wishes
the Good Lord would take him.]

(Como Mendelson observa, os "O"s não devem ser suprimidos a fim de que as dezessete sílabas requeridas pelo haicai sejam mantidas; mas devem eles ser lidos como três sílabas, como ele diz, ou como duas, como suspeito?) No final, a poesia de Auden produziu ecos relativamente fracos. Ele era um imitador digno de nota; fez maravilhosas imitações da seriedade; mas sua preocupação contínua com relação à autenticidade de seus poemas mostra que mesmo em sua própria mente ele não transcendia a imitação. Quando comparada, digamos, à poesia de T. S. Eliot, a poesia de Auden carece de profundidade. Seu exemplo teve grande significado para muitos poetas que vieram depois dele; suas técnicas são preservadas na prática de alguns dos melhores. Mas a poesia de Auden deixou traços indistintos na sensibilidade de nosso tempo. Ela é bem-acabada, não incontornável. Reverberações de *Prufrock*, *A Terra Desolada*, *Gerontion* e dos *Quatro Quartetos* estão por toda parte: a métrica e o tema desses poemas são parte do metabolismo poético da época. Auden não escreveu nada que tenha penetrado nossas veias tão completamente.

O Auden permanente é encontrado em toda parte, sobretudo nos ensaios brilhantes e antológicos de *A Mão do Artista* (1962),

Forewords and Afterwords e em algumas de suas conferências, especialmente *The Enchafèd Flood* (1949) e partes de *Secondary Worlds* (1968). Ele estava sempre insinuando-se nos assuntos literários. Seu ensaio sobre Trollope em *Forewords and Afterwords* é uma obra de arte. E o mesmo se pode dizer de seu ensaio sobre os sonetos de Shakespeare. Como no cenário que ele descreveu em *Musée des Beaux Arts*, seus ensaios aclamam o triunfo e a consolação do ordinário em face do extraordinário. No poema, "o navio caro e delicado" viu "algo estupendo, um garoto caindo do céu", mas ele tinha um caminho a seguir e "continuou navegando calmamente". Um dos mais valiosos serviços de Auden foi lembrar-nos da importância de continuar navegando calmamente.

Auden escreveu bem e com bastante frequência sobre o desejo contraditório de encontrar na arte tanto uma fuga quanto uma revelação da realidade. Em um ensaio sobre Robert Frost, ele observou que

> nós queremos que um poema seja lindo, ou seja, um paraíso verbal terrestre, um mundo eterno de pura diversão, que nos dá deleite precisamente por causa de seu contraste com nossa existência histórica com todos os seus problemas insolúveis e sofrimentos inescapáveis. Ao mesmo tempo, queremos que um poema seja verdadeiro, ou seja, que nos forneça certo tipo de revelação sobre a vida que irá nos mostrar como de fato é a vida e libertar-nos do autoencantamento e da ilusão; e um poeta não é capaz de trazer-nos qualquer verdade se não introduzir em sua poesia o problemático, o doloroso, o desordenado, o feio.

Auden foi especialmente eficaz em seu modo admonitório, alertando-nos quanto à *hybris* da arte absolutizada. Numa passagem em prosa de *The Sea and the Mirror* (1944), um personagem observa que "se a intrusão do real desconcertou e incomodou o poético, isso é uma mera bagatela se comparada ao dano que o poético poderia infligir caso calhasse de intrometer-se no real".

Essa admonição é um *leitmotiv* na obra de Auden. Ele escreveu em *A Mão do Artista* que "poesia não é mágica. Na medida em que se pode dizer que a poesia, ou qualquer outra arte, tem um propósito ulterior, esse propósito, a bem da verdade, há de ser o de desencantar e desintoxicar". Mais adiante naquele mesmo livro, ele desenvolveu esse pensamento. O efeito da beleza formal, observou, é "nocivo a ponto de fazer que a beleza seja tomada não como análoga, mas como idêntica à bondade, de modo que o artista passa a considerar-se a si mesmo ou a ser considerado pelos outros como Deus, e o prazer da beleza passa a ser tomado como a alegria do Paraíso; e a conclusão daí tirada é a de que, se tudo está bem na obra de arte, tudo está bem na história". E novamente: "O Orfeu que move pedras é o arquétipo, não do poeta, mas de Goebbels". Auden disse na elegia a Yeats que a poesia "não faz nada acontecer". Em muitos de seus ensaios, ele divaga sobre o erro danoso de tentar tomá-la de outra forma.

Os ensaios de Auden são ricos e interminavelmente gratificantes. E, no entanto, neles há, também, um forte elemento de representação. Em *Reading*, ensaio de abertura de *A Mão do Artista*, Auden lembra que "na literatura, como na vida, a artificialidade, adotada apaixonadamente e perseverada lealmente, foi uma das formas principais de autodisciplina através das quais a humanidade ergueu-se com seus próprios esforços". Isso, sem dúvida, é verdade, embora não seja necessariamente algo animador. É também verdade, como Auden comenta algumas páginas adiante, que "alguns escritores confundem a autenticidade – que eles devem sempre ter como objetivo – com a originalidade – algo com que eles jamais deveriam se preocupar". Autenticidade e artificialidade não são rigorosamente opostas, mas, se podem coexistir, então devem fazê-lo com dificuldade. Auden nunca chegou de fato a resolver tensões como essa; ele tirava partido delas. A sofisticação sedutora dos ensaios de Auden depende em parte de sua inteligência e erudição naturais, em parte daquilo que podemos chamar de sua descontraída gravidade religiosa. Ele nunca escrevia simplesmente a crítica de um livro; ele fazia com que aquilo se tornasse parte de um projeto existencial. Assim orientava as coisas, estivesse escrevendo sobre Kierkegaard, enxaqueca ou sobre *The Art of Eating*, de M. F. K. Fisher.

Auden gostava de citar um verso de Yeats sobre ser forçado a escolher entre a perfeição da vida e a perfeição da obra. A princípio, ele escolheu a última. "Charada" é uma palavra muito forte. Mas há uma espantosa disjunção entre o Auden moralista avuncular que tinha coisas extraordinárias a dizer sobre arte, orgulho, pecado, autoengano, etc., e o Auden narcisista, desgrenhado e lascivo, que habitualmente intoxicava-se com quantidades assustadoras de álcool, benzedrine e cerca de quinze mil cigarros por ano, que falava em estar "casado" com o mal-afamado Chester Kallman e divertia-se com um cortejo regular de garotos de programa. George Orwell retratou-se por ter descrito Auden como "um tipo de Kipling medroso", mas creio que não se retratou por seu comentário de 1940 (logo depois de Auden ter-se afastado da Inglaterra, ameçada pelos perigos da guerra, e emigrado para os Estados Unidos), quando disse que "o tipo de amoralismo do Sr. Auden só é possível quando se é o tipo de pessoa que sempre está em algum outro lugar assim que o gatilho é puxado". Auden escreveu mais tarde à embaixada britânica oferecendo-se a fazer "qualquer coisa quando e se o Governo pedir", mas ele não se surpreenderia se sua oferta fosse recusada.

Auden promoveu uma campanha contra uma visão de mundo ultraestetizada, mas ele o fez apesar de permanecer na órbita do estetismo. Sua angústia era certamente genuína, mas sua solução sempre tinha algo de performático. Isso não quer dizer que lhe faltasse *pathos*. Num sermão que proferiu na Abadia de Westminster em 1966, Auden observou acerbamente que

> aqueles de nós que têm a coragem de chamar a si próprios cristãos farão bem em ser sumamente reticentes nesse assunto. De fato, um cristão por definição é praticamente aquele que *sabe* que não é um, nem na fé nem na moral. No que diz respeito à fé, muito poucos de nós têm o direito de dizer mais do que – adaptando um dito de Simone Weil

– "eu creio num Deus que é em tudo como o Verdadeiro Deus, exceto por não existir, pois ainda não cheguei ao ponto em que Deus existe". Quanto a amar e perdoar nossos inimigos, quanto menos dissermos sobre isso, melhor. Nossa falta de fé e de amor é um fato que temos de admitir, mas não iremos melhorar se ficarmos numa lamentação mórbida e essencialmente narcisista de nossas deficiências. Em vez disso, questionemos, com cautela e humor, dada nossa época, nosso lugar e nossos talentos, se nossa fé e amor fossem perfeitos, o que ficaríamos contentes de descobrir que era o óbvio a fazer?

Referindo-se ao cristianismo, G. K. Chesterton disse certa vez que qualquer coisa que vale a pena ser feita, vale a pena ser feita a todo custo. É uma afirmação espirituosa, e em parte verdadeira. Mas apenas em parte. Tanto em sua arte quanto em sua vida, W. H. Auden contou demasiadamente com os recursos do subjuntivo, mesmo quando entretinha seus leitores com sonhos de verdade indicativa. Quando tinha oito anos de idade, sua mãe o ensinou o dueto amoroso de *Tristão*. Auden fazia o papel de Isolda. Não está claro se algum dia ele chegou a interromper essa atuação.

Capítulo 6 | A Primeira Metade de Muriel Spark

> O poeta deve preferir impossibilidades prováveis a impossibilidades improváveis.
> – *Aristóteles, Poética*

> Quando comecei a escrever, as pessoas costumavam dizer que meus romances eram exagerados. Eles nunca foram exagerados; eram apenas aspectos do realismo.
> – *Muriel Spark,* Loitering with Intent

Numa resenha à reedição de *London Labour and the London Poor* de 1968, W. H. Auden afirmou que o retrato vasto que Henry Mayhew pintou da vida nas ruas da Londres vitoriana – repleto de espécimes tão vívidos quanto Jack Black, caçador de ratos de Sua Majestade – levara-o a rever seus conhecimentos sobre Dickens. Auden concluiu que Dickens, longe de ser um "criador fantástico de personagens que excedem o tamanho real", era na verdade "muito mais 'realista' do que geralmente se costumava pensar".

Ocasionalmente, há quem tenha uma impressão parecida ao ler a ficção da romancista escocesa Muriel Spark. O que a princípio pareceria uma caricatura muitas vezes passa a ser visto como uma reportagem sem verniz. Em geral, os relatos não são animadores. Talvez, no fundo, os próprios "fatos" externem uma espécie de caricatura; e talvez, pensando bem, alguém se dê conta disso. O truque de Spark é persuadir-nos a refletir que, se se quer ir ainda mais fundo, talvez... O presságio frequentemente termina em reticências, num sentimento de desassossego, de ansiedade. Não é sem razão o imperativo "Memento Mori" (*Lembra-te de que morrerás*) do título de um de seus mais famosos e bem-acabados livros. Naquele conto sóbrio, todos os personagens são idosos e alguns são senis. "Ter passado dos setenta", um deles observa, "é como estar envolvido numa guerra. Todos os seus amigos estão partindo ou já partiram, e sobrevivemos entre os mortos e os agonizantes como se estivéssemos num campo de batalha". Ao final do romance, o campo de batalha é esvaziado e a autora faz aos leitores uma breve recapitulação dos destinos de cada personagem: "Lettie Colston [...] teve a cabeça triturada; Godfrey Colston, pneumonia hipostática; Charmian Colston, uremia; Jean Taylor, degeneração do miorcádio; Tempest Sidebottome, carcinoma cervical"; etc., etc.

O refinamento desagradavelmente cômico de tais recordações é a marca registrada sparkiana. Sem dúvida, tem algo que ver com a religião, especificamente com o catolicismo, a fé a que Spark converteu-se em 1954. Nossa vida na terra é uma peregrinação, um prolegômeno, e não podemos nos esquecer disso: essa convicção fundamental figura de forma proeminente, embora não dogmaticamente, em toda a obra de Spark, impregnando-a com a ambição da alegoria. Mas o efeito vertiginoso de sua ficção não é simplesmente um coeficiente da fé. É também o produto de um dom literário, de uma sensibilidade.

Muitos dos cenários, acontecimentos e personagens que povoam a ficção de Spark têm antecedentes, mais ou menos distantes, na vida da autora: um professor carismático, uma avó enferma, um clube para mulheres em Londres durante a guerra, uma amiga assassinada pelo marido que, depois, suicidou-se. Tudo aparece transmutado – *transfigurado*, para usar um adjetivo sparkiano – em seus romances e histórias. Spark é perita em mostrar o lado errado do telescópio e então exclamar: "Veja! Eu falei que era assim!". Suas fantasias são frequentemente extravagantes. Na Sparklândia é comum encontrar uma história narrada por um fantasma ("Ele olhava como se fosse me matar, e o fez", explica um narrador morto), um enredo dirigido por um anjo. Porém, é uma medida do talento artístico de Spark que – nessas obras em que tudo muda – fantasmas e anjos não nos pareçam mais (contudo tampouco menos) ultrajantes que rododendros. De algum modo, não nos parece um problema que telefonemas anônimos lembrem aos personagens em *Memento Mori* (1959) que seus destinos não tinham uma origem mundana. A suspensão ou o prolongamento da descrença raramente acontecem: a prosa frugal e imaculada de Spark – tranquila e fatalmente precisa – faz o trabalho, abrandando a intriga, se não exatamente a afirmação. Há uma moral, mas nenhuma catequese.

Quanto a isso, sua obra lembra o realismo gótico da romancista americana e mestra do conto Flannery O'Connor. Para ambas as escritoras, a ação da graça é geralmente um acontecimento engraçado, mas incontestavelmente severo. O humor surge da consideração dos atos do homem *sub specie aeternitatis*, a receita definitiva para a farsa. O que poderíamos chamar de dimensão cósmica da visão cômica de Spark levou o romancista Malcolm Bradbury a falar – com admiração – do "grande dom de ser apavorante" que teria a autora. O dom é apavorante porque concede o *insight*, mas tende a deduzir virtudes mais naturais como a cordialidade, os afetos humanos e a afeição. Nem todos acham isso atraente. O crítico Christopher Ricks, por exemplo, ao escrever sobre Spark em 1968, comentou que "talvez quando o homem põe, Deus disponha com uma calma disposição como a da Srta. Spark; mas, se Ele olha para o mundo que criou com os mesmos olhos com que ela vê o dela, então, devo dar graças a Deus por ser ateu". É de imaginar que Spark tenha saboreado aquele "graças a Deus".

Ela foi intensamente literária desde o despertar da razão: compunha um poema após o outro já na escola primária. Mas Muriel Spark não embarcou a sério na ficção antes dos anos 1950. A partir de então, o impulso tornou-se incontrolável. Conquanto tenha vivido por alguns anos na Itália, dividindo seu tempo – como nos disseram – entre Roma e Toscana, Spark não abandonou a disposição escocesa à diligência. ("Que maravilha ser mulher e artista no século XX", exclama repetidamente Fleur Talbot, a narradora de *Loitering with Intent*, de 1981: apesar da ironia – Fleur é um bocado assustadora – a declaração tem ares de credo.) Até hoje, além de suas primeiras colaborações, Spark tem em seu currículo nove romances, uma profusão de versos (ela dizia pensar em si mesma como "predominantemente uma poetisa"), uma volumosa coletânea de contos (*Collected Stories*), uma peça, um livro infantil, uma biografia de Mary Shelley e outra de John Masefield, e uma edição das cartas de Brontë. Um de seus melhores e mais inteligentes livros, *A Primavera da Srta. Jean Brodie* (1961), foi adaptado para o teatro com muito sucesso e, posteriormente, ganhou uma adaptação bem-sucedida para o cinema, com o papel principal interpretado por Maggie Smith. (Glenda Jackson foi escalada para uma versão cinematográfica de *The Abbess of Crewe*, de 1974, um filme comercial, de tema político, feito com competência.)

Ao longo de sua trajetória, Spark conquistou muitos elogios da crítica – maliciosamente distorcidos por críticos que ocasionalmente discordavam da maioria –, prêmios literários além da conta, inúmeras discussões acadêmicas e, em 1967, uma Ordem do Império Britânico concedida pela Rainha Elizabeth. Em 1993, Spark publicou *Curriculum Vitae*, uma autobiografia que apresenta os fatos, as personagens e as situações da vida de Muriel Spark de 1918, quando nasceu, até 1957, data de publicação de seu primeiro romance, *The Comforters*. Ela apresenta as contingências que possibilitaram a uma jovem e precoce mulher vir a se tornar Muriel Spark. Como era sua intenção, ela nos apresenta um retrato da jovem mulher como artista: uma imagem vívida, ainda que cuidadosamente editada, de sua "formação como autora de ficção". O livro termina no ponto que ela cruza o limiar da maturidade literária, com a promessa de uma sequência, que apresentaria "a obra, as muitas viagens e aventuras" bem como "os amigos famosos e obscuros" que fizeram parte de sua vida desde 1957.

Diversos rumores, meias verdades, invenções e outros tipos de falsidades foram surgindo em torno de Spark, como costuma acontecer a vários escritores famosos. Um dos motivos de ela ter se encarregado de escrever *Curriculum Vitae*, como ela mesma nos conta, foi para "esclarecer a situação". Com essa finalidade, ela não se fiou apenas em sua própria memória para corroborar os acontecimentos que relata; a autora empenhou-se em "não escrever nada que não pudesse ser sustentado por provas documentais ou por testemunhas oculares". Spark abomina a mentira. "Mentiras", alerta, "são como pulgas saltando de um lugar a outro, sugando o sangue do intelecto". Ela olha com desdém para a escritora de uma biografia que não pôde compreender por que Spark ficou irritada com as invenções difundidas em seu livro, já que ela a havia retratado "sob uma luz favorável". "Seja o que for", Spark escreve, "era tudo mentira."

Alguns dos erros que circularam a respeito de Muriel Spark podem ser atribuídos a inocentes mal-entendidos que, repetidos constantemente por críticos e acadêmicos, passaram a ser tomados como plausíveis. Outros erros têm como fonte a animosidade de alguns amigos do passado de Spark, em especial Derek Stanford, com quem ela colaborou em vários projetos literários nos anos 1950. Stanford, segundo conta Spark, era um "estudioso com inclinação para a erudição", mas "indisciplinado e quase impreciso". Quando escreveu sobre Spark nos anos 1960 (e depois novamente em 1977), ele parece ter produzido uma mescla de erro e invenção. Por exemplo, Stanford afirma que Spark estava apaixonada por T. S. Eliot (na verdade, ela nunca chegou a conhecê-lo), que a avó dela tinha sangue cigano (uma "afirmação pitoresca", comenta Spark, para a qual não há sequer uma evidência), que ela o levara para visitar seu "tio Solly" e pedir-lhe dinheiro emprestado (esse parente simplesmente não existe). Ele pensa que Proust escreveu um livro chamado *Em Busca do Tempo Perdido* e garante aos leitores que, quando criança, Muriel fora amamentada até os dois anos de idade. ("Que ridículo!", foi o comentário da mãe, "deve haver algo de errado com esse homem.") Spark oferece apenas uma lista incompleta dos erros de Stanford, mas nós entendemos: *caveat lector*. E cuidado com a prata, também: Spark relata que Stanford surrupiou alguns originais de suas obras mais precoces e tentou vendê-los de volta para ela através de um agente.

Curriculum Vitae inicia-se em Edimburgo, no distrito de Morningside, com o nascimento de Muriel, filha de Bernard e Sarah Camberg. O pai, um engenheiro, era descendente de judeus escoceses; sua mãe, nascida Uezzell, era de uma família de comerciantes ingleses de Watford. Philip, único irmão de Muriel, era mais velho que ela cinco anos e meio. Em termos financeiros, os Camberg viviam em situação modesta, mas digna: tinham poucos luxos, mas quem os tinha na Edimburgo daquela época? O ambiente familiar parece ter sido afetuoso e razoavelmente alegre. Sarah Camberg sofreu o que Muriel chama de colapso nervoso antes do nascimento da filha, mas o único efeito colateral de que se tem notícia foi uma ligeira inclinação à superstição e o pânico de ser deixada sozinha. A educação religiosa que recebeu na escola foi o presbiterianismo-padrão, que se misturou a alguns rituais judaicos praticados em casa.

A condição de judeu de Bernard Camberg não apresentava qualquer problema social para a jovem Muriel – tendo crescido em Edimburgo, estava bem assimilado –, mas a condição de inglesa da mãe era-lhe fonte constante de pequenos, mas memoráveis, embaraços. "'Estrangeiros' eram razoavelmente bem tolerados, mas com 'os ingleses' se passava algo bem diferente", ela lembra. Todos estavam informados de que os ingleses tendiam a ser "superficiais", "hipócritas" e "a vestir-se de maneira exagerada". Eles também falavam de um modo engraçado. Como se não bastasse Sarah Camberg vestir um casaco de pele de raposa quando deveria trajar algo em *tweed* (se estivesse frio de fato) ou uma pele de rato-almiscarado, sua filha ainda teve de ouvi-la dizer a outra mãe na escola: "Tenho que fazer compras". Spark recorda: "Eu quase morri! Ela deveria ter dito: 'Eu preciso fazer a lista'".[1]

Esse é um livro repleto desse tipo de particularidade. "Detalhes fascinam-me", escreve Spark no começo de sua crônica. "Eu adoro acumular detalhes. Eles criam uma atmosfera. Nomes também têm uma magia, embora nunca sejam tão modestos." Por conseguinte, a primeira parte de *Curriculum Vitae* é uma compilação de detalhes da infância, a construção de uma atmosfera. Visões, sons, gostos, nomes, pessoas, diversões. Ficamos sabendo da padaria do bairro, Howden's, e dos tipos de pães que faziam; visitamos o Buttercup Dairy, onde se comprava manteiga fresca de uma garota de pele rosa e branca; e praticamos a forma correta de preparar um chá. "A todos que entravam na casa se lhes oferecia uma xícara de chá, como em Dostoiévski." Se servido às cinco, era "tomado"; se às seis, era "comido". Às seis e meia da tarde, tomava-se chá acompanhado de salmão, hadoque defumado, presunto e ovos.

Outros detalhes: as roupas de sua avó, por exemplo. As "anáguas eram volumosas, franzidas na cintura; em cada ajuste havia uma em flanela creme ou cinza, uma em linho branco com acabamento em renda e uma preta. As meias-calças de minha avó eram de lã preta. Eram presas por elásticos cor-de-rosa, suas ligas". Há muitos desses "montes" de detalhes nesse livro curto, descontraído e elegante. Como formulou a Srta. Jean Brodie, num contexto algo diferente: "Para aqueles que gostam desse tipo de coisa [...] esse é o tipo de coisa de que gostam". Contudo, cabe notar que os aficionados por detalhes e coisas do tipo ficarão provavelmente frustrados com o fato de que falta um índice a *Curriculum Vitae*.

---

[1] Para se referir a compras feitas em mercados e estabelecimentos do tipo, é comum que os escoceses utilizem expressões como "get the messages" ou "do some messages" em vez de empregarem expressões como "go shopping" ou "have some shopping to do", estas mais utilizadas pelos britânicos. (N. T.)

Spark descreve a si mesma como uma ávida ouvinte e "observadora das pessoas" desde a mais tenra idade. A jovem Muriel deve ter sido de fato uma formidável criatura para ter em casa, escutando, observando. Ela relata o seguinte fato, ocorrido quando tinha "quatro ou cinco anos":

> Eu havia ganhado um carrinho de bonecas feito para gêmeos e que tinha um toldo em cada lado. Minhas bonecas, Red Rosie e Queenie, sentavam-se uma de frente para a outra. Lembro-me de que um dia eu estava chorando e berrando por alguma razão. Meu pai buscou um lenço e enxugou os rostos de minhas duas bonecas, ordenando a elas que não chorassem mais. Eu fiquei tão fascinada com aquela encenação que parei de chorar, e ainda me lembro com clareza de uma sensação ou instinto que, se eu pudesse expressar com palavras, teriam sido as seguintes: "Eu não me deixei levar pelo ardil dele, mas ao mesmo tempo pensei: que brilhante psicólogo infantil ele é!".

E que prodigiosa psicóloga infantil era ela!

Em Edimburgo, a educação era estimada como algo da maior importância, e ricos comerciantes competiam entre si na fundação de escolas e na doação de recursos com esse fim. Um desses homens foi James Gillespie, vendedor de rapé, que morreu em 1797, deixando parte de sua fortuna para a fundação de uma escola para meninos e outra para meninas. (Quando Gillespie pediu a um amigo um lema para seu carro, Spark nos conta que ele lhe propôs o seguinte: "Quem poderia pensar / que narizes o compraram".[2] Gillespie recusou o par de versos e, em vez deles, usou as iniciais de seu nome.) Muriel começou a frequentar a escola com cinco anos de idade e lá permaneceu por doze anos, "os mais formidáveis anos da minha vida e, sob inúmeros aspectos, os mais ditosos para uma futura escritora". Ela foi uma estudante inteligente cujas notas eram boas o bastante para

---

[2] A expressão original citada por Spark em gaélico escocês é "*Wha wad hae thocht it / That noses had bocht it*", o que equivaleria, em inglês, a algo como "*who would have thought it / That noses had bought it*". (N. T.)

assegurar-lhe uma bolsa de estudos no Ensino Médio. "Depois dos doze anos", ela relata com orgulho, "meus pais já não precisavam mais pagar a escola."

Numa época em que vemos alegações de "abuso de menores" diariamente nos jornais, é animador contemplar a relativa inocência da vida social numa cidade como a Edimburgo dos anos 1920. Spark conta-nos uma graciosa história sobre seu professor de história, o Sr. Gordon. Encantado com o cabelo da garota, Gordon havia feito com que Muriel se assentasse nas primeiras carteiras da sala a fim de poder afagar seus cabelos enquanto ensinava. Graças à "decência universal no comportamento dos professores de nossa escola", observa ela, ninguém pensava mal dele por isso. "Não havia nada de errado com Jerry Gordon", afirma. "As meninas riam muito disso. Eu gostava muito disso."

Dentre outras qualidades, a Escola de James Gillespie para Garotas (como passou a se chamar) inspirou a Escola Marcia Blaine para Garotas, que serviu de cenário para *A Primavera da Srta. Jean Brodie*. Uma excêntrica professora primária, a Srta. Christina Kay, foi quem serviu de inspiração para a personagem Jean Brodie. "Caí nas mãos da Srta. Kay quando eu tinha onze anos", escreve Spark. Mas acrescenta que "poderíamos perfeitamente dizer que ela caiu em minhas mãos". Spark mesmo assim começou a escrever sobre a Srta. Kay e suas aventuras.

Como sua contrapartida fictícia, a Srta. Kay ornamentava as paredes de sua sala de aula com reproduções de pinturas de Da Vinci, Giotto, Botticelli e outros mestres italianos; na segunda metade dos anos 1920, essa amante do romance, novamente como sua contrapartida fictícia, também exibiu um recorte de jornal dos *fascisti* de Mussolini marchando pelas ruas de Roma. Spark não diz se a Srta. Kay, como a Srta. Jean Brodie, andava com a cabeça "erguida, erguida"; mas a Srta. Kay referia-se a seu próprio ofício como o *crème de la crème* e presenteava seus alunos com relatos de suas viagens a Roma, ao Egito e à Suíça, bem como com poesias de Wordsworth, Browning, Tennyson, Swinburne, Edmund Blunden, Rupert Brooke, Walter de la Mare, Yeats e John Masefield (este último, um dos favoritos de Spark).

Muriel Camberg certamente era uma das favoritas da Srta. Kay, pois ela e uma colega de classe acompanharam a professora ao teatro, a galerias de arte e à última apresentação de Anna Pavlova em Edimburgo, tudo custeado pela Srta. Kay. A partir do que Spark diz, parece que a Srta. Kay exibia o encanto e a imperiosidade, mas não a profunda ambiguidade moral que distinguia Jean Brodie. Poderíamos imaginar a Srta. Kay, exatamente como a Srta. Brodie, acreditando que as soluções para os problemas matemáticos fossem todas certas e boas, mas "completamente inúteis para Sybil Thorndike, Anna Pavlova e a antiga Helena de Troia". Mas não poderíamos imaginá-la tentando induzir uma de suas ex-alunas a dormir com um homem casado que ela própria amava, mas ao qual havia renunciado. Spark presume que a Srta. Kay teria colocado a Srta. Brodie "firmemente em seu lugar".

Depois da James Gillespie School, a perspectiva da universidade parecia-lhe pouco atraente. A carreira universitária para a jovem Camberg de situação modesta seria "algo luxuoso". Além disso, Muriel dava-se conta de que "muitas garotas mais velhas que estudavam na Universidade de Edimburgo àquela época eram lânguidas e sérias demais, sem o estilo nem o encanto de uma mulher adulta; na verdade, havia uma atmosfera puritana". Em vez da universidade, ela fez um curso de escrita de resumos (*précis*), disciplina que influenciou bastante sua escrita até os dias atuais. "Eu adoro a prosa econômica e tentaria sempre encontrar a forma mais breve de expressar um significado." Ela então ensinava numa pequena escola particular, que, em vez de lhe pagar um salário, oferecia-lhe aulas gratuitas de taquigrafia e datilografia. Isso lhe foi de grande valia em sua breve passagem por uma loja de departamentos feminina em Edimburgo, onde trabalhou para o dono como secretária. A loja serviu-lhe de interlúdio cômico

– Spark lembra-se de ter ouvido por acaso "uma das conversas mais afetadas e absurdas" que já ouvira em toda a vida "entre clientes e uma vendedora" – na verdade, ela estava matando tempo, esperando a chegada do resto de sua vida.

Ele começou a chegar um pouco mais tarde naquele ano de 1936, quando Muriel conheceu Sydney Oswald Spark num clube em Edimburgo. Treze anos mais velho, Spark era um professor que estava prestes a partir em viagem para a Rodésia do Sul (atual Zimbábue), onde trabalharia por três anos. Um detalhe deliciosamente sparkiano: Sydney Spark era chamado de S.O.S. Ele era emocionalmente frágil e deve ter emitido sinais de angústia desde o começo. Os pais de Muriel pressentiram a encrenca, mas ela, em sua ânsia por seguir adiante com sua vida – e fora de Edimburgo –, só conseguia enxergar a perspectiva da fuga. "Eu o achava interessante, como geralmente considerava os 'homens mais velhos'." Em 1937, Muriel ficou noiva de Spark e acompanhou-o à Rodésia do Sul. Ela tinha então dezenove anos. Como era menor de idade, teve de cabografar ao pai e pedir-lhe autorização para casar-se com Spark. Embora relutante, ele a concedeu.

Sydney Spark foi, como ela agora admite, uma "escolha desastrosa". Na África, ele tornou-se cada vez mais desequilibrado e violento. Depois de dois anos, Muriel já pensava em deixá-lo. Num momento de calma e lucidez, o deplorável companheiro lhe disse: "Um dia tudo isso não será para você mais que um sonho ruim". Ele estava certo. "Ele tornou-se um caso de transtorno *borderline*", Muriel recorda, "e eu não gostei do que encontrei em nenhum dos lados da fronteira." Quando ficou grávida, Sydney tentou convencê-la a abortar. Essa forma de assassinato não era, como hoje, um procedimento rotineiro; e Muriel recusou-se a fazê-lo. Assim, em julho de 1938 nasceu um filho, Robin.

Por causa da irascibilidade do marido, na Rodésia do Sul os Spark foram obrigados diversas vezes a se mudar. Muriel confessa que aquilo, domesticamente, foi um "retrocesso". Mas, como uma nova obstinação surgia, ela ressalta que "retrocessos podem ser vantagens se você pensar no sentido inverso". Naqueles tempos, as circunstâncias proporcionavam muitas ocasiões para que se pensasse no sentido inverso. Pode-se dizer que Muriel Camberg ganhou duas coisas boas do marido: um filho e um nome, "Spark", que, como ela assinala, tinha muito mais poesia que "Camberg". Mas ela também ganhou a África. À medida que o mundo se encaminhava para a guerra até finalmente entrar em colapso, Muriel viu-se encurralada ali, sem conseguir transporte de volta para a Inglaterra.

A estada de Muriel Spark na África foi tudo menos agradável: um casamento falido, pobreza, uma chance mínima de sair dali antes do fim da guerra, poucos amigos com interesses literários. (Nessa época, Doris Lessing estava vivendo em algum lugar na Rodésia, mas as duas escritoras não se conheceram senão muitos anos depois.) Entretanto, ela não deixou de escrever. Escrevia principalmente poemas e amealhava material para algumas de suas mais famosas histórias. A África, tanto quanto Edimburgo, fizera dela uma escritora. Também fizera dela uma adulta. Foi na África, diz ela, que "aprendeu a lidar com a vida". "Foi lá que aprendi a ter em mente [...] os princípios básicos do destino humano, nossas responsabilidades, e a relegar a um lugar periférico as tristezas, os medos e os pavores pessoais que se colocavam no meu caminho."

Pavores havia muitos. A situação racial era bárbara. As mulheres africâneres com as quais Muriel tinha contato eram cheias de histórias presunçosas sobre como negros arrogantes se "estabeleceram". Havia, por exemplo, o fazendeiro que pegara um garotinho negro espreitando da janela sua mulher amamentar o bebê no quarto. Por essa violação, o fazendeiro atirou e matou o menino. A mulher que contou essa história a Spark apenas lamentou que o fazendeiro tivesse sido condenado a três anos de prisão. "Eu fiquei sem fala", Spark conta-nos. "Simplesmente olhei fixamente para a mulher."

Esse barbarismo racial assumiu ainda outras formas. Depois de deixar o marido, Muriel candidatou-se a um emprego numa escola anglicana dirigida por freiras. A madre superiora afeiçoou-se muito a ela, especialmente por sua "pele clara e seus dourados cabelos". Em sua segunda entrevista – foram quatro ao todo – a freira disse-lhe que teria uma vaga para ela. "Olhe bem", disse a freira, "o problema dessa guerra são os judeus. Precisamos de mais gente como você." Ela continuou por muito tempo a falar sobre os judeus e sobre quão certo estava Hitler. Muriel deixou que ela falasse, intrigada em saber aonde ela chegaria. Mas antes da quarta entrevista, revelou-se a ela:

– É claro que sou judia.
Ela disse: – Não é.
Eu disse: – Não é o quê?.
Ela disse: – O que você *acabou* de dizer.
Eu peguei minha pele clara e minhas louras madeixas e saí dali.

Apesar das advertências sobre os perigos e as privações, Muriel desejava ansiosamente retornar à Inglaterra antes que a guerra acabasse. Finalmente, em fevereiro de 1944, ela encontrou vaga num navio que transportava tropas militares. A ela e às aproximadamente outras trinta mulheres que embarcaram no mesmo navio disseram-lhes que não se despissem para dormir e que vestissem calças pretas. Roupas escuras – um regulamento impresso informava-lhes – eram aconselháveis no caso de o barco ser torpedeado: tubarões tendem a passar despercebidos por roupas escuras. "Estou certa", ela escreve, "de que isso era uma brincadeira de refeitório."

Após visitar a família em Edimburgo, Spark foi a Londres procurar emprego. Hospedou-se no Helena Club, fundado por uma filha da Rainha Vitória e destinado a "Garotas de Boas Famílias de Modestos Recursos, Que São Obrigadas a Procurar um Trabalho em Londres". Essa foi, é claro, a inspiração para o May of Teck Club, cenário de *The Girls of Slender Means* (1963), um dos livros mais engraçados de Spark. Recordando acontecimentos de 1945, quando "todas as boas pessoas da Inglaterra eram pobres, com algumas exceções", o livro espreita a vida de meia dúzia de garotas vivendo nesse clube. "Segundo a concepção que elas tinham de si mesmas, em graus diferentes, poucas pessoas vivas àquela época eram mais agradáveis, mais engenhosas, mais comoventemente amáveis e, como podia acontecer, mais selvagens que as garotas de recursos escassos."

Spark conseguiu um ótimo emprego nas Relações Exteriores depois que uma mulher na agência de empregos notou que ela estava lendo um romance escrito por uma de suas escritoras prediletas, Ivy Compton-Burnett. Spark tornou-se secretária na mesma divisão da inteligência militar em que trabalhou Ian Fleming. O trabalho deles era guerra psicológica ou "propaganda negra". "Propaganda negra", ela explica,

> era distinta daquela espécie de propaganda branca da BBC. A negra assumia a posição de que nós éramos alemães leais devotados ao Führer. A partir desse ponto de vista, as notícias eram apresentadas de uma maneira tal que os alemães tinham a impressão de que estavam escutando a uma estação de rádio alemã. Isso era uma camuflagem para uma sutil e implacável propaganda antinazista.

Ela conclui dizendo que aquilo era uma "verdade minuciosa com mentiras acreditáveis" – uma frase que, com as devidas adaptações, poderia servir como uma descrição para a própria técnica de Spark como escritora.

Depois da guerra, Spark trabalhou primeiro como editora e escritora numa revista trimestral chamada *The Argentor*, a publicação oficial da Associação Nacional dos Joalheiros. Em 1947, ela tornou-se editora do *Poetry Review*, o periódico da Poetry Society, onde permaneceu até 1949. Foi um emprego difícil. Spark aceitou-o em parte porque lhe haviam prometido um apartamento. Ela nunca o recebeu. O que ganhou foi a permanente inimizade de alguns membros da Poetry Society que não conseguiam compreender por que ela hesitava em publicar as efusões poéticas deles. Entre eles estava

Robert Armstrong, "um colega física e moralmente pervertido, baixo e sombrio" que pertencia ao comitê executivo da sociedade. Spark publicou um poema dele que havia sido aceito pelo antigo editor, mas ela se esqueceu de mencionar o nome dele na capa. Isso o levou a lhe escrever uma afrontosa carta em seu papel timbrado, H. M. Inspetor de Taxas, Distrito de Willesdon. Seguiu-se ao episódio uma batalha que só foi terminar com o afastamento de Spark do *Poetry Review*.

Spark reserva sua mais saborosa malícia para outra oponente de suas inovações na Poetry Society, a Dra. Marie Stopes. Famosa por suas atividades proselitistas na defesa do controle de natalidade, Stopes abominava qualquer sinal de experimentação no domínio da poesia. Ela logo se tornou uma inimiga mordaz de Spark e fez uma terrível campanha para tirar-lhe o cargo de editora. Stopes frequentemente liderava reuniões da sociedade, "literalmente agitando os braços e fazendo pronunciamentos inflamados e enfurecidos". Entre outras coisas, ela escreveu perguntando se era verdade que o marido de Spark havia se divorciado dela. A resposta de Spark começa assim: "Recebi sua carta afrontosamente descarada. [...] Meus assuntos particulares não lhe dizem respeito e seu malicioso interesse por eles parece-me doentio". Spark reconheceu com vigor o benefício da defesa profilática de Stopes. Depois, eviscerou-a. "Eu conheci [Stopes] em uma de nossas reuniões e desde a primeira vez que a vi sabia que ela tinha uma tremenda aversão a mim. Eu era jovem e bela e ela havia sucumbido por completo à lei da gravidade, e não havia tentado fazer nada a respeito." Spark conclui, nostálgica: "Eu achava lamentável que não tivesse ocorrido à mãe dela, e não a ela, pensar em controle de natalidade".[3]

---

[3] Spark foi bastante gentil com Marie Stopes. A torpe pergunta de Stopes sobre Spark ter-se divorciado foi particularmente irônica. Como o filósofo David Stove mostra em *O Pioneers!...*, um ensaio sobre Stopes e Margaret Sanger, outra profetisa da contracepção, Stopes, embora acreditasse ser um instrumento da Vontade Divina, dificilmente representou um modelo

Depois de deixar a Poetry Society, Spark deu início a uma revista – de vida curta – intitulada *Forum*, que contava com o auxílio financeiro de alguns amigos. Em 1950, ela escreveu seu estudo sobre Mary Shelley – hoje um assunto abordado à exaustão, mas, àquela época, bastante fora do comum. Ela encontrou-se com John Masefield e o entrevistou, além de escrever sobre ele; e começou uma agitada parceria com Derek Stanford. Ela estava escrevendo muita poesia, mas frequentemente se via anotando a palavra "devolvido" no registro que ela usava como controle das publicações às quais havia submetido trabalhos seus. Obteve seu primeiro sucesso notável em 1951, quando *The Seraph and the Zambesi* ganhou o primeiro prêmio num concurso promovido pelo *The Observer*, o qual teve mais de 6.700 obras inscritas. Os juízes foram David Astor, editor do jornal, Philip Toynbee e Terence Kilmartin. O primeiro prêmio era a então generosa quantia de 250 libras. Ela deu 50 libras a seu filho por seu *bar mitzvah* e outras 50 libras deu a Derek Stanford, ilustrando assim o preceito de que nenhum ato bom fica impune. Ela comprou para si um vestido de veludo azul e a coleção completa de *À la Recherche du Temps Perdu*.

The Seraph and the Zambesi foi um sucesso importante. Mas não trouxe estabilidade financeira. Em certo momento dos anos 1950, Spark tinha apenas um vestido, e seus sapatos tinham buracos. Em 1954, como resultado de subnutrição e do consumo exagerado de

---

de fidelidade conjugal. Quando seu marido perdeu quase todo o dinheiro durante a Depressão, ela não pensou duas vezes antes de expulsá-lo de Norbury Park, sua linda propriedade do século XVIII. "Ela redigiu um documento (escreveu-o como se fosse o marido quem o tivesse feito) que estabelecia que ele se comprometia [...] a não interferir de forma alguma na liberdade sexual dela. Ela o ameaçou até que assinasse o documento e aceitasse doravante manter-se longe de Norbury Park. Ele foi obrigado a viver sozinho num cômodo em Londres, onde morreu. Essa é a mesma Marie entristecida, que escreveu um pequeno poema sobre o ocorrido, lastimando a falta de um lar."

dextroanfetamina, ela ficou doente e passou a ter leves alucinações. Graham Greene, que se tornara um ávido admirador de sua obra, ofereceu-se a dar-lhe vinte libras por mês até que ela se recuperasse.

As alucinações, contudo, revelaram-se uma dádiva de Deus. Elas constituíram a inspiração para seu primeiro romance, *The Comforters* (escrito em 1955, mas publicado apenas em 1957), no qual a narradora ouve vozes e acredita ser ela mesma um personagem do romance que está escrevendo. Evelyn Waugh, notando a similaridade entre *The Comforters* e seu livro *A Provação de Gilbert Pinfold* (também publicado em 1957), cumulou a obra de elogios em sua resenha: "Fiquei perplexo porque o ensaio da Srta. Spark era muito mais ambicioso e muito mais bem feito".

Em 1º de maio de 1954, Spark foi acolhida pela Igreja Católica em Ealing. Naturalmente, a conversão de Spark desperta recorrentes questões. Ela conta que, quando jovem, não tinha "nenhuma religião específica, mas somente um forte sentimento religioso". Que experiências, malogros e convicções – que terrores, que alegrias – levaram essa enérgica mulher meio presbiteriana, meio judia a converter-se à fé católica aos trinta e poucos anos? A sobrecapa da edição inglesa de *Curriculum Vitae* promete uma resposta de Spark para a questão. No caso, o que ela nos dá é um parágrafo ou outro nas últimas páginas do livro. Que dizer? Spark é tão esclarecedora quanto poderia ser alguém que não é nada esclarecedor. Ela conta o cardápio, mas não tenta descrever a refeição. Talvez isso seja tudo o que se possa esperar de qualquer coisa a que falte uma *apologia* espiritual. Ela escreve que uma experiência que a impeliu nessa direção foi a imersão nos escritos de John Henry Newman em 1953. Estes figuram de maneira ambígua em alguns dos romances de Spark, especialmente em *Loitering with Intent*. Mas ela não revela *o que* exatamente Newman disse ou argumentou que a fez balançar. Eis o que Spark nos conta:

> Quando me perguntam sobre minha conversão, por que me tornei católica, eu só posso dizer que a resposta é muito fácil e muito difícil.

A explicação elementar é que senti que a fé católica romana correspondia àquilo que eu sempre sentira e conhecera e acreditara; não houve uma revelação extraordinária no meu caso. A explicação mais difícil envolveria a construção, passo a passo, de uma convicção; como o próprio Newman frisou quando perguntado sobre sua conversão, não era uma coisa que alguém poderia expor "entre a sopa e o peixe" numa ceia. "Deixai que eles passem pela agitação por que eu passei", dizia Newman. Na verdade, a qualidade existencial de uma experiência religiosa não pode simplesmente ser sumarizada em termos gerais.

É verdade. Mas, de qualquer maneira, é comum as pessoas quererem um detalhe ou outro sobre as opiniões que ajudaram a construir sua certeza, alguma amostra, algum exemplo daquela "qualidade existencial" que ela tinha em mente. Afinal de contas, Newman deu-nos a *Apologia pro Vita Sua*. Temos alguns indícios nos romances de Spark, é certo. Mas obras de ficção não são a mesma coisa que uma declaração feita *in propria persona*.

De todo modo, as convicções religiosas de Spark desempenharam um papel importante — e um tanto elusivo — em sua ficção. Pode-se dizer que elas formam o núcleo ou centro invisível de sua obra. Isso contribuiu a dar profundidade e complexidade psicológica a sua ficção, mas também pode ter reforçado o caráter "sobrenatural" perturbador que muitas das obras apresentam. Aristóteles aconselhou o poeta a preferir impossibilidades prováveis às improváveis. É uma pergunta ainda sem resposta se as impossibilidades de Spark foram sempre convenientemente "prováveis". Mas *Curriculum Vitae* mais uma vez nos lembra de que ela era uma fiel adepta de outro dos ditos de Aristóteles: "A perfeição do estilo está em ser claro sem ser raso".

Capítulo 7 | As Qualidades de Robert Musil

"Então, por que não somos realistas?", Ulrich perguntou-se. Nenhum dos dois era, nem ele, nem ela: as ideias e a conduta não deixavam dúvida quanto a isso; mas eles eram niilistas e ativistas, às vezes um, às vezes o outro, o que calhasse de vir à tona.
– *Robert Musil,* O Homem sem Qualidades

No domínio da estética, [...] até a imperfeição e a falta de acabamento têm seu valor.
– *Robert Musil, Address at the Memorial Service for Rilke in Berlin*

O romancista austríaco Robert Musil (1880-1942) ocupa uma posição peculiar no panteão dos grandes escritores do século XX. Ele é admirado pelos literatos por uma série de ficções modernistas cáusticas, especialmente por seu primeiro romance, *O Jovem Törless*. Essa narrativa brutal, mas sedutoramente introspectiva, sobre crueldade juvenil e exploração sexual num internato militar alemão foi publicada em 1906, quando Musil tinha apenas 26 anos, e foi imediatamente aclamada pela crítica. Mais tarde, nas décadas de 1930 e 1940, *Törless* foi saudado como uma alegoria presciente das deformações espirituais da era nazista. A peça de Musil *Os Entusiastas*, de 1921, explora um tema estimado pelos modernos: o colapso dos ideais tradicionais da burguesia; a linguagem tensa e a dramatização intensa angariaram-lhe o Prêmio Kleist em 1923 e, consequentemente, um lugar de destaque no repertório teatral alemão. *Três Mulheres*, de 1924, uma célebre trilogia, perscruta a relação entre o erotismo (geralmente infeliz) e a transcendência – um dos temas fundamentais em Musil.

Há ainda os ensaios de Musil, alguns dos quais são obras-primas de irônica crítica cultural. *Da Estupidez*, uma conferência que Musil proferiu em Viena em 1937, merece menção especial por sua destacada relevância contemporânea. Particularmente pertinente é sua desmoralizante análise da "forma elevada e pretensiosa de estupidez", que, na opinião de Musil, constituía a "verdadeira doença da cultura", a qual se infiltra até mesmo nas "mais altas esferas intelectuais" e tem repercussões por toda a sociedade. "Os exemplos", ele nota friamente, "são demasiado espalhafatosos." E de fato são. Por fim, alguns de seus textos curtos em prosa, reunidos em *Nachlass zu Lebzeiten* [Obras Póstumas Publicadas em Vida], de 1936, são comparáveis às fábulas de Kafka por seu vertiginoso humor e sua capacidade enigmática de causar arrepios.

As obras completas de Musil (cuja edição alemã conta atualmente com nove volumes) têm seus partidários e admiradores. Mas para a maioria de nós, Robert Musil é antes de tudo, e principalmente, o autor de *O Homem sem Qualidades*, livro em que se mesclam os grandes temas de suas obras anteriores, formando uma tapeçaria romanesca de humor, complexidade e inteligência extraordinários.

Cabe destacar o humor. *O Homem sem Qualidades*, livro ao qual Musil deve seu prestígio, é geralmente citado ao lado do *Ulisses* de Joyce, de *Em Busca do Tempo Perdido* de Proust, de *A Montanha Mágica* de Thomas Mann e de *Os Sonâmbulos* de Hermann Broch como um triunfo do modernismo. Como os demais romances, *O Homem sem Qualidades* é uma obra de densa gravidade e profunda erudição. É também, em certas partes, um livro excepcionalmente engraçado. Poucos leitores que não nutrem qualquer simpatia pela escrita de Musil serão capazes de ler o livro sem dar sonoras risadas, ao menos enquanto estiverem no primeiro volume. O que quer que se diga a respeito do livro, *O Homem sem Qualidades* mantém-se como uma das grandes obras satíricas da modernidade.

Ambientado na Viena em 1913, ele retrata um mundo à beira do precipício – o precipício moral, cultural e político que levaria ao abismo da Primeira Guerra Mundial, no ano seguinte. Mas acontece que, nas mãos de Musil, peregrinações à beira da catástrofe são tão engraçadas quanto pungentes. E o homem sem qualidades de Musil – Ulrich, um matemático talentoso e de boa família, mas amoral e concupiscente – é um dos mais sedutores anti-heróis cômicos da ficção moderna.

Não é preciso dizer que *O Homem sem Qualidades* é um livro, ou um conjunto de livros, peculiar. Como os demais romances que acabamos de mencionar, ele é monumental – em sua ambição literária, em sua sofisticação intelectual e, não menos, em seu tamanho. Como afirmou o Dr. Johnson sobre o *Paraíso Perdido*, certamente "ninguém desejaria que fosse maior do que de fato é". Musil começou a trabalhar em *O Homem sem Qualidades* em 1924. Publicou o primeiro volume – alguns milhares de páginas – em 1930, e a primeira parte do segundo volume, em 1933, ganhando então o Prêmio Goethe desse ano.

Pressionado por seu editor, que lhe vinha adiantando dinheiro regularmente havia muitos anos, Musil, embora relutante, começou a preparar a segunda parte do segundo volume para publicação no final dos anos 1930. A essa altura, Musil e sua esposa, uma pintora cujos pais eram judeus assimilados, viviam com penúria na Suíça, exilados por conta do nazismo. Um enérgico (para não dizer fanático) "reescritor" – na verdade, um escritor perfeccionista –, Musil tomou as provas de prelo do impressor e pôs-se a reescrever a obra extensivamente quando, em abril de 1942, aos 62 anos, sofreu um súbito colapso resultante de uma hemorragia cerebral e morreu. Aparentemente, ele sucumbiu enquanto fazia sua ginástica matinal (outra atividade à qual era fanaticamente devotado). De acordo com a viúva, que o encontrou algum tempo depois, a expressão em seu rosto era a de "escárnio e leve perplexidade".

Nós de fato não fazemos ideia de como Musil pretendia finalizar *O Homem sem Qualidades*. Provavelmente, a última seção receberia o título *Uma Espécie de Final* para espelhar a sequência de abertura, intitulada *Uma Espécie de Introdução*. Certa vez ele disse que queria concluir o livro no meio de uma frase, com uma vírgula. Seja como for, além dos vinte capítulos numa prova de prelo corrigida pela metade, existem ainda dúzias de capítulos rascunhados, assim como um grande número de notas, esboços de personagens, capítulos alternativos e uma miscelânea de apontamentos relacionados ao livro. A viúva de Musil publicou a segunda parte do segundo volume em 1943. A edição "completa" alemã desse romance incompleto foi publicada em 1951.

A primeira tradução para o inglês de *O Homem sem Qualidades* foi realizada por Eithne Wilkins e Ernst Kaiser, que também colaboraram nas traduções do *Törless* e de alguns contos de Musil. Publicada em três volumes, de 1954 a 1960, essa edição incluía tudo o que Musil havia publicado do romance ainda em vida (ou seja, todo o primeiro volume e os primeiros 38 capítulos do segundo). Planejava-se um quarto volume, que conteria os capítulos e as notas publicados postumamente. Embora incompleta, a tradução de Wilkins-Kaiser perdura como uma sólida introdução a *O Homem sem Qualidades*: a tradução é fluente, e o ensaio introdutório apresenta um excelente resumo da carreira de Musil.

Uma vantagem da tradução mais recente do livro, assinada por Sophie Wilkins e Burton Pike (Knopf, 1995), publicada em dois volumes, é que ela contém os capítulos publicados postumamente. Ela inclui também várias centenas de páginas de notas feitas por Musil, esboços e versões alternativas de capítulos. Embora algo desse material possa interessar os leitores do romance (não da mesma maneira que atrairia os que preferem dissecá-lo), em grande parte ele chama a atenção apenas dos especialistas em Musil. Deve-se notar também que amontoar todo esse material em somente dois volumes inchou o segundo volume, que adquiriu as proporções dilatadas de um catálogo telefônico. Isso é uma pena, não só por tornar o livro difícil de manusear, mas também porque desmereceu a vistosa e elegante sobrecapa que o editor lhe deu.

Num posfácio, Burton Pike diz-nos que "a intenção do tradutor era que a leitura do romance chocasse o leitor inglês do mesmo modo como chocou o leitor alemão". Ele e sua cotradutora produziram uma versão do romance que, no geral, é um pouco mais literal do que a anterior; se proporciona uma leitura tão agradável quanto a primeira, isso já é outra questão. Trata-se provavelmente de uma precisão maior traduzir *Haus und Wohnung des Mannes ohne Eigenschaften* por *Casa e Lar do Homem Sem Qualidades* (Wilkins-Pike) em vez de por *Residência do Homem Sem Qualidades* (Wilkins-Kaiser); ou *Ein Leichter Geruch Von Verbranntem Pferdehaar* por *Um Cheiro de Crina Queimada* (W-P) em vez de *Um Fraco Odor de Enxofre* (W-K) – embora a presença do demônio na oração anterior leve a pensar que há seguramente algo que possa cheirar a "enxofre".

De todo modo, há outras soluções na nova tradução que são um pouco mais dúbias. Por exemplo, Wilkins-Kaiser traduziu a segunda parte do primeiro volume, *Seinesgleichen Geschieht* por *Algo Semelhante Acontece Agora*. No mínimo, essa opção tem a vantagem de apresentar razoável precisão e fidelidade com relação ao original alemão. A alternativa de Wilkins-Pike é *Prevalece a Pseudorrealidade*. É fato que isso pode satisfazer a ambição do Sr. Pike de "chocar o leitor". O problema é que isso chocaria também o autor: presumo que, se Musil quisesse um *Prevalece a Pseudorrealidade* como título, ele o teria escrito.

Não é que traduzir Musil seja uma tarefa fácil. Na verdade, nada em Musil é fácil. Há alguns anos, ao escrever sobre *O Jovem Törless*, o crítico John Simon notou que tudo o que Musil tocava "era ou tornava-se difícil. Simplicidade não era para ele: nem no estilo, nem no pensamento, nem na vida". Para os leitores de uma tradução inglesa da *magnum opus* de Musil, as dificuldades começam já no título do livro. Pois, embora *Eigenschaften* possa significar *qualities* [qualidades], a palavra carrega consigo uma penumbra de associações que nenhuma palavra inglesa[1] consegue encerrar. *Qualities* [qualidades], *properties* [propriedades], *attributes* [atributos] – *Eigenschaften* pode significar qualquer uma dessas coisas, ou todas elas. Mas sugere algo mais. *Eigen* é a palavra alemã para *próprio*, como em *para o próprio uso*. Portanto, *eigen* em *Eigenschaften* insinua um sentido de autodomínio que não fica explícito nas aproximações em língua inglesa. Falar em um homem sem *Eigenschaften*, por conseguinte, não corresponde tanto a negar que ele apresente quaisquer qualidades definidas, mas antes sugere que, quaisquer que sejam as qualidades que ele apresente, elas não são de fato *dele*. Não ter *Eigenschaften*, nesse sentido, é não ter personalidade – aquele resíduo de identidade que faz de nós o que somos –, embora não ter personalidade não signifique ser anônimo. Como Ulrich confessa para si mesmo, "ele era, afinal, um personagem, embora não tivesse personalidade".

Para os leitores habituados a opor as pretensões da ciência às da arte, parte do que torna Musil difícil é a forma como ele complica o impulso romântico para defender a arte como um tipo de fuga ou redenção das intragáveis verdades científicas. Adiante, direi mais sobre esse assunto – um tema-chave em O *Homem sem Qualidades*. Mas por ora basta saber que Musil tinha uma propensão à ciência, por temperamento e por treinamento (ou talvez por temperamento por causa do treinamento). Não é à toa que *Genauigkeit* [precisão, acurácia, exatidão] era uma de suas palavras prediletas. E Musil era *genau* em tudo: no modo de vestir, no discurso, em seus hábitos, no comportamento intelectual. Como ele apontou em um ensaio: "Se quero ter uma visão de mundo, então preciso ver o mundo. Ou seja, preciso estabelecer os fatos".

Musil nutria grande respeito pelos fatos e pelos procedimentos da ciência concebidos para obtê-los. Sua educação foi primeiramente técnica, não literária. Filho único do engenheiro Conselheiro Alfred Edler von Musil, Robert foi mandado muito jovem para a escola

---

[1] A mesma limitação ocorre com a língua portuguesa. (N. T.)

militar, primeiro em Eisenstadt, depois em Weisskirchen, a última tendo lhe servido de inspiração para a sinistra instituição que Musil retratou em *Törless*. Quando mais tarde lhe perguntaram se sua escola inspirara a "W." de *Törless*, Musil riu e disse que a escola fictícia não era nada comparada à realidade.

Em 1897, ano em que ele começou a escrever a sério, Musil foi estudar engenharia civil. Ele obteve um diploma da Universidade Técnica de Brno em 1901, e, depois de cumprir o serviço militar, passou um ano trabalhando em laboratórios de engenharia em Stuttgart. Ele foi, então, para Berlim, onde estudou psicologia, lógica e filosofia (o lúgubre Maurice Maeterlinck e, mais tarde, Emerson e Nietzsche foram influências de particular importância). Seu doutorado, orientado por Karl Stumpf, foi sobre a epistemologia do grande físico e filósofo austríaco Ernst Mach (1838-1916), de quem William James certa vez disse que parecia ter lido tudo e pensado sobre tudo. E, embora Musil tenha-se decidido a não seguir carreira acadêmica, ele continuou profundamente interessado na ciência empírica. Ele foi também uma espécie de inventor. Logo inventou um cromatômetro. Esse dispositivo, uma versão precoce daquele inventado por Newton, decompõe todas as cores do espectro em branco – uma invenção bastante apropriada, como observou um comentador, para o autor de um livro chamado *O Homem sem Qualidades*.

Mas o retrato do Robert Musil técnico obviamente não é tudo. Se Musil era filho de um engenheiro, era também filho de uma mãe tempestuosa e inclinada às artes, Hermine. Foi um menino introvertido, que estava sempre doente, mas também era provocador e – no jardim de infância – um bom pugilista. Apesar de ter sido batizado católico, seus pais eram secularistas veementes e Robert cresceu sem qualquer instrução religiosa. Entretanto, mais tarde Musil desenvolveu um intenso interesse "de intruso" por religião. Em algum lugar, ele descreve Ulrich como "uma pessoa religiosa, mas que simplesmente não acredita em nada no momento" – o que não seria uma má definição do próprio Musil –, e ornamenta o segundo volume de *O Homem sem Qualidades* com citações de vários clássicos da literatura mística.

A vida familiar de Musil era bastante complicada. Aparentemente com a condescendência de seu marido, Hermine mantinha uma espécie de *ménage à trois* com um tal Heinrich Reiter, que conheceu a família em 1881, pouco depois de Robert ter nascido. Ao crescer, Musil naturalmente passou a guardar rancor de Reiter e a desprezar o pai. Para com a mãe, ele parece ter nutrido um misto de indiferença e desdém. Em vista das notáveis habilidades dela como pianista amadora, o desdém cresceu em Musil sob a forma de uma singular hostilidade com relação à música, que se manifestou em sua vida adulta; sua indiferença parece ter sido correspondida por ambos os pais.

A imoralidade erótica na família Musil mais tarde repercutiu na ficção de Robert – assim como ocorreu com uma tragédia precoce. A única irmã de Musil, Elsa, morreu ainda criança, antes mesmo de ele nascer. Conquanto não a tenha conhecido, a imagem da irmã perdida assombrou-o como a encarnação de uma unidade e de uma totalidade inalcançáveis: um alter ego ou "outra metade", tal qual descrito por Aristófanes em seu famoso discurso sobre a natureza do amor no *O Banquete* de Platão. Ela retornaria como Ágata, a "irmã esquecida" de Ulrich, no segundo volume de *O Homem sem Qualidades*.

Também é necessário compreender que Musil, nascido em 1880 em Klagenfurth, sul da Áustria, foi um produto da tensa atmosfera da Viena *fin-de-siècle*. Essa era uma atmosfera na qual, como o historiador Carl Schorske formulou, "a costumeira cultura moralista da burguesia europeia fora [...] revestida e debilitada por uma amoral *Gefühlskultur* [cultura sentimental]". Como Schorske apontou, essa revolução na sensibilidade teve como consequência uma crise de moralidade – Hermann Broch chamou isso de "vácuo de valores" – que rapidamente precipitou uma crise na vida cultural e política liberal *tout court*. "A consequência foi um narcisismo e uma hipertrofia da vida do sentimento", continuou Schorske.

A ameaça dos movimentos políticos de massa infundiu nova intensidade a essa tendência já existente, ao enfraquecer a tradicional confiança liberal em seu próprio legado de racionalidade, lei moral e progresso. A arte transformou-se, passou de ornamento a essência, de expressão de valor a fonte de valor.

Essas transformações serviram de catalisadores para o desastre. Os recursos da civilização – epitomizados pela fé na racionalidade, na lei moral e no progresso que Schorske menciona – foram esvaziados de dentro para fora; e, aliviados do peso, eles logo perderam a capacidade de resistir à selvageria do sentimento – sentimento estético, sexual, social, político – que se precipitou a preencher o vazio espiritual dos tempos. Como os marxistas costumavam dizer, não foi "por acaso" que o nazismo e outros movimentos extremados tiveram início nesse ambiente entorpecente. Musil expôs a questão nos termos do sistema de créditos:

> No amor, como nos negócios, na ciência, como no salto em distância, para vencer e pontuar é preciso, antes, acreditar; como poderia ser diferente na vida como um todo? Por mais bem alicerçada que possa estar uma ordem, ela sempre se apoia parcialmente numa fé voluntária, uma fé que, em verdade, sempre assinala o lugar em que começa o novo crescimento, como numa planta; tão logo essa fé inimputável e não garantida seja utilizada, segue-se o colapso. Eras e impérios sucumbem de uma maneira que não difere do sucumbir de um negócio quando este perde seu crédito.

Hugo von Hofmannsthal, contemporâneo de Musil, falou, nesse contexto, de *das Gleitende*: o deslizar do mundo num acesso de sentimentalismo estetizado. Localizar Musil no seio da Viena *fin-de-siècle* não é dizer que ele preferisse sua espiritualidade *mit Schlag*.[2] Em muitos aspectos, ele se havia rebelado vigorosamente contra a *Gefühlskultur* que Schorske evoca; mas em outros aspectos cruciais,

---

[2] Alusão ao típico café com creme vienense, o *Kaffée mit Schlag*.

ele também se rendia a ela. *O Homem sem Qualidades* encerra um registro de ambas as coisas.

Em todo caso, havia algo no contexto e no ambiente em que Musil se inseria que complicava e dilatava ainda mais seu temperamento "técnico". O que ele queria não era somente *Genauigkeit*, mas antes *Genauigkeit und Seele*, "precisão e alma". Rilke (um poeta que nos conduz ao futuro) era o poeta favorito de Musil em grande medida por conta da maneira como ele lutava para resgatar, de um lado, o sentido da dignidade espiritual do homem dos escombros das desacreditadas *Grandes Ideias*, e, de outro, o materialismo grosseiro. O Musil extremamente empírico surge igualmente como um defensor dos valores espirituais em face de duas ameaças: o racionalismo dissecado e o irracionalismo entusiasta. O que equivale a dizer que Musil era, a um só tempo, um partidário da "alma" e um crítico mordaz e muito divertido da "Alma" – em maiúscula e entre aspas.

Na verdade, foi a união entre seu compromisso com a *Genauigkeit* e uma repugnância extrema àquilo que chamaremos de sentimentalismo espiritual o que estimulou suas mais penetrantes observações sobre a situação do homem moderno. Nesse e em outros aspectos, Musil buscava emular o pensador que provavelmente influenciou mais profundamente sua compreensão das questões culturais, Friedrich Nietzsche. De fato, *O Homem sem Qualidades* pode ser visto como uma tentativa de dar continuidade à anatomia nietzschiana do niilismo sob a forma de um romance. Sua grande ambição é diagnosticar e, dessa forma, tratar a "misteriosa" e até mesmo "imponderável" doença de uma época que produz homens sem qualidades.

Em seu ensaio de 1924 sobre Oswald Spengler, Thomas Mann observou que "o ensaio espiritual" ou "romance intelectual" era a principal forma contemporânea de ficção. Seus melhores romances (*A Montanha Mágica*, *Doutor Fausto*) certamente atendem a essa descrição, assim como muitos outros clássicos do modernismo.

Os Sonâmbulos, de Broch, chega a ter um longo ensaio (*A Desintegração dos Valores*, um tópico demasiado musiliano) distribuído ao longo da obra em curtas seções. Contudo, dentre todos esses romances, *O Homem sem Qualidades* foi provavelmente aquele com maior autoconsciência ensaística.

Não é apenas pelo fato de a obra ser lida frequentemente como uma reunião de ensaios, com seus capítulos curtos e digressivos, com suas diversas citações e alusões, com seus títulos de capítulo oblíquos (4. *Se Há um Sentido de Realidade, Também Deve Haver um Sentido de Possibilidade*; 12. *A Dama cujo Amor Ulrich Ganhou Depois de uma Conversa sobre Esportes e Misticismo*; 13. *Um Cavalo de Corrida Genial Cristaliza Nele a Consciência de Ser um Homem sem Qualidades*, etc.). Musil imitou a forma ensaística com o fim de se beneficiar da *autoridade* da asserção sem, contudo, precisar assumir todas as suas responsabilidades.

Embora potencialmente falacioso, esse procedimento oferece ao romancista uma maneira de explorar aquele território nebuloso entre o simples sugestivo, que ultrapassa seu entendimento, e o abertamente ficcional, que parece insuficientemente urgente. Em um artigo de 1914 sobre a forma ensaística, Musil definiu o gênero como "a forma mais estrita possível numa área em que *não* há como trabalhar com precisão". O ensaio, escreveu, "toma sua forma e método da ciência, e seu tema, da arte". No primeiro volume de *O Homem sem Qualidades*, o narrador observa que "um homem que quer a verdade torna-se um estudioso; um homem que quer dar liberdade a sua subjetividade pode tornar-se um escritor; mas o que deveria fazer um homem que quisesse algo entre essas duas coisas?". A resposta imediata é, sem dúvida, a escrita de *O Homem sem Qualidades*.

Na opinião de Musil, a forma ensaística estava profundamente ligada ao tema central de *O Homem sem Qualidades*, a visão estetizada do mundo que resulta de um inflado sentimento de possibilidade. Mais ainda que a maioria dos romances, *O Homem sem Qualidades* foi escrito *sub specie possibilitatis,* sob o aspecto da possibilidade; nele predomina o modo subjuntivo. Ulrich, o homem sem qualidades, é alguém em quem a noção de possibilidade é superdesenvolvida – ou alguém em quem a noção de realidade está em suspensão, o que significa a mesma coisa. Um homem com uma noção ordinária de realidade, explica Musil, mordisca o "anzol" da vida sem ter consciência da linha; mas "um homem com aquele sentido de realidade, que também pode ser chamado sentido de possibilidade, lança uma linha à água sem saber se nela há alguma isca. Sua extraordinária indiferença com relação à vida que morde a isca corresponde ao risco que ele corre ao fazer coisas absolutamente excêntricas.

A princípio libertador, o triunfo da possibilidade sobre a realidade é, ao final, um convite ao desespero – algo que o próprio Musil parece ter descoberto com Ulrich. Mas o padrão das fugas e interações de Ulrich, especialmente no primeiro volume, pressupõe a supremacia da possibilidade, tal como a forma – e, por fim, a amorfia final – de *O Homem sem Qualidades.* Kierkegaard resumiu os atrativos dessa versão de esteticismo para conhecedores do possível, em seu livro *Ou Isso, ou Aquilo*:

> Uma obra inteiramente acabada não tem qualquer relação com a personalidade poética; no caso de escritos póstumos, por serem inacabados e desconexos, sente-se a necessidade de romancear a personalidade. Escritos póstumos são como uma ruína [...]. A arte, então, tem de produzir artisticamente o mesmo efeito, a mesma aparência de descuido e de acidente, o mesmo voo anacolútico do pensamento; a arte consiste em proporcionar um gozo que na verdade nunca se faz presente, mas que sempre tem um elemento de passado em si, de modo que está presente no passado.

Um dos personagens de Musil reflete: "Um homem sem qualidades não diz *não* à vida; ele diz *ainda não*!".

Embora Musil estivesse enveredando por muitas outras direções nos últimos anos em que trabalhou no livro, as partes que ele de fato publicou estão em grande medida centradas em Ulrich. Nós nunca ficamos sabendo qual é seu sobrenome (o que talvez seja um sintoma de sua falta de qualidades), mas acabamos conhecendo bastante sobre Ulrich. Filho único de um advogado bem-sucedido, com alguns feitos no campo da erudição e pronunciadas tendências ao pedantismo, Ulrich é um desempregado de 32 anos que não sabe o que fazer da vida. Ele é dotado de um grande charme, mas há também algo de repulsivo, e até mesmo de rufianesco, nele. Não é homem "de respeitar direitos a menos que respeite aquele que os possui, o que não é muito frequente". Em seu tempo de escola, o modelo de Ulrich era Napoleão, em parte por causa de sua "admiração natural pelo criminoso", em parte porque seus professores chamavam Napoleão de tirano. "A um tempo apaixonado e desinteressado", Ulrich "nunca teve necessidade daquela manutenção e lubrificação a que costumam chamar exame de consciência."

Antes de a história do romance começar, Ulrich havia feito três tentativas de ser um "grande homem": primeiro, na cavalaria; depois, na engenharia civil, e, finalmente, na matemática. Ele deixou o exército após ter sido repreendido por seduzir a esposa de um arquiduque; abandonou a engenharia depois de concluir que engenheiros tendem a "ter aquele estilo peculiar, afetado, arredio e superficial que não dá para engolir". Por fim, dedicou-se por sua própria conta à matemática, fazendo um trabalho respeitável, porém pouco recompensador. Ulrich parece concordar com o narrador que matemática é "a fonte de uma inteligência maligna que, embora faça do homem o senhor da terra, também o faz escravo de suas máquinas". Contudo, ele ama a matemática, se não por outra razão, pelo "tipo de gente que não a pode suportar".

Ulrich perdeu as esperanças no dia em que viu um cavalo de corrida ser descrito como "um cavalo de corrida genial". Se um cavalo de corrida pode ser um gênio, o que não haverá de acontecer? O que

Ulrich ou Musil teriam pensado da cultura contemporânea, em que a cada segundo um astro do *pop* é aclamado um gênio? Concluindo que "não importa o que você faça, [...] isso não faz a mínima diferença", Ulrich decide tirar licença de sua própria vida pelo período de um ano, com o fim de buscar uma aplicação apropriada para suas habilidades. *O Homem sem Qualidades* é um relato dessas férias de um ano que ele tirou de sua vida.

O sentido básico de confusão de Ulrich está espelhado em sua casa, um pequeno *château* que "era um pouco turvado, como uma fotografia superexposta". Confrontado com a perspectiva de redecorá-lo, ele se vê paralisado diante das infinitas possibilidades que se abrem diante de si. Livre para escolher qualquer estilo, "do assírio ao cubismo",

> ele estava naquele conhecido estado [...] em que ideias incoerentes se difundiam sem um ponto central, tão característico do presente, e cuja estranha aritmética representa uma aleatória proliferação de números sem formar uma unidade. Por fim, ele só podia sonhar com aposentos impraticáveis, aposentos giratórios, aposentos caleidoscópicos, caixas de mudança para a alma, e suas ideias ficavam cada vez mais inconsistentes.

Ulrich nunca chega a descobrir sua vocação, mas eis que surge uma oportunidade quando seu pai consegue para ele uma vaga como secretário honorário de uma campanha nacional para celebrar o septuagésimo jubileu do imperador Franz Josef em 1918. Chamada *Campanha Paralela* porque havia uma campanha similar sendo planejada na Alemanha, esta foi uma dessas iniciativas forjadas cujo objetivo era tudo e nada. Planejada parcialmente como uma forma de expor os alemães (cujo imperador celebraria apenas seu trigésimo jubileu), a *Campanha Paralela* foi muito mais que uma forma de reverenciar Franz Josef. Era para ser uma celebração das Grandes Ideias – paz, patriotismo, cultura: uma efusão "espontânea" de boa vontade vinda das pessoas que seriam orquestradas até o último detalhe. Em resumo, a Campanha Paralela foi o receptáculo perfeito para todos os estilos de idealismo frustrado, beneficência desviada e franco charlatanismo.

Foi também o receptáculo perfeito para o senso de humor cruel de Musil. Quem poderia prever que Kakânia – nome que Musil deu ao Império Austro-Húngaro – iria desaparecer antes de essas celebrações acontecerem? Em 1913, tudo ainda era tão *gemütlich* [aconchegante]...

> Certamente carros já rodaram essas estradas, mas não tantos! A conquista do ar já estava sendo feita aqui também, mas não tão intensamente! Um navio poderia ser enviado à América do Sul ou à Ásia Oriental, mas não com tanta frequência. Não havia ambição pelos mercados mundiais ou pelo poder mundial. Aqui, no centro da Europa, [...] palavras como "colônia" e "ultramar" soavam como algo jamais experimentado e completamente remoto. Havia alguma exibição de luxo, mas de modo algum comparável ao ultrarrefinamento que há na França. As pessoas praticavam esportes, mas não da maneira fanática como fazem os ingleses. Enormes somas de dinheiro eram gastas no exército, mas era apenas o bastante para que mantivesse sua posição como o segundo mais fraco entre as grandes potências.

E contudo até mesmo na aconchegante Kakânia, muitas coisas estranhas estavam acontecendo:

> Homens que antes haviam sido simples dirigentes de pequenas seitas tornaram-se então antigas celebridades; editores e *marchands* ficaram ricos; novos movimentos estão constantemente surgindo; toda a gente vai tanto aos espetáculos acadêmicos quanto aos de vanguarda, e até mesmo aos da vanguarda da vanguarda; as revistas familiares cortaram os cabelos; políticos agora gostam de parecer versados nas artes, e jornais fazem história da literatura. [...] Pessoas que antes não seriam levadas a sério hoje são famosas. A rispidez abrandou-se, a separação se fundiu, os intransigentes fizeram concessões à popularidade, os gostos já formados recaíram em incertezas. Fronteiras outrora bem demarcadas em toda parte tornaram-se obscuras, e uma nova e indefinível habilidade de formar alianças trouxe à tona novas pessoas e novas ideias.

Plus ça change, plus c'est la même chose.[3]

---

[3] "Quanto mais muda, mais continua a mesma coisa." (N. T.)

Ao longo do primeiro volume de O *Homem sem Qualidades*, a Campanha Paralela é o andaime no qual Musil pendura sua narrativa e exibe seu variegado elenco de personagens. Um deles é o banqueiro judeu Leo Fischel, cuja filha Gerda mantém amizade com um grupo de nacionalistas cristãos que

> desprezavam o capitalismo e sustentavam que nenhum judeu jamais provara ser capaz de tornar-se um grande símbolo para a humanidade. Leo Fischel chamava-os de patetas antissemitas e teria-lhes proibido a entrada em sua casa, mas Gerda disse: "Você não entende, papai, eles só falam essas coisas simbolicamente".

Há também as numerosas *inamoratas* de Ulrich como, por exemplo, a ninfomaníaca que ele apelidou de Bonadea – "a boa deusa" – que vemos "esticada de costas no divã, seu ventre maternal na organza branca, respirando livre do espartilho e das fitas; ela chamava essa posição de *refletindo*". Mulher de um homem eminente e mãe de duas crianças, a expressão favorita de Bonadea era "altamente respeitável". "Ela era capaz de pronunciar as palavras *verdade, bondade e beleza* com a mesma frequência e naturalidade com que alguém diz *quinta-feira*." Não é de admirar que V. S. Pritchett tenha descrito a simpatia de Musil como "afável e mortal".

E há ainda a prima de Ulrich, Ermelinda Tuzzi, um motor fundamental da Campanha Paralela. Seu nome real era Hermine (como a mãe de Musil), mas Ulrich a apelida Diótima, como a alta sacerdotisa do amor do *Banquete* de Platão. Diótima, a belíssima e infeliz esposa de um alto funcionário público, fora atraída ao "*batik* metafísico de Maeterlinck", de Novalis, e "acima de tudo àquela indescritível onda de romantismo anêmico e ao anseio por Deus que, por algum tempo, a Era da Máquina fez jorrar como uma expressão de seus próprios receios espirituais e artísticos". Sua contribuição para a Campanha Paralela inclui asserções tais como "a verdadeira Áustria é o mundo inteiro" e "todo sentimento que não é ilimitado não é digno".

Um dos muitos admiradores de Diótima é o Dr. Paul Arnheim, industrial prussiano de riqueza imensurável que era meio judeu e falava cinco idiomas. Sua principal ambição era trazer "ideias às esferas do poder", e escreveu muitos livros e panfletos declarando a união entre "alma e economia". Não é que Arnheim seja um especialista limitado; ao contrário, ele também escreve bastante sobre "séries algébricas, anéis de benzeno, as concepções materialista e universalista da história, apoios de pontes, a evolução da música, a essência do automóvel, Hata 606, a teoria da relatividade, a teoria atômica de Bohr, o processo de solda autógena, a flora do Himalaia, psicanálise, [...] e todas as outras conquistas que impedem uma época eivada delas de produzir seres humanos bons, sãos e íntegros". Parecia tanto a Arnheim quanto a Diótima que eles haviam sido destinados a viver juntos um amor verdadeiro, se não irrealizável. Mas então se revelou que o principal interesse de Arnheim na Campanha Paralela era ganhar o controle sobre os campos de petróleo galegos.

Há outros três personagens que merecem ser mencionados. Os dois primeiros são Walter, amigo de infância de Ulrich, um pianista frustrado, e sua jovem esposa Clarisse, uma mulher frígida, neurótica e destrutivamente malcriada. "Quando tinha quinze anos, [Clarisse] considerava Walter um gênio, pois ela sempre impusera a condição de casar-se somente com um gênio. Ela não poderia deixar que ele a desapontasse nesse ponto." Filha de um pintor reconhecido por seu trabalho em cenografia, Clarisse se rebelou, passando a odiar "tudo quanto fosse voluptuoso na arte". Quando Walter toca Wagner, ela se recusa a dormir com ele, zombando de sua esterilidade artística. Walter é um tipo diferente e mais óbvio de narcisista: "Para ele, o próprio ato de mover seus braços era algo cheio de arrojo espiritual; ou então, ficava entorpecido numa contemplação amorosa de si mesmo". Walter é uma dessas pessoas que, quando jovens, eram promissoras, mas que caíram numa mediocridade cruel depois de mais velhas.

A solução que encontrou para esse problema – ainda uma solução comum entre os extremamente frustrados – foi depositar a culpa por seu próprio fracasso na incorrigível decadência de sua época.

Essa tática tem muitas vantagens. "Em vez de *ele* sentir-se mal e incapaz de trabalhar, agora era *a época* que estava doente, enquanto ele estava bem. Sua vida, que não levara a nada, agora havia sido completamente explicada e justificada numa escala histórica e mundial." Walter já não falava mais sobre "arte contemporânea" ou "arte do futuro", ideias que Clarisse associou a ele desde que ela tinha quinze anos. Agora, ele

> traçaria uma linha em um dado momento – na música, parando em Bach; na literatura, em Stifter; na pintura, em Ingres – e diria que tudo o que viera depois daquilo era floreado, degenerado, sofisticado demais e decadente. E afirmava com veemência cada vez maior que, numa época tão envenenada em suas raízes espirituais como a atual, um artista de fato íntegro deveria abster-se por completo da criação. Mas, embora tais opiniões austeras saíssem de sua boca, ele se traía, pois o que saía de seu quarto quando ele ali se enfurnava era o som da música de Wagner, ou seja, a espécie de música que outrora ele ensinara Clarisse a desprezar, pois que seria o exemplo perfeito de uma era floreada e degenerada, de filisteus, mas à qual agora ele se rendia, como a um veneno espesso, quente e inebriante.

Por fim, há que mencionar o carpinteiro Christian Moosbrugger: um homem corpulento, forte e simplório. Moosbrugger tinha "um rosto marcado por Deus com todos os sinais de bondade", mas ele era, ao mesmo tempo, um insano e pervertido assassino cujo julgamento por ter matado brutalmente uma prostituta forma um dos muitos *leitmotivs* de O Homem sem Qualidades. Se Moosbrugger é mentalmente capaz para ser julgado, essa é uma questão levantada muitas vezes ao longo da narrativa. Talvez não o seja, uma vez que ele tende a considerar seus atos como se "tivessem se empoleirado nele, como pássaros vindos de algum lugar". Embora Musil nunca tenha decidido o destino de Moosbrugger, ou seu exato significado para o romance, está claro que Moosbrugger representa a sombria e involuntária depravação e o irracionalismo pulsando por baixo do otimismo rançoso de Kakânia. "Se o gênero humano pudesse ter um sonho coletivo [*als Ganzes*]", reflete Ulrich, "ele sonharia com Moosbrugger." Ulrich folga em ver Moosbrugger absolvido, e a cada vez mais perturbada Clarisse fica obcecada com ele: "O assassino", ela exclama, "é musical!". Em Moosbrugger, Clarisse pressente a erupção de uma violência transformadora que varreria os detritos de sua existência frustrada e à deriva.

Musil diverte-se bastante fazendo esses personagens contracenarem uns com os outros. Como V. S. Pritchett observou num admirável ensaio de 1962, uma das grandes conquistas de Musil é ter feito tais personagens exóticos serem atraentes como seres humanos. Outra conquista, no primeiro volume, é ter entrelaçado vários temas *ensaísticos* no romance sem deixar emendas visíveis. Como já se observou, um dos mais importantes temas diz respeito ao questionamento nietzschiano do valor – humano, moral – do conhecimento científico. Musil ridiculariza o romantismo de personagens como Diótima, que condena a ciência por desencantar o mundo com seus *fatos*. E ele parece ainda concordar com Ulrich quando explica que "conhecimento é uma conduta, uma paixão. No fundo, uma conduta não permissível: assim como a dipsomania, a mania sexual e a mania homicida, também a compulsão por saber molda um caráter desequilibrado".

Num capítulo fundamental, Musil reflete sobre a "particular predileção do pensamento científico pelas explicações mecânicas, estatísticas e físicas às quais se roubou o coração". Eis a passagem-chave:

> A mentalidade científica encara a bondade apenas como uma forma especial de egoísmo; associa emoções a secreções internas; constata que o ser humano consiste em oito ou nove décimos de água; explica nossa celebrada liberdade moral como um automático subproduto mental do livre-cambismo; reduz a beleza à boa digestão e à boa distribuição dos

tecidos adiposos; coloca reprodução e suicídio em gráficos anuais para mostrar que nossas decisões mais íntimas e pessoais são, na verdade, um comportamento programado; vê uma ligação entre êxtase e doença mental; equipara ânus e boca como aberturas retal e oral de um mesmo tubo – essas ideias, as quais expõem o truque que está por trás da magia das ilusões humanas, sempre podem contar com um tipo de preconceito a favor delas, que as faz passar por impecavelmente científicas.

A racionalidade científica, nesse sentido, não é meramente decepcionante; ela é radicalmente desumanizante. Substitui a textura viva da experiência por um esqueleto de *causas*, *pulsões*, *impulsos* e coisas do tipo. Musil sugere que o enorme poder sobre a natureza que a ciência deu ao homem é apenas parte dessa atração. Psicologicamente, tão importante quanto ele é o poder que ela nos dá de dispensar as *humanas* reivindicações de experiência. Quão libertador é saber que a bondade é apenas mais uma forma de egoísmo! Que a beleza é meramente uma questão de tecido adiposo distribuído de maneira adequada! Que cada inflexão de nossa vida emocional não é nada além do resultado completamente previsível de uma atividade glandular! *Apenas mais uma, meramente, nada além de...* Quão libertadores e quão condescendentes são esses instrumentos de dispensação – mas quão *falsos* para com a nossa experiência.

Musil apresenta a racionalidade científica como uma *tentação* e uma realização, porque ele vê que, nessa visão de mundo, há um convite a esquecer a humanidade. É esse aspecto prometeico da ciência que a relaciona com a maldade. O sentimento de que "nada na vida é digno de nossa confiança a menos que seja absolutamente seguro", Musil escreve, é um "sentimento básico incrustado na sobriedade da ciência; e, embora nós sejamos respeitáveis demais para chamar isso de Demônio, é fato que, ainda assim, cinge-lhe um fraco odor de enxofre".

Ao mesmo tempo, contudo, Musil jamais chega seriamente a tomar partido do ataque romântico à ciência. Ele já havia lembrado seus leitores de que

> Não se pode esquecer que a disposição mental científica é mais voltada para Deus que a mentalidade estética. A primeira estaria pronta a submeter-se a Ele no momento em que Ele concedesse revelar-se nas condições que eles mesmos lhe prescrevessem, ao passo que nossos estetas, se confrontados com uma manifestação dEle, se limitariam a achar que Seu talento não é original o bastante e que Sua visão de mundo não é inteligível o bastante para o colocarem no mesmo patamar dos talentos realmente abençoados por Deus.

As reflexões de Musil sobre o sentido moral da racionalidade científica são excepcionalmente sutis e reveladoras. Especialmente impressionante é a forma como ele tece essas reflexões em sua narrativa, ajustando sua ressonância e implicação a cada personagem em particular e, por fim, mostrando como a paixão pela razão não foi capaz de salvar Kakânia da imensa irracionalidade que estava prestes a tragá-la.

O primeiro volume termina depois de Ulrich propor o estabelecimento de um Secretariado Geral para a Exatidão e para a Alma, proposta que – como era de prever – é rejeitada pelos organizadores da Campanha Paralela. As maquinações da Campanha começam então a desaparecer na trama, e a história de Ulrich e de sua irmã Ágata passa ao primeiro plano. (Como muitas das personagens femininas centrais, o nome Ágata é significante: ele vem do grego *agathos* [o bom], isto é, aquilo a que aspiramos.) Juntos depois de uma separação de muitos anos, por ocasião da morte do pai, os irmãos se redescobrem. O tom do livro muda substancialmente: cessa o tom enérgico e satírico do primeiro volume. Pode ser que isso se deva em parte aos elementos sombrios da vida de Musil. Desde a metade dos anos 1920 a condição financeira de Musil havia sido precária; sua condição psicológica progressivamente seguiu o mesmo rumo. Em 1929, um ano antes de o primeiro volume de *O Homem sem Qualidades* ser publicado, ele sofreu um colapso nervoso. Amigos criaram uma Sociedade Musil para ajudar o romancista, mas ele jamais recobrou sua segurança financeira. Em 1933, ele e Martha deixaram a Alemanha e foram para Viena quando Hitler chegou ao poder. Em 1938, saíram de lá rumo à Suíça, uma vez que o Anschluss entregou a Áustria nas mãos de Hitler. Nesse meio-tempo, em 1936, Musil sofreu um derrame, mas não demorou a recuperar-se e estar novamente habilitado para trabalhar.

As últimas porções de O Homem sem Qualidades têm seus admiradores. Mas a muitos elas parecerão demasiado lentas. As longas conversas entre Ulrich e Ágata e as detalhadas ruminações sobre vários textos religiosos são extremamente estáticas. Há muitos episódios alentadores e comentários esclarecedores ao longo das páginas, mas o fato é que as páginas se acumulam e o romance não consegue recuperar sua força. Isso é uma pena, pois Musil seguramente investiu muito na história de Ulrich e Ágata. Há inclusive alguns indícios de que ele considerava a história do relacionamento dos dois o ponto focal do livro: quando começou a escrever o romance, na metade dos anos 1920, o título da obra era *A Irmã Gêmea*. Assusta-nos pensar nos milhares de páginas do primeiro volume de O Homem sem Qualidades como um prolegômeno, mas é o que são. Infelizmente, esse é o caso em que a aspiração não chegou a tornar-se realização. Como o próprio Musil admite numa nota, "o primeiro volume se encerra aproximadamente no ponto alto de um arco; do outro lado, ele não tem sustentação".

Assinala-se com frequência que, no fundo, Musil era uma espécie de moralista. Assim como seu amado Rilke, ele queria que sua obra comunicasse o imperativo *du mußt dein leben ändern* [Você precisa mudar sua vida]. Ele esperava que o relacionamento entre Ulrich e Ágata pudesse servir de modelo para esse imperativo. E é aí que o investimento de Musil em Nietzsche o trai. O título do segundo volume de O Homem sem Qualidades é *Rumo ao Reino dos Mil Anos: Os Criminosos*. Os criminosos em questão são Ulrich e Ágata. O crime deles, em primeira instância, foi quebrar, ou tentar quebrar, o tradicional código moral da burguesia. Musil sinaliza isso com a sugestão de uma união incestuosa entre eles. Ele esperava que, colocando os irmãos *entre o bem e o mal*, pudesse ilustrar uma forma de vida que transcenderia as muitas deficiências humanas e culturais que ele havia dissecado no primeiro volume. O termo que Musil empregou para designar esse estado de transcendência foi *der andere Zustand* [a outra condição], uma espécie de experiência religiosa estetizada que Musil resume em um ensaio como "a condição do amor, da bondade, da renúncia ao mundo, da contemplação, da visão, de aproximação de Deus, de arrebatamento, de involuntariedade, de meditação", etc. Podem-se rejeitar tais experiências, ele escreveu, uma vez que não deixam marcas por toda parte e não "constituem a medula de nossa moralidade e de nosso idealismo".

> Encontra-se repetidamente a presença de outro mundo, como um sólido fundo de oceano donde recuam as ondas inquietas do mundo ordinário; e na imagem desse mundo não há nem medida nem precisão, nem propósito nem causa: bem e mal simplesmente desaparecem.

A evocação de Musil da "outra condição" é poeticamente atrativa; mas não oferece a transformação existencial que ele procura. Como notou um resenhista de O Homem sem Qualidades, na relação entre Ulrich e Ágata, há a "repetida implicação [...] de que deve haver um modo de ter férias permanentes *na* realidade". Mas a realidade sempre irá se reafirmar, e com a realidade vêm todas as restrições morais *desse lado* do bem e do mal. Num dado momento, Ulrich confidencia: "Acredito que todas as nossas injunções morais são concessões a uma sociedade de selvagens". Na realidade, é somente cuidando de nossas injunções morais que conseguimos nos preservar da selvageria. Estudiosos conjecturam que as últimas palavras que Musil escreveu na manhã em que morreu tenham sido aquelas citadas na epígrafe deste capítulo, em que Ulrich reconhece que ele e Ágata eram niilistas e ativistas, não realistas. Talvez o próprio Musil também estivesse se aproximando dessa compreensão a respeito de si mesmo.

PARTE II

Capítulo 8 | James Fitzjames Stephen *versus* John Stuart Mill

> Os erros mais perniciosos já registrados [...] [foram] meias-verdades tomadas como a totalidade das coisas.
> – *Samuel Taylor Coleridge*, Literary Remains, *1838*

> Desde o inverno de 1821, quando li Bentham pela primeira vez [...] passei a ter o que, em verdade, pode ser chamado de um objetivo na vida: tornar-me um reformador do mundo. Minha concepção a respeito da minha própria felicidade identificou-se completamente com esse objetivo.
> – *John Stuart Mill,* Autobiografia, *1873*

> Uma completa tolerância moral só é possível quando os homens já se tornaram completamente indiferentes uns com relação aos outros, isto é, quando a sociedade está em decadência.
> – *James Fitzjames Stephen,* Liberty, Equality, Fraternity, *1873*

É uma verdade melancólica que argumentos ruins frequentemente prevaleçam sobre bons, e que argumentos muito ruins algumas vezes ganhem um monopólio virtual no tribunal da opinião pública. Em casos extremos, um argumento ruim hipnotiza tanto o público, que sua condição de argumento – um ponto de vista necessariamente restrito, que compete com outros – tende a se dissolver. Ele assume uma aura de inevitabilidade, e parece apresentar não tanto um modo de encarar o mundo, mas o próprio o mundo. Quando isso acontece, alternativas sérias sofrem a desvantagem de ser consideradas meros gestos políticos ou *partidários*, mesmo quando a natureza partidária do argumento triunfante desaparece progressivamente. Em tal caso, a dissensão dessa nova ortodoxia se mostra como a discordância da simples realidade do modo como as coisas são: menos um desafio do que uma perversão.

O liberalismo, em sua definição mais ampla, tem ocupado essa posição invejável por muito tempo. Ele determina não apenas os termos do debate, mas também a atmosfera retórica na qual qualquer debate deve ocorrer. Muitas das suas principais doutrinas – sobretudo, talvez, sua celebração indiscriminada da *inovação* em questões sociais, políticas e morais – são artigos de fé tomados por certos. Não se deixem iludir por qualquer grau de atenção renovada que, de tempos em tempos, possa ser dada à reforma da previdência, ao corte de impostos, aos *valores familiares*, à lei e à ordem, à civilidade ou à prontidão militar. Embora sejam louváveis e muitas vezes necessárias, essas e outras iniciativas corretivas identificadas como *conservadoras* ocorrem hoje em um contexto saturado por hipóteses liberais. Para o bem ou para o mal – sem dúvida de que para o bem e para o mal –, hoje todos nós somos liberais: por meio de contágio, se não por convicção. Como poderia ser de outro modo? Tal como o historiador inglês Maurice Cowling observou em seu livro *Mill and Liberalism* (1963; 1990), já há muito tempo "usar a linguagem liberal é sinônimo de *inteligência*; e rejeitá-la, evidência de *estupidez*". Há muito tal convicção foi elevada a pressuposto fundamental da vida intelectual: um pressuposto tácito que caracteriza todos os aspectos do debate político e moral.

Ninguém foi mais importante para a criação dessa situação do que o tema de estudo de Cowling, John Stuart Mill (1806-1873). Mill não ficaria surpreso em saber que falar tal como ele ensinara alguém a falar – falar em *millanês*, por assim dizer – deveria ser considerado algo inteligente, ao passo que falar de outro modo deveria ser considerado uma estupidez. Ele acreditava em si mesmo; e fez tudo o que estava ao seu alcance para encorajar em outras pessoas essa crença nele. "O partido dos estúpidos": esta era a forma sintética com a qual Mill descrevia os conservadores (apesar de sua admiração por Coleridge). Quem tiver interesse em compreender a natureza do consenso liberal moderno encontrará várias lições no extraordinário sucesso da retórica de Mill e nas doutrinas propagadas por ela. Sobretudo, ela nos dá uma lição sobre o caráter imensamente sedutor inerente a certo tipo de ceticismo moral. Junto com Rousseau, Mill forneceu quase todos os argumentos e boa parte do clima emocional – a textura do sentimento – que definiram a visão de mundo liberal. Seu tipo peculiar de utilitarismo – um bolo feito com hedonismo benthamiano[1] e glaceado com sentimentalismo wordsworthiano[2] – explica parte de seu atrativo: fornece uma receita perfeita para embelezar uma superficialidade programática com uma aura de espiritualidade superficial. É uma receita que provou ser irresistível para os que são apegados ao espetáculo da própria virtude.

Grande parte do apelo exercido por Mill, por outro lado, está em seu *feminismo*. Eu me refiro à sua convicção, apresentada em *A Sujeição das Mulheres* (1869), de que as diferenças entre os sexos são acidentais e que, tal como afirmou Leslie Stephen, "as mulheres poderiam ser transformadas em homens por meio de pequenas mudanças na legislação". Ambos são elementos indispensáveis da poção intoxicante que constitui o liberalismo milliano e que faz com que boa parte do seu pensamento pareça ser tão contemporânea.[3]

Mill foi sem dúvida uma personalidade complexa. Como mostrou a historiadora Gertrude Himmelfarb em *On Liberty and Liberalism: The Case of John Stuart Mill* (1974), o apóstolo do liberalismo radical foi igualado a uma figura mais reservada, o "outro Mill", cujas ideias a respeito dos limites da liberdade estão quase sempre em desacordo

---

[1] Referente a Jeremy Bentham (1748-1832), filósofo e jurista inglês, que, junto com John Stuart Mill e James Mill, difundiu o utilitarismo. (N. T.)

[2] Alusão a William Wordsworth (1770-1850), poeta romântico inglês. (N. T.)

[3] O *feminismo* de Mill ganhou um impulso adicional por causa de sua longa amizade com Harriet Taylor – Sra. John Taylor. Depois da morte de seu marido, Mill casou-se com ela e, depois de sua morte, Mill passou a lisonjeá-la de modo extravagante. É digno de nota que aquilo que o próprio Mill descreveu como seu "elevado" relacionamento com Harriet Taylor aparentemente nunca tenha se consumado.

com as de seu alter ego. Mas o Mill que se importa com a traição do liberalismo é o Mill radical, o Mill de *Sobre a Liberdade*. Mais do que qualquer outra obra, esse breve manifesto fornece as chaves intelectuais e afetivas para a compreensão do sucesso da doutrina de Mill. *Sobre a Liberdade* foi publicado em 1859, coincidentemente no mesmo ano em que foi publicado *A Origem das Espécies*. Tem-se creditado todo tipo de dano moral e religioso ao livro de Darwin. Mas, no final das contas, *Sobre a Liberdade* pode ter causado uma revolução ainda maior no sentimento. O livro contribuiu imensamente para codificar o modo como pensamos, não sobre o mundo exatamente – Mill não era um cientista –, mas sobre o que importa no modo como nos comportamos no mundo.

A primeira coisa a ser dita a respeito de *Sobre a Liberdade* é que se trata de uma obra-prima da polêmica liberal. Suas ideias centrais são como o ar que respiramos: imperceptíveis porque onipresentes. Os argumentos e as declarações de Mill sobre o homem como "ser progressivo", o alcance da autonomia individual, os limites da moral aceitável e da censura legal, a importância da inovação e (talvez sua frase mais famosa) "os experimentos com a vida" são todos familiares, a ponto de se tornarem invisíveis. Do mesmo modo, sua insistência natural na insuficiência do costume, do preconceito e da tradição. Atualmente, as discussões de Mill a respeito desses temas são menos objetos de debate do que de reverência: princípios morais que devem ser pressupostos – e não postos à prova – numa discussão. Como afirmou a Professora Himmelfarb: "Aquilo que Mill propôs como doutrina nova e audaz chegou até nós como verdade óbvia e axiomática".

Mas o sucesso da doutrina de Mill na arena do sentimento público não diz nada sobre a irrefutabilidade de seus argumentos. Em verdade, os argumentos centrais de Mill estão sujeitos a sérias críticas – que desde o início lhe foram feitas. Mas eles se espalharam rapidamente pelo mundo ocidental, consumindo tudo o que se interpusesse em seu caminho. E isso significa, entre outras coisas, que eles exercem uma atração completamente distinta de qualquer mérito intelectual que possam ter. (O que, por sua vez, pode sugerir algo sobre a inerente inconveniência de ser considerado *inteligente* pelos millianos – assim como sobre as possíveis virtudes do que Mill reprovava como sendo *estupidez*.)

Quanto à natureza dos argumentos de Mill, considere-se, por exemplo, seu famoso apelo a favor de *experimentos* morais, sociais e intelectuais. Mill argumenta que, ao longo da história, os autores de tais inovações foram alvo de zombaria, perseguição e opressão; foram ignorados, silenciados, exilados, aprisionados e até mesmo assassinados. Mas, continua Mill, nós devemos cada passo do progresso, tanto intelectual como moral, à ousadia dos inovadores. "Sem eles", escreveu, "a vida humana se tornaria um jogo estagnado. Eles não apenas introduzem coisas boas que não existiam antes; são eles que mantêm vivas aquelas que já existiam." Por conseguinte, inovadores – uma das expressões que Mill utiliza para se referir a esses modelos de perfeição é "seres humanos desenvolvidos" – deveriam não apenas ser tolerados, mas positivamente promovidos como líderes do desenvolvimento futuro.

O filósofo David Stove chamou isso de argumento "Todos Eles Riram de Cristóvão Colombo". Num ensaio perspicaz em seu livro *Cricket Versus Republicanism* (1995), Stove observou que o "argumento de Colombo" (tal como ele o chamou resumidamente) "ganhou o mundo".

> Desde que foi publicado, o argumento foi se tornando dia após dia mais influente. Durante [o processo] de dissolução moral e intelectual do Ocidente no século XX, cada passo dependeu da neutralização dos conservadores, em algum momento crucial, por meio do argumento de Colombo; por meio da alegação dos revolucionários de que qualquer resistência feita a eles é apenas mais um exemplo daquela hostilidade imerecida com a qual inovadores benéficos se depararam com tanta frequência no passado.

O que mais surpreende em relação ao sucesso do argumento de Colombo é que ele depende de premissas que são obviamente defeituosas. A rigor, como nota Stove, uma reflexão momentânea revela que o argumento de Colombo é solapado por uma fraqueza completamente conspícua. Conceda-se que toda mudança para melhor dependeu de alguém que embarcou num novo começo: bem, também foi assim com toda mudança para pior. E, certamente, afirma Stove, tem sido pelo menos igual tanto o número de inovações propostas que "foram ou poderiam ter sido negativas quanto o das que foram ou teriam sido positivas". Isso significa, ao menos, que temos razão tanto para desencorajar inovadores quanto para encorajá-los, especialmente quando suas inovações têm que ver com coisas tão complexas quanto a organização da sociedade.

O triunfo do liberalismo milliano revela que tais objeções foram recebidas com ouvidos moucos. Mas por quê? Por que "inovação", "originalidade", etc. tornaram-se talismãs hipnotizantes que neutralizam a crítica antes mesmo que ela seja formulada, sendo que muito do que é feito em nome da inovação é obviamente uma mudança para pior? Um inventário das terríveis inovações sociais, políticas e morais realizadas apenas neste século deixaria qualquer ser pensante em estado de alerta diante de inovações não supervisionadas. Stove observa que uma das razões pelas quais a inovação manteve sua reputação intacta é que Mill e seus herdeiros foram cuidadosos em prover um "regime unilateral de exemplos". É uma técnica tão simples quanto eficaz:

> Mencione apenas os inovadores que inovaram para melhor. Repita continuamente os exemplos de Colombo e Copérnico, Galileu e Bruno, Sócrates e (se você acha que o tráfego suportará) Jesus. Oculte o fato de que deve ter existido ao menos um inovador-para-pior para cada um desses bons homens (muito sobrecarregados). Nunca mencione Lênin ou Pol Pot, Marx ou Hegel, Robespierre ou

Marquês de Sade, ou aqueles olvidados inovadores geniais com os quais a humanidade está em débito por qualquer das incontáveis teorias insanas que jamais tenham tido seguidores na astronomia, geologia ou biologia.

Mill jamais perdia a oportunidade de discorrer sobre o valor da *originalidade*, *excentricidade* e assim por diante. "A quantidade de excentricidade numa sociedade", escreveu, "geralmente tem sido proporcional à quantidade de inteligência, vigor mental e coragem moral presentes nela." Mas ninguém nunca viu Mill divulgando o "aperfeiçoamento da prática estabelecida" inaugurado por Robespierre e Saint-Just,[4] ou os "experimentos com a vida" conduzidos pelo Marquês de Sade. (Quase não nos surpreende o fato de que, hoje, a expressão "experimentos com a vida" é rememorativa dos tolos "experimentos" com o estilo de vida na década de 1960; apesar de qualquer outra coisa que possa ser dita sobre a expressão, Stove certamente está correto ao afirmar que ela representava uma "tentativa repugnante e desonesta de capturar parte do merecido prestígio da ciência para coisas que não tinham a mais remota ligação com a ciência" – principalmente "certos arranjos sexuais e domésticos de um tipo novo para a época".)

David Stove oferece alguns notáveis *insights* a respeito dos pontos fracos do liberalismo de Mill. Mas para entender seu sucesso global, deve-se ir além da mera credulidade e de um punhado de exemplos unilaterais. A lisonja entra em jogo. Mill era extremamente hábil em apelar à vaidade moral de seus leitores. Quando falava (estava sempre falando) de "pessoas com evidente superioridade mental", dava a entender que, na realidade, estava falando *deles*. Mill dizia que "não há razão para que toda a existência humana deva ser construída sobre

---

[4] Louis Antoine Léon de Saint-Just (1767-1794). Político revolucionário francês eleito para a Convenção de 1792. Foi apelidado de *arcanjo do Terror* e *arcanjo da Revolução* por causa de sua intransigência durante o período do Terror. (N. T.)

um único padrão ou um pequeno número de padrões". Muito bem! Ainda que pessoas geniais quase sempre sejam "uma pequena minoria", mesmo assim devemos "preservar o terreno no qual elas se desenvolvem". Consequentemente, as pessoas têm o dever de se afastar do costume e estimular seu "autodesenvolvimento", se não quiserem pôr em risco "sua quota legítima de felicidade" e "o desenvolvimento mental, moral e estético do qual sua natureza é capaz".

As palavras lisonjeiras de Mill foram ainda mais longe. Em *Sobre a Liberdade*, Mill apresentou-se como profeta da liberdade individual. Frequentemente ele tem sido considerado como tal, especialmente pelos acadêmicos liberais, os quais, é claro, têm servido como instrumento para a propagação do evangelho segundo Mill. E "evangelho" é o *mot juste*, a palavra exata. Como muitos reformadores radicais, Mill prometeu uma liberdade quase ilimitada, mas acabou criando um novo e minucioso sistema de crenças. Neste sentido, como argumenta Maurice Cowling, *Sobre a Liberdade* foi "um dos mais influentes tratados de política modernos", principalmente porque "seu propósito foi incompreendido". Contrariamente à opinião comum, escreveu Cowling, o livro de Mill

> Não era tanto um apelo a favor da liberdade individual, mas um meio de garantir que o cristianismo seria suplantado por aquela forma de utilitarismo liberal e racionalizante que ficou conhecido pelo nome de Religião da Humanidade. O liberalismo de Mill era dogmático e religioso, e não o repousante cobertor noturno com o qual ele geralmente era confundido. O objetivo de Mill não era libertar os homens, mas convertê-los, e convertê-los a uma doutrina moral particularmente restrita e insinuante. Mill desejava moralizar toda atividade social [...] Mill, não menos que Marx, Nietzsche ou Comte, alegava estar substituindo o cristianismo por "algo melhor". Ateus e agnósticos, humanistas e livres-pensadores podem (devidamente) agradecer a Mill.

Essa tensão na obra de Mill – entre o Mill libertário e o Mill utilitarista-moralista – nos ajuda a explicar o caráter volúvel que permeia o liberalismo para o qual *Sobre a Liberdade* foi uma espécie de escritura inaugural. O inimigo declarado de Mill pode ser sintetizado em palavras como "costume", "preconceito" e "moral estabelecida". Toda a sua obra quer solapar essas qualidades – não porque as posições por elas articuladas estejam necessariamente erradas, mas simplesmente porque, sendo costumeiras, aceitas com base na confiança e estabelecidas pela tradição, não foram submetidas ao teste rigoroso de sua versão do cálculo utilitário. (Alhures Mill se refere a tal cálculo como "escrutínio racional autoconsciente", e isto implica no fato de que qualquer coisa diferente disso é menos do que inteiramente racional.) A tradição a que Mill se opunha celebrava o costume, o preconceito e a moral estabelecida precisamente porque tudo isso havia prevalecido e gerava benefícios em meio às vicissitudes do tempo e da mudança; sua longevidade era um importante sinal de seu valor. Era nesse sentido, por exemplo, que Edmund Burke elogiava o preconceito, dizendo que "o preconceito confere hábito à virtude de um homem [...] Por meio do justo preconceito, seu dever se torna parte de sua natureza".

Mill subverteu essa visão tradicional. A rigor, ele ajudou o público a associar indelevelmente o "preconceito" à "intolerância". Para Mill, a moral estabelecida é suspeita, em primeiro lugar, *porque* é estabelecida. Seu liberalismo é essencialmente corrosivo para com os arranjos sociais, as instituições e a moralidade existentes. Na realidade, a filosofia de Mill é um tipo de inversão do otimismo de Alexander Pope: "Tudo o que existe é suspeito", deve ter sido o lema de Mill. Ele criticava constantemente coisas como a "influência mágica do costume" (sendo que "mágico" é um epíteto negativo para Mill), o "despotismo do costume, que em todo lugar é o obstáculo permanente ao progresso humano", a "tirania da opinião" que dificulta tanto o florescimento do "princípio progressivo". Segundo Mill, a "maior parte do mundo, propriamente dizendo, não tem história porque o domínio do costume tem sido completo".

Tais trechos revelam o núcleo da arrogância moral presente no liberalismo de Mill. Eles também sugerem até que ponto Mill permaneceu um herdeiro fiel do utilitarismo de Jeremy Bentham – apesar das várias críticas que fez ao mestre. E não me refiro apenas ao Bentham que propusera o princípio da "maior alegria possível para o maior número", mas também o Bentham que havia aplaudido os métodos da Câmara Estrelada,[5] defendera o aprisionamento de mendigos e a tortura, e projetara o "Panopticon" – uma máquina, disse ele, de "tornar honestos os embusteiros" – para manter os canalhas sob vigilância constante.[6] A liberdade estava sempre nos lábios de Mill; e uma nova ortodoxia estava sempre em seu coração. Há um sentido importante segundo o qual o traço libertário de *Sobre a Liberdade* é pouco mais do que um profilático contra a coercitividade pressuposta em sua hipótese de uma racionalidade virtuosa.

Tais "paradoxos" (para dizer educadamente) se revelam onde quer que a parte construtiva da doutrina de Mill seja percebida por meio de sua tietagem da liberdade e da excentricidade. A doutrina de Mill sobre a liberdade começa com uma promessa de emancipação. O indivíduo, para que possa traçar um "plano de vida" digno de sua natureza, deve se desfazer da carapaça da opinião herdada. Ele deve aprender a sujeitar todas as suas crenças antigas a um escrutínio racional. Deve ousar ser "excêntrico", "diferente", "original". Ao mesmo tempo, Mill observa, não sem receio, que

> À medida que a humanidade progride, cresce o número de doutrinas que já não são mais postas à prova ou não são questionadas; o bem-estar da humanidade quase pode ser medido pelo número e importância das verdades que alcançaram o ponto de serem incontestáveis.

---

[5] Tribunal ligado ao Conselho Privado do rei durante a Revolução Inglesa. (N. T.)

[6] A respeito desse aspecto da doutrina de Bentham, ver Richard A. Posner, *The Economics of Justice*. Harvard, 1981, p. 33-35. [Em português: *A Economia da Justiça*. São Paulo, Martins Fontes, 2010.]

A suspensão, debate após debate, das sérias controvérsias é um dos acontecimentos necessários ligados à consolidação da opinião – uma consolidação tão salutar, quando se trata de opiniões verdadeiras, quanto perigosa e nociva, quando se trata de opiniões erradas.

Em outras palavras, o partidário do liberalismo milliano empreende a destruição do costume e da crença herdados para construir um baluarte do costume e da crença que possa ser herdado. Como Mill afirmou em sua *Autobiografia* (publicada postumamente em 1873),

> Nesta época de debates barulhentos mas de convicções geralmente fracas, eu esperava por um futuro no qual as convicções em relação ao que é certo e errado, útil e pernicioso, seriam profundamente inculcadas nos sentimentos por meio da educação básica e da unanimidade de sentimento geral, e fundadas tão profundamente na razão e nas verdadeiras exigências da vida, que não precisariam ser periodicamente descartadas e substituídas por outras, como é o caso das crenças religiosas, éticas e políticas, antigas e atuais.

Portanto, uma "unanimidade de sentimento" (leia-se: costume) é perfeitamente boa e adequada contanto que esteja fundada nas "verdadeiras exigências da vida" – tal como as definia Mill, é claro.

Uma medida do triunfo de Mill é o fato de que a "unanimidade" de sentimento pela qual ele ansiava já havia sido alcançada muito tempo atrás. Não é que Mill não tenha recebido críticas. Ao contrário, desde o princípio, tanto o seu utilitarismo como a sua doutrina da liberdade foram submetidos a uma crítica minuciosa – em verdade, devastadora. O fato não terem apenas sobrevivido, mas também prosperado, é, entre outras coisas, uma prova do poder de atração da retórica de Mill e do caráter encantatório e sedutor das suas principais doutrinas. Todavia, partindo do princípio de que cedo ou tarde a realidade acabará com a ilusão, vale a pena revisitar certas críticas ao liberalismo de Mill. A repetição de uma antiga verdade pode, eventualmente, remover até mesmo novas mentiras contumazes.

Sem dúvida, o ataque mais focado e nocivo ao liberalismo de Mill é *Liberty, Equality, Fraternity*, publicado pela primeira vez em série na *Pall Mall Gazette* entre 1872-1873, e depois em livro, em março de 1873, último ano de vida de Mill. A obra foi escrita pelo advogado, juiz e jornalista Sir James Fitzjames Stephen (1829-1894), irmão mais velho de Leslie Stephen e, por essa razão, tio de Virginia Woolf (tal é a ironia da história).

O próprio Mill jamais havia respondido ao livro de Stephen senão por meio da observação de que considerava o livro "mais apto a causar repulsa do que atração", tal como observou Leslie Stephen na excelente biografia de seu irmão. Mas muitos dos discípulos de Mill responderam ao livro – dentre os quais, o mais famoso foi o político e jornalista liberal John Morley (1838-1923). Stephen publicou uma segunda edição do seu livro no ano seguinte, 1874, na qual ele responde a muitas das críticas feitas por Morley e outros. Leslie Stephen descreveu *Liberty, Igualdade, Fraternity* como "essencialmente controverso e negativo". *Combativo* e *devastador* seriam adjetivos igualmente apropriados. Segundo um crítico, Stephen "arrasou" Mill. E quando o livro foi publicado, desencadeou uma viva controvérsia, provocando "ira em uns, simpatia em outros, e a admiração de todos os que gostavam de presenciar duros ataques a qualquer lado de um grande debate", como observou Leslie Stephen. E mesmo assim *Liberty, Equality, Fraternity* desapareceu por quase cem anos sem deixar praticamente nenhum vestígio. Depois de 1874, o livro não foi republicado até a Cambridge University Press lançar uma nova edição em 1967.[7]

Na introdução da edição de Chicago de *Liberty, Equaliy, Fraternity*, Richard Posner descreveu o livro como "um magnífico

---

[7] A edição da Cambridge (com notas de R. J. White) esgotou-se desde então. Mas esse texto, organizado e prefaciado pelo filósofo do direito Richard A. Posner, foi reimpresso pela Universidade de Chicago em 1991. Outra edição, organizada e prefaciada por Stuart D. Warner, foi publicada pelo Liberty Fund em 1993.

documento de época: um documento do imperialismo britânico tão vívido e notável em seu apogeu quanto o seriam, na geração seguinte, o romance *Prester John*, de John Buchan, e a poesia de Kipling". O juiz Posner estava ao menos parcialmente correto. Escrito imediatamente após o período em que Stephen foi Chefe de Justiça de Calcutá, o livro está repleto daquela vindicação de assertividade típica do florescente império. Stephen entreviu o bem enorme que os ingleses haviam feito para a Índia na saúde e na educação, na manutenção da ordem cívica, na eliminação de práticas bárbaras como o sati.[8] Ele havia reconhecido claramente que a adesão aos princípios liberais de Mill tornaria difícil, senão impossível, a realização desse mandato civilizador. E ele havia concluído imediatamente que o culpado era o liberalismo de Mill, e não a civilização.

Seria um erro, todavia, considerar *Liberty, Equality, Fraternity* simplesmente uma "obra de época". Como admite Posner, é também "um audacioso e radical desafio ao liberalismo clássico". O desafio é ainda mais audacioso por resultar de um fundamento muito próximo a Mill. O próprio Stephen foi um liberal (embora de índole conservadora) e um utilitário de tendência decididamente não doutrinária. Em dado momento, ele observa que, "segundo Bentham, toda a concepção de felicidade como algo que poderia ser divido em porções, por assim dizer, está sujeita a uma grande objeção". Stephen era muito virtuoso para ser um rigoroso utilitário, e muito pragmático para abandonar completamente essa filosofia. Leslie Stephen o descreveu como "um utilitário e um puritano simultaneamente", o que parece razoavelmente correto. Stephen também era um fervoroso admirador de muitos aspectos da filosofia de Mill; no início de *Liberty, Equality, Fraternity*, ele chamou Mill de "um grande homem ao qual devo agradecimentos em todos os campos". Ele havia até mesmo escrito uma resenha favorável a *Sobre a Liberdade*,

---

[8] Costume hindu de queimar a viúva com os restos mortais do seu marido. (N. T.)

publicada no *Saturday Review* quando o livro foi lançado. Mas no decorrer do tempo ele passou a considerar a doutrina de Mill sobre a liberdade – e a apoteose de uma igualdade e fraternidade abstratas que é produto destas – um completo desastre. *Liberty, Equality, Fraternity* explica a razão disto.

Richard Posner considera imprópria a decisão de Stephen de adotar o lema revolucionário *Liberdade, Igualdade, Fraternidade* como título de um livro sobre o liberalismo milliano. Mas talvez ele pense assim porque suas preferências em muitos temas são mais próximas às de Mill do que às de Stephen. Em verdade, o título é perfeito. Como Stephen explica nas páginas iniciais, a obra é uma tentativa de analisar "as doutrinas que são antes insinuadas, e não expressas, pela frase *Liberdade, Igualdade, Fraternidade*". Embora tenha se originado na Revolução Francesa, observou Stephen, essa frase, não obstante, surgiu para expressar "a doutrina de uma religião" – "menos precisa que muitas correntes do cristianismo, mas não por isso a menos poderosa". Em verdade, o lema *Liberdade, Igualdade, Fraternidade* resumia "uma das mais penetrantes influências da época", a saber, a *Religião da Humanidade* – a *alternativa* secular e socialista ao cristianismo proposta sob diversas formas por pensadores como Auguste Comte, Jeremy Bentham e John Stuart Mill. "É uma das crenças mais comuns hoje", Stephen afirmou, "que a raça humana em seu conjunto tem diante de si esplêndidos destinos de diversos tipos, e que o caminho para eles deve ser encontrado na remoção de todas as restrições na conduta humana, no reconhecimento de uma igualdade considerável entre todas as criaturas humanas e na fraternidade em geral". Tomando *Sobre a Liberdade*, *A Sujeição das Mulheres* e *Utilitarismo* (1863) como seus textos fundamentais, Stephen mostra com vívidos pormenores por que essas crenças estão erradas e por que, caso sejam postas em prática, estão fadadas a resultar em caos moral e na infelicidade geral.

A expressão *Liberdade, Igualdade, Fraternidade* sugere a imensa vantagem retórica que está na origem do liberalismo. Dificilmente alguém pode criticar o *slogan* sem levantar a suspeita de que talvez seja um partidário da opressão, da servidão e da discórdia. *A liberdade*, observa Stephen, " é uma palavra laudatória". Nisto está o seu encanto. Substitua-se um sinônimo neutro – "autorização", por exemplo, ou "permissão" (como em "Eu lhe dou permissão para ir") – e a mágica se desfaz: as tropas não se reunirão. Dá-se o mesmo com *igualdade* e *fraternidade*. O aspecto laudatório do liberalismo significa que seus críticos são praticamente obrigados a começar com um pedido de desculpas. Portanto, pouco nos surpreende o fato de que, no início de seu livro, Stephen salienta que ele "não é um defensor da Escravidão, das Castas e do Ódio" e que, em certo sentido, ele também pode defender a frase *Liberdade, Igualdade, Fraternidade*.

Stephen começa chamando a atenção para o fato de que Mill e outros defensores da Religião da Humanidade exageraram as vantagens e minimizaram as desvantagens que essas qualidades implicam. Primeiramente, tomadas sem mais especificações, *liberdade, igualdade e fraternidade* são demasiado abstratas para formar a base de qualquer coisa que se assemelhe a uma religião. Elas também são inerentemente *des*organizadoras com relação aos arranjos sociais; esta, em verdade, é uma das razões pelas quais elas exercem um apelo tão grande à sensibilidade radical. Considere-se a doutrina de Mill sobre a liberdade, que se resume na seguinte exortação: que todos tenham permissão para se satisfazer como quiserem, desde que não prejudiquem o próximo. De acordo com Mill, qualquer sistema moral que almejasse mais que isso – um que se esforçasse, por exemplo, para aprimorar o caráter moral da sociedade como um todo ou dos indivíduos que fazem parte dela – estaria fundamentalmente equivocado.[9]

---

[9] Isso não quer dizer que Mill tenha aderido de forma coerente a essa doutrina radical. Numa carta de 1829, por exemplo, Mill afirma, em contradição direta com a posição apresentada em *Sobre a Liberdade*, que "o governo existe para

Mas esse ponto de vista, observa Stephen, "condenaria todos os sistemas morais existentes".

> Pregue vigorosamente e pratique rigorosamente a doutrina de que o caráter privado do nosso próximo não significa nada para nós, e o número de juízos negativos formados e, portanto, o número de inconveniências infligidas por eles poderá ser reduzido tanto quanto quisermos; assim, a província da liberdade poderá ser ampliada numa proporção correspondente. Algum homem sensato deseja isto? Poderia alguém desejar que uma licenciosidade total, uma extravagância monstruosa, uma ridícula futilidade – ou algo semelhante – passem despercebidas, ou que, se forem reconhecidas, não resultem em nenhuma inconveniência que possa ser evitada?

Sem querer ofender Mill, Stephen observa friamente que "o hábito de olhar para certas condutas com aversão é a essência da moralidade".

A grande lição pragmática a ser tirada de *Liberty, Equality, Fraternity* diz respeito à relação entre liberdade e poder. "O poder", Stephen insiste, "precede a liberdade" – isto é, "liberdade, pela própria natureza das coisas, depende do poder; e é apenas sob a proteção de um governo poderoso, bem organizado e inteligente que qualquer liberdade pode existir sob qualquer condição". É por essa razão que não faz sentido perguntar se a liberdade *tout court* é uma coisa boa. Segundo Stephen, a pergunta sobre a liberdade ser uma coisa boa ou má "é tão irracional quanto a questão de se o fogo é uma coisa boa ou má. Ela é boa ou má de acordo com tempo, lugar e circunstância. Como observa Gertrude Himmelfarb, embora nós talvez tenhamos aprendido a máxima de Lord Acton de que o poder absoluto corrompe absolutamente, ainda não aprendemos que "a liberdade absoluta também pode corromper absolutamente". A falha de Mill

---

quaisquer propósitos que sirvam para o bem do homem: e o mais importante e elevado desses propósitos é o aprimoramento do próprio homem enquanto ser moral e inteligente".

em reconhecer essas verdades dota sua doutrina sobre a liberdade de extraordinária maleabilidade. Além disso, infunde nessa doutrina um ar de irrealidade sempre que aborda o problema da liberdade na vida quotidiana. Para Mill, é um fato axiomático que "não cabe à sociedade *enquanto* sociedade determinar como errôneo qualquer coisa relacionada apenas ao indivíduo". Segue-se, afirma Mill, que "a fornicação, por exemplo, deve ser tolerada e, do mesmo modo, o jogo". Mas uma pessoa deveria ser livre para ser um cafetão? Ou para manter uma casa de jogos? Mill pensa que essas são questões excepcionalmente difíceis:

> Embora o povo ou o Estado não estejam legitimados para decidir com autoridade, tendo em vista a repressão ou a punição, se esta ou aquela conduta referente apenas aos interesses do indivíduo é boa ou má, eles estão completamente legitimados para admitir, se a considerarem negativa, que o fato de ela ser ou não má é ao menos uma questão discutível; que, supondo-se isto, eles não podem estar agindo errado ao se esforçarem para excluir a influência de solicitações que não são desinteressadas, de investigadores que talvez não possam ser imparciais – que têm um interesse pessoal direto em um dos lados, sendo este lado aquele que o Estado crê estar errado, e que o promovem abertamente apenas para objetivos pessoais.

Ao que Stephen responde: "Há um tipo de ingenuidade que traz consigo, debaixo do próprio nariz, sua autorrefutação. Como o Estado ou o povo podem ser competentes para determinar qualquer questão, se não são competentes para determinar que um grave vício é algo ruim?". Stephen continua:

> Eu não acho que o Estado deva trocar elogios com cafetões. "Caro Sr., não querendo ofender seu melhor juízo e não presumindo impor minha opinião sobre a sua, tomo a liberdade de observar que estou autorizado, para determinados fins, a indagar se suas opiniões sobre a vida são corretas como as de alguém que admite duas opiniões. Longe de mim querer condenar de modo absoluto a experiência de viver daquilo de que eu discordo, mas ainda assim sou forçado a observar

que você não é totalmente imparcial por causa de suas considerações pessoais..." Minha opinião é que, se a sociedade pusesse um sujeito desses contra a parede, deveria dizer a ele: "Velhaco desprezível, pode-se discutir se deveria ser tolerada e mantida intacta sua permanência em sua sujeira natural, ou se minha opinião a seu respeito deveria ser impressa a chicotadas em suas costas nuas. Essa questão será determinada sem a menor referência aos seus desejos ou sentimentos, mas, quanto à natureza da minha opinião a seu respeito, não pode de modo algum haver dúvida".

O contraste entre os temperamentos de Mill e Stephen não poderia ser mais explícito. E aqui tocamos num assunto quase indiscutível. Como observou Stephen em suas cartas, havia uma singular "falta de virilidade" em Mill. Em parte, era uma questão de abstratividade: Mill lhe parecia "comparável a um polemista sênior insuperavelmente estudioso, cujo corpo havia sido atrofiado por seu cérebro". Ele era "muito mais uma máquina de calcular do que propriamente um ser humano". Mas, além da abstratividade, em Mill havia um elemento do que Leslie Stephen chamou de "suavidade feminina": seu caráter, sua prosa, suas doutrinas. Creio não ser coincidência o fato de perceber-se o mesmo em relação a Rousseau: uma meticulosidade asfixiante, que no caso de Rousseau se transformou em rancor e paranoia, mas que em Mill foi apenas petulante e inoportuna. A "feminilização da sociedade", da qual ouvimos falar ocasionalmente, é neste sentido um coeficiente do triunfo do liberalismo. Sua desconfiança em relação à retidão masculina é o outro lado de seu impulso inveterado para moralizar toda atividade social.

O caráter estereoscópico da doutrina de Mill sobre a liberdade se revela também de outros modos. Ora parece autorizar uma liberdade irrestrita, ora parece aprovar a mais completa coerção. Quando Stephen afirma que o "grande defeito" da doutrina de Mill sobre a liberdade é que ela encerra "uma avaliação demasiado favorável da natureza humana", sabemos exatamente o que ele quer dizer.

Mill escreve como se as pessoas, finalmente despertadas para os seus interesses racionais, fossem deixar de lado todas as suas preocupações mesquinhas para se dedicar a relacionamentos "elevados" e à felicidade humana em geral. "Ele parece crer", afirma Stephen quase sem disfarçar sua incredulidade, "que se os homens estão todos livres de coibições e se são postos, tanto quanto possível, no mesmo pé de igualdade, naturalmente tratarão uns aos outros como irmãos e trabalharão juntos harmoniosamente para alcançar seu próprio bem comum". Ao mesmo tempo, a avaliação que Mill faz dos homens e mulheres de sua época é muito desfavorável. "Noventa e nove em cada cem", ele nos conta, agem sem conhecer seus motivos reais. Ele sempre fala muito sobre "arranjos sociais desprezíveis", o pesaroso estado da sociedade, e a mesquinhez geral dos seus contemporâneos. Também neste aspecto ele lembra Rousseau, que no final da vida confessou: "Acho que conheço o homem, mas, quanto aos homens, desconheço-os".

Em verdade, quando se trata de sua opinião sobre a humanidade, Mill vacila entre duas caricaturas: uma favorável e outra repulsiva (na realidade, ambas são repulsivas, embora de modos diferentes). O conflito entre as duas gera uma ilusão de benevolência; essa ilusão está no âmago do apelo exercido pelo liberalismo. Contudo, o que Mill descreve é um ideal que, à medida que é realizado, tende a se tornar seu oposto. Em *Utilitarismo*, Mill afirma que "na relação entre a sua própria felicidade e a dos outros, a justiça exige que [todos] sejam tão estritamente imparciais quanto um espectador desinteressado e benevolente". Stephen comenta: "Se for assim, eu só posso dizer que quase todo o conjunto de quase todas as criaturas humanas é um curso contínuo de injustiça, pois quase todas as pessoas passam as suas vidas fornecendo para si e para aqueles que lhes são próximos os meios para sua própria felicidade, deixando os outros quase completamente de lado". E isto é como deveria ser, argumenta Stephen, não apenas por razões prudenciais, mas também morais:

O homem que opera de dentro de si para fora, cuja conduta é governada por razões ordinárias, e que age em seu próprio benefício e em benefício daqueles que estão ligados a ele de modos definidos e determináveis, gera no curso ordinário das coisas muito mais felicidade a outros [...] que um Dom Quixote moral que está sempre sujeito a sacrificar a si mesmo e seu próximo. Por outro lado, o homem que nutre um amor desinteressado pela raça humana – isto é, que tem uma ideia definida sobre algum modo de sustentar a manutenção dos interesses da humanidade – é uma pessoa não confiável [...], que é capaz de transformar seu amor pelos homens em geral no pretexto para todos os tipos de violência contra os homens em particular.

"A pura verdade", conclui Stephen, "é que a raça humana é tão grande, tão variada, tão pouco conhecida, que ninguém pode amá-la realmente".

A recusa de Mill em reconhecer isto é um permanente convite à ironia. Sua atitude se assemelha à de W. H. Auden em sua versão da ética do trabalhador social: "Estamos todos na Terra para ajudar os outros. Para que diabos os outros estão aqui, isto não sabemos". A transparência da publicidade deveria ter exigido que *Sobre a Liberdade* começasse com as palavras: "Era uma vez...". Embora tenha sido escrito por um filósofo culto e talentoso, em certo sentido esse livro pertence mais ao gênero de fantasia do que à filosofia moral. A obra diz um punhado de coisas apaziguadoras sobre as capacidades humanas, mas delineia um sistema político-moral que quase garantidamente bloqueará essas capacidades.

Consideremos os elogios de Mill à utilidade da excentricidade, da diversidade e da originalidade como solventes da "tirania da opinião". Ele certamente é sincero em seus elogios. Mas, como podemos perceber ao olharmos para nossa sociedade, o aumento da liberdade igualitária tende sempre a homogeneizar a sociedade e, portanto, a reduzir a expressão da originalidade e da individualidade genuínas. De acordo com a filosofia de Mill, a originalidade é desejável, ainda que aquela sirva para torná-la impossível. A uniformidade se torna a ordem do dia. Numa analogia memorável, Stephen afirma que a noção de Mill da liberdade como um imperativo politicamente "progressista", combinada com sua demanda por originalidade, é "como arrancar as penas de um pássaro para colocá-lo no mesmo nível dos quadrúpedes, e depois ordenar que ele voe". Ademais, ao confundir, tal como mostra Stephen, a afirmação de que "a variedade é boa com a afirmação de que a bondade é variada", a doutrina de Mill tende a encorajar uma adoração superficial da mera variedade, a diversidade pela diversidade, sem nenhum respeito pelo valor das "diversidades" específicas que são celebradas. Obviamente, essa é uma lição que ainda não aprendemos. Não obstante os *slogans* dos nossos comissários culturais, a "diversidade" não é boa nem má em si. Placas anunciando um "compromisso com a diversidade", as quais são vistas nos *campi* universitários e em empresas por todo o país, são tão repugnantes precisamente porque não são nada além de distintivos que declaram a virtude de seus proprietários. O odor do politicamente correto que as circunda é o odor de uma imerecida autossatisfação.

Em *Sobre a Liberdade*, Mill afirma que "indivíduos excepcionais [...] deveriam ser encorajados a agir de modo diferente em relação à massa", para que possam "mostrar o caminho" para o resto de nós. Mas Stephen está correto ao afirmar que:

> se o conselho fosse seguido, nós deveríamos ter tantas pequenas excentricidades nos costumes e no comportamento quanto temos pessoas que desejam se passar por gênios. A excentricidade é, com muito mais frequência, um sinal de fraqueza do que de força. A fraqueza deseja, como regra, atrair a atenção por meio de distinções levianas; a força deseja evitá-la. A originalidade consiste em pensar por conta própria, e não em pensar de modo diferente das outras pessoas.

É parte do propósito polemista de Mill alegar que a sociedade, até agora, tem perseguido a excentricidade por medo e tacanhice. Mais uma vez, no entanto, Stephen está correto ao afirmar que seria difícil mostrar que os grandes reformadores do mundo têm sido perseguidos por causa de sua "excentricidade". Eles foram perseguidos porque suas doutrinas foram rejeitadas, não importa se correta ou incorretamente. A diferença entre as opiniões do Sr. Mill e as minhas é que ele admite instintivamente que tudo está errado, não importa o que seja. Eu digo: julgue cada caso segundo os seus próprios méritos.

O apelo de Stephen ao particular – ele teria citado sua lealdade aos princípios utilitários de conveniência – infunde em sua discussão sobre a relação entre a liberdade e o poder um robusto senso comum. Esse apelo também coloca os seus argumentos em forte contradição com o tratamento que Mill dá a essas questões. Numa das passagens mais famosas de *Sobre a Liberdade*, Mill delineia o que considera os limites da interferência aceitável na "liberdade de ação" de um indivíduo.

> O objetivo deste ensaio é afirmar um princípio muito simples, designado para governar de modo absoluto as relações da sociedade com o indivíduo em matéria de coerção e controle, quer o meio utilizado seja a força física sob a forma de punições legais, quer seja a coerção moral da opinião pública. O princípio é: o único fim para o qual a humanidade está legitimada, individual ou coletivamente, a interferir na liberdade de ação de qualquer quantidade de pessoas é a autoproteção. O propósito para o qual o poder pode ser exercido corretamente em relação a qualquer membro de uma comunidade civilizada, contra a sua vontade, é prevenir o dano contra outros. Seu próprio bem, seja físico ou moral, não é uma justificativa suficiente.

Mill acrescenta várias restrições. Ele observa, por exemplo, que tal permissão se aplica apenas a "seres humanos na maturidade de suas faculdades", e não a "crianças ou jovens abaixo da idade que a lei pode estabelecer como sendo a idade adulta para homens ou mulheres". Ele observa mais adiante, numa passagem que fez correr muita tinta entre os seus discípulos, que "o despotismo é uma forma legítima de governo para lidar com os bárbaros, desde que o fim seja o seu aprimoramento". Mas – e aqui está reformulado o ponto essencial do seu argumento – "tão logo a humanidade conquiste a capacidade de ser guiada em direção ao próprio aprimoramento por convicção ou persuasão (um período alcançado há muito tempo em todas as nações das quais precisamos nos ocupar aqui), a coerção não será mais admissível como meio para o seu próprio bem e só será justificável para a segurança dos outros". Consequentemente, para Mill "o campo apropriado da liberdade humana [demanda] liberdade absoluta de opinião e sentimento em relação a todos os assuntos, práticos ou especulativos, científicos, morais ou teológicos".

A descrição de Mill de seu "princípio muito simples" mostra em que medida seu liberalismo baseia-se numa "generalização do ponto de vista da primeira pessoa", como afirmou o filósofo Roger Scruton em *The Meaning of Conservatism* (1980, ed. rev. 1984).[10] Sua apoteose do "eu" é também um movimento de abstração. Uma das primeiras coisas que se percebe em relação aos "indivíduos" de Mill é que há muito pouco ar em torno deles. Eles existem como formas vazias, abstratas. Ao argumentar a favor da relatividade dos valores morais, Mill observa que "as mesmas causas que fazem [de alguém] um eclesiástico em Londres teriam feito dessa pessoa um budista ou um confucionista em Pequim". Mas isso equivale a adotar um ponto de vista completamente intangível em relação às "causas" relevantes. Parte do que faz (ou fazia) de alguém um frequentador de igreja em Londres é viver em Londres; esse não é um dado acidental que possa ser subtraído sem custo da identidade de um indivíduo. Nossa cultura e história são ingredientes essenciais: remova-as e você removerá o indivíduo. A individualidade não é fungível.

---

[10] Em português: Roger Scruton, *O Que É Conservadorismo*. Trad. Guilherme Araújo Ferreira. São Paulo, É Realizações, 2015. (N. E.)

As hipóteses de Mill a respeito da natureza da individualidade estão no âmago do seu liberalismo. Elas também iluminam o que há de mais problemático nele. Em primeiro lugar, não está claro de modo algum que nós temos conhecimento (seguindo a paráfrase de Stephen) de qualquer "princípio muito simples para governar de modo absoluto as relações da sociedade com o indivíduo em matéria de coerção e controle". A linguagem branda de Mill oculta uma extraordinária e completamente injustificada arrogância. Em segundo lugar, observa Stephen, a famosa distinção que Mill faz entre atos "autocentrados" e "centrados no outro" é "radicalmente capciosa. Ela supõe que alguns atos dizem respeito apenas ao agente, e que outros dizem respeito a outras pessoas. Em verdade, sem dúvida alguma, a parte mais importante de nossa conduta diz respeito tanto a nós como aos outros".

De acordo com Stephen, "os homens estão tão intimamente conectados, que é quase impossível dizer até onde pode chegar a influência de atos que, aparentemente, são de caráter mais pessoal". O esplêndido isolamento exigido pelo imperativo de Mill é uma quimera. Os indivíduos não existem numa segregação autônoma, mas numa rede de relacionamentos. É por isso que, como argumenta Stephen,

> cada criatura humana se interessa profundamente não só pela conduta, mas pelos pensamentos, sentimentos e opiniões de milhões de pessoas que não mantêm com ela nenhuma outra relação determinável senão a de membros da mesma espécie. Um grande escritor que comete um erro em suas especulações pode iludir multidões que jamais viu. A forte metáfora de que todos pertencemos uns aos outros é pouco mais que a expressão de um fato. Assim como um homem deixaria de ser um homem, se estivesse sozinho no mundo, do mesmo modo uma mão deixaria de ser uma mão, se não estivesse com o restante do corpo.

Ao excluir completamente as sanções não apenas das "penas legais", mas também da "coerção moral da opinião pública", Mill torna sua noção de liberdade fantástica.

Quanto à educação, Mill admite que a sociedade deve exercer uma influência moral sobre o jovem. Mas em seguida ele argumenta que, porque a sociedade goza de autoridade moral sobre o jovem, ela não deve se atrever a impor o comportamento ou a moldar a conduta dos adultos. Mas como isso pode acontecer? Como, pergunta Stephen, "é possível que a sociedade aceite a posição de um educador a menos que ele tenha princípios morais a partir dos quais possa educar? Como, tendo aceitado essa posição e educado as pessoas até certo grau, a sociedade pode traçar um limite no qual termina a educação e inicia-se uma perfeita indiferença moral?". A rigor, argumenta Stephen, "se as pessoas não formassem nem expressassem opiniões sobre a conduta do seu próximo senão na medida em que tal conduta as afetasse pessoalmente, um dos principais motivos para agir corretamente e um dos principais impedimentos para agir incorretamente seriam removidos do mundo".

Algumas das restrições de Mill concedem algo ao bom senso; mas elas o fazem à custa de transformar seu "princípio muito simples" num clichê vazio. Stephen observa que "ou Mill pensa que a sabedoria superior não é sempre uma das razões pelas quais um homem deveria controlar outro – algo que é um mero lugar-comum –, ou ele pensa que, em todos os países que costumamos chamar civilizados, a massa de adultos está tão familiarizada com seus próprios interesses e tão disposta a buscá-los, que nenhuma coerção ou impedimento" jamais são justificados, o que é inacreditável. É exatamente essa oscilação entre o lugar-comum e o fantástico que fez do liberalismo de Mill um produto durável. Sua promessa radical está rodeada de limitações do senso comum que podem ser apresentadas quando objeções são levantadas e, em seguida, prontamente retiradas quando o trabalho de remodelar a sociedade deve continuar.

Stephen admite prontamente que "se o Sr. Mill tivesse se limitado à proposição de que em nossa época e em nosso país é muito importante que as grandes questões morais e teológicas sejam discutidas abertamente e com plena liberdade em relação a todos os impedimentos legais, eu concordaria com ele". Ele também concorda que "nem a legislação, nem o povo devem ser importunados", e que "aqueles que têm o devido respeito pelas fraquezas incuráveis da natureza humana serão muito cuidadosos no modo como infligem punições ao mero vício, ou até mesmo àqueles que lucram com sua promoção, a menos que circunstâncias especiais exijam a sua inflição". Mas ele prossegue e observa que "uma coisa [é] tolerar o vício, desde que seja inofensivo, e outra bem diferente é dar a ele um direito legal não apenas de existir, mas de se impor diante do mundo como um 'experimento com a vida' tão bom quanto outro qualquer, e com o direito à mesma proteção da lei". Sem dúvida alguma, "o intrometido e reformador do mundo que nunca deixa as coisas como estão" é uma "figura desprezível". Mas, prossegue Stephen, "tentar eliminá-lo negando a ligação entre a lei e a moralidade é como tirar toda a luz e todo o ar de uma casa, de modo a manter fora dela os mosquitos e as varejeiras azuis".

O "princípio muito simples" de Mill depende de uma variedade de hipóteses questionáveis sobre a natureza humana e o modo como a vida moral deveria ser conduzida. Sobretudo, esse princípio depende de uma concepção notavelmente anêmica a respeito da vida moral: uma concepção segundo a qual a estrutura social que confere substância à liberdade é redefinida como inimiga da liberdade, e o verdadeiro processo da escolha moral é transformado num processo de frio raciocínio. A concepção de liberdade de Mill é ao mesmo tempo muito simplista e demasiadamente rigorosa. É simplista em sua demonização do costumeiro e do convencional; é excessivamente rigorosa em sua exigência de que as escolhas morais sejam realizadas por meio "da colisão de opiniões contrárias". Mill afirma que "sob nenhuma condição um ser com faculdades humanas pode ter qualquer garantia racional de estar certo".

Mill argumenta que negar isso – afirmar que punições, mesmo as que tenham opinião pública negativa, devam ser de outro modo impostas – "equivale a supor nossa própria infalibilidade". Mas este seguramente não é o caso. Como Stephen demonstra, "a incalculável maioria dos seres humanos forma suas opiniões" não por meio de um processo de argumentação, mas a partir de uma rede de costumes, preconceitos e práticas convencionais transmitidas de geração em geração. "Em geral, doutrinas são compreendidas pela maioria das pessoas não se – nem na medida em que – estas são livres para discutir todas as suas aplicações, mas se – e na medida em que – aquelas acabam interessando a estas e parecem ilustrar e interpretar sua própria experiência." Além disso, quanto ao tema da infalibilidade, Stephen chama a atenção para o fato de que existem inumeráveis proposições sobre as quais temos certeza racional, ainda que não possamos alegar infalibilidade. O fato de que nós *talvez* estejamos errados não diz nada contra isto, como a própria obra de Mill sobre lógica e probabilidade deveria tê-lo lembrado. (A possibilidade abstrata é sempre uma mercadoria barata.) A certeza racional não é idêntica à certeza perfeita. Stephen observa que "há muitas razões para não proibir as pessoas de negar a existência da Ponte de Londres e do Rio Tâmisa, mas o medo de que a prova dessas proposições seja enfraquecida ou de que a pessoa responsável pelo argumento alegue infalibilidade não está entre elas". Mill argumentava que, no final das contas, o apoio programático ao "choque entre opiniões adversas" acaba contribuindo para assegurar a "certeza racional". Todavia, seus verdadeiros resultados foram a anomia intelectual e moral. Como observou Gertrude Himmelfarb, com respeito a esse lado da doutrina de Mill, "ao tornar a verdade tão dependente do erro, a ponto de exigir não apenas a mais livre circulação do erro, mas seu cultivo deliberado, [Mill] reforçou o relativismo das gerações posteriores".

Mill desejava que seu regime de liberdade destronasse o reinado do preconceito e instaurasse o reinado da razão. Em verdade, o efeito provocado foi o de camuflar os preconceitos com uma retórica aparentemente racional. A tentativa de remover práticas e crenças costumeiras não resultou no estímulo a um desvio na direção da unanimidade – como Mill havia predito –, mas no aumento do caos. Isto também não é surpreendente. Como observou Stephen, "o efeito notório da liberdade ilimitada de pensamento e opinião é a produção de um ceticismo geral em relação a muitos assuntos, na maioria das mentes". Tais são os paradoxos gerados pelo liberalismo de Mill.

Hoje convivemos com a institucionalização desses paradoxos – sobretudo, talvez, a institucionalização do paradoxo de que, almejando criar uma sociedade tolerante ao máximo, ao mesmo tempo nós damos (nas palavras de David Stove) "máxima oportunidade às atividades daqueles que se dedicaram a criar uma sociedade intolerante ao máximo". As atividades da União Americana pelas Liberdades Civis, por exemplo, testemunham diariamente a irremediável desordem desse liberalismo inconstante. A tolerância máxima produz a impotência máxima. A recusa em criticar resulta em paralisia moral. Essa paralisa é o veneno secreto que está no âmago do liberalismo de Mill.

Stephen observou que o "princípio muito simples" de Mill – o princípio de que a opinião pública coerciva deveria ser aplicada apenas para fins autoprotetores – era "um paradoxo tão espantoso, que é quase impossível argumentar contra ele". Ele estava certo. Como observou Maurice Cowling,

> debater com Mill, em seus próprios termos, é reconhecer a derrota. *Racional* não *tem* de significar conclusões obtidas por meio do autoexame crítico. *Preconceito* pode ser razoavelmente usado para significar compromissos sobre os quais um debate foi recusado, mas recursar um debate não é em si algo *irracional*. *Intolerância* e *preconceito* não são necessariamente as melhores descrições das opiniões que o determinismo comtiano estigmatizou como sendo historicamente obsoletas.

Mill reivindicou um monopólio sobre a palavra "racional". Enquanto esse monopólio permanecer incontestado, nossa paralisia será completa. O antídoto para a impotência moral gerada pelo liberalismo de Mill não será encontrado por meio de uma escavação mais profunda na vala da racionalização liberal. Ao contrário, ele começa com o franco reconhecimento de que nenhum "princípio muito simples" pode nos livrar dos deveres que temos para com o mundo habitado que, durante este breve período, dividimos com muitos outros.

Capítulo 9 | O Legado de Friedrich Nietzsche

> O ideal de moralidade não tem rival mais perigoso do que o ideal de força suprema, de uma vida com máximo vigor, o qual também foi chamado de ideal da grandeza estética. Aquela vida é, em verdade, o feito supremo do bárbaro, e infelizmente nestes dias de decadência civilizacional tal ideal ganhou muitos adeptos. Quando persegue esse ideal o homem se torna uma coisa híbrida, um espírito bruto, cuja mentalidade cruel lança um feitiço horrível sobre os fracos.
>
> – *Novalis*

> Eu não sou um homem, sou uma dinamite.
>
> – *Friedrich Nietzsche*

Dentre todos os pensadores do século XIX, talvez apenas Karl Marx tenha superado Nietzsche em sua influência sobre o século XX. E nem mesmo Marx provocou o fascínio intelectual e espiritual exercido por seu infeliz compatriota. De fato, à medida que um número cada vez maior dos regimes políticos erigidos sob o estandarte do marxismo repudia as ideias de Marx, fica cada vez mais claro que muito do que faz do mundo moderno, moderno, também o torna nietzschiano. A glorificação do poder feita por Nietzsche e a sua afirmação de que "em geral, não há fatos morais" são horríveis marcas desta época. Também o é sua paixão pela violência, pela crueldade e pelo irracional. Como afirmou Erich Heller em *The Importance of Nietzsche* (1988), Nietzsche "delineou a tendência de uma época".

Isso não significa que Nietzsche aprovaria as sociedades que foram moldadas tão profundamente por suas ideias. Ao contrário, ele julgaria tanto a proliferação da democracia quanto o triunfo dos meios de comunicação em massa e da cultura popular com uma repugnância próxima do horror. Ele abominaria o amplo ataque à ordem, à hierarquia e à distinção social; particularmente, ele rejeitaria a emancipação política das mulheres (para citar a *Genealogia da Moral*) como "um dos piores desenvolvimentos do *afeamento* geral da Europa". Mesmo o ateísmo, o relativismo e o hedonismo casuais de nossa época – isto é, mesmo os comportamentos e atitudes que parecem estar (na surpreendente frase de Nietzsche) "além do bem e do mal" – seriam desprezados por ele precisamente por serem adotados casualmente: fazer com que nada fosse fácil para si (ou para nós) era um primeiro princípio desse inimigo dos primeiros princípios.

Um dos maiores medos de Nietzsche era a mediocridade rasteira. Se o *Übermensch* representava o seu ideal – o ideal de ser forte o suficiente para criar os seus próprios valores, forte o suficiente para viver sem o conforto da moral tradicional –, o seu oposto era a criatura tímida que Nietzsche chamava *der letzte Mensch*, "o último homem". Numa famosa passagem do início de *Assim Falou Zaratustra*, Nietzsche e Zaratustra alertam uma multidão de seguidores sobre esse grave perigo espiritual:

> Ai! Aproxima-se o tempo em que o homem já não dará à luz as estrelas; aproxima-se o tempo do mais desprezível dos homens, do que já se não pode desprezar a si mesmo. Olhai! Eu vos mostro o *último homem*.
>
> "Que vem a ser isso de amor, de criação, de ardente desejo, de estrela?", pergunta o último homem, revirando os olhos.
>
> A terra tornar-se-á então mais pequena, e sobre ela andará aos pulos o último homem, que tudo apouca. A sua raça é indestrutível como a da pulga; o último homem é o que vive mais tempo.
>
> "Descobrimos a felicidade", dizem os últimos homens, e piscam os olhos. Abandonaram as comarcas onde a vida era rigorosa, porque uma pessoa necessita calor. Ainda se quer ao vizinho e se roçam pelo outro, porque uma pessoa necessita calor.

Enfraquecer e desconfiar parece-lhes pecaminoso; anda-se com cautela. Insensato aquele que ainda tropeça com as pedras e com os homens! Algum veneno uma vez por outra, é coisa que proporciona agradáveis sonhos. E muitos venenos no fim para morrer agradavelmente.

Trabalha-se ainda porque o trabalho é uma distração; mas faz-se de modo que a distração não debilite...

Nenhum pastor, e só um rebanho! Todos querem o mesmo, todos são iguais: o que pensa de outro modo vai por seu pé para o manicômio...

É-se prudente, e está-se a par do que acontece: desta maneira pode-se zombar sem cessar. Questiona-se ainda, mas logo se fazem as pazes; o contrário altera a digestão.

Não falta um pouco de prazer para o dia e um pouco de prazer para a noite; mas respeita-se a saúde.

"'Descobrimos a felicidade' – dizem os últimos homens – e reviram os olhos".[1]

Após ter escutado a descrição de Zaratustra, a multidão grita: "Dá-nos esse último homem, Zaratustra [...] Torna-nos semelhantes a esses últimos homens!". Eu citei o texto tão extensamente porque essa passagem fornece um esboço de quase tudo o que Nietzsche considerava desprezível: a falta de esforço e ambição do último homem, sua submissão e atração pelos "pequenos prazeres", mesmo sua obsessão pela saúde.

Se boa parte do que caracteriza o mundo moderno repugnaria Nietzsche, muito pouco do seu panorama espiritual o surpreenderia. Ao anunciar "a morte de Deus" – algo que ele descreveu como "o maior acontecimento recente" –, Nietzsche previu o surgimento da anomia, a disseminação da sensação de angústia e da falta sentido, algo que o romancista tcheco Milan Kundera chamou de "insustentável leveza do ser": toda a panóplia existencialista do desespero e

---

[1] Tradução de Ricardo Santos. (N. T.)

do torpor espiritual. Tudo isto Nietzsche identificou sob o título de *niilismo*: a situação, afirmou ele, em que "os valores mais elevados desvalorizam a si mesmos" e a pergunta "Por quê?" fica sem resposta.

Como previu Nietzsche, o último homem seria uma resposta ao niilismo, mas as implicações plenas da morte de Deus ainda deveriam ser esclarecidas. "O acontecimento em si é muito grandioso, muito remoto, muito distante da capacidade de compreensão da multidão, mesmo para considerar que as boas-novas dele tenham *chegado*." E quando elas realmente chegaram, quais certezas subitamente não se tornariam dispensáveis! – "por exemplo, toda a nossa moralidade europeia". Não foi à toa, talvez, que Nietzsche pôs o primeiro anúncio da morte de Deus na boca de um louco. Afirmar que ele recebeu com alegria esse acontecimento seria apenas parcialmente verdadeiro. É verdade, ele considerava isto uma libertação: Nietzsche acreditava que o homem, com a morte de Deus, estaria livre para criar valores que se adequam mais generosamente à natureza humana, diferentemente dos valores religiosos herdados. Mas ele sabia que a perda da fé religiosa também ameaçava o homem com um desenraizamento assustador. O que acontece quando "os valores mais elevados desvalorizam a si mesmos"? Quem ou o que ocupará o lugar de Deus? Que prodígios preencherão o vácuo deixado por uma moralidade vacilante? Que consolos insondáveis o homem inventará para si na ausência da fé? Em grande medida, a filosofia de Nietzsche é uma tentativa de conformar-se a essas questões: investigar a perda, as tentações e as oportunidades que elas encerram. Aparentemente, Nietzsche também acreditava ter dado uma nova – e honesta – resposta ao niilismo, embora nem sempre fique claro que suas respostas são proveitosamente distinguíveis dos problemas de que se dispõem a tratar.

Um inventário dos filósofos, escritores e artistas influenciados por Nietzsche formaria uma turnê concisa pela cultura do século XX. Heidegger, Sartre e os outros existencialistas são inconcebíveis sem Nietzsche; certamente o mesmo vale para a teoria do valor de Max

Weber; escritores que vão desde Rilke, Yeats, Gide e George Bernard Shaw a Thomas Mann, W. H. Auden e Wallace Stevens foram todos profundamente influenciados por aspectos do seu pensamento; o mesmo vale para D. H. Lawrence, Hermann Broch, Robert Musil, André Malraux; Oswald Spengler, autor de *A Decadência do Ocidente*, afirmou que ele devia "quase tudo" a Goethe e Nietzsche; o livro mais famoso de Nietzsche, *Assim Falou Zaratustra*, deu a Richard Strauss a inspiração e o título para um poema sinfônico; Freud admitiu que os *insights* de Nietzsche sobre a motivação humana "concordam de modo espantoso" com as descobertas da psicanálise; e assim por diante.

Nietzsche observou sarcasticamente que o cristianismo era apenas "platonismo para as massas". Temos hoje, no mundo acadêmico, o que podemos chamar de nietzschianismo para as massas, já que pelotões de niilistas acomodados papagueiam suas ideias e atitudes. A alegação de Nietzsche de que a verdade é meramente "um punhado de metáforas, metonímias e antropomorfismos móveis", por exemplo, se tornou um verdadeiro mantra nos departamentos de literatura comparada país afora. Mas ainda que as crenças corrosivas de Nietzsche a respeito da verdade, da moralidade e da religião pareçam ser feitas sob encomenda para acadêmicos da moda, em outros aspectos ele dificilmente é o que alguém chamaria de politicamente correto. "Quando uma mulher tem inclinações acadêmicas", Nietzsche nos diz em *Além do Bem e do Mal* (1886), "frequentemente há algo errado com sua sexualidade." "O que é a verdade para a mulher? Desde o início nada tem sido mais estranho, repugnante e hostil à mulher do que a verdade – sua grande arte é a mentira; sua maior preocupação, a mera aparência e a beleza." Naturalmente, como Nietzsche exaltava a "mera aparência" e insistia em que a verdade é "feia", seria possível dar uma interpretação positiva para a afirmação acima. Mas eu duvido que qualquer habilidade hermenêutica possa salvar sua observação de que um homem que tenha "profundidade" deveria pensar na mulher como o fazem os "orientais": "Como uma propriedade".

As pessoas têm tomado de Nietzsche – mais ainda do que da maioria dos pensadores – coisas muito distintas. Isso se deve, em parte, ao seu estilo, que é epigramático, literário e muitas vezes indefinível, a ponto de ser enigmático. Muitas das suas doutrinas e ideias centrais – o Eterno Retorno, o *Übermensch* (que Shaw traduziu como "super-homem", dando neste caso uma aura ligeiramente cômica à ideia), mesmo a Vontade de Poder – têm funcionado mais como metáforas sugestivas do que como argumentos. Em verdade, embora não se possa dizer com certeza que Nietzsche refutava argumentos, tem-se a impressão de que ele se valia deles relutantemente: como é melhor – mais dramático, mais convincente – apresentar uma imagem inesquecível em vez de humilhar-se para elaborar um argumento! "*Alles, was tief ist, liebt die Maske*": "Tudo o que é profundo", afirmou Nietzsche, "ama disfarces." Certamente, Nietzsche amava disfarces. Ele era um filósofo, mas frequentemente escrevia como um poeta; e os poetas, ele proclamou em *Zaratustra*, "mentem demais". Ele se perguntava: Zaratustra é um poeta? E nós nos perguntamos: e Nietzsche?

De qualquer forma, ele é corretamente considerado um dos maiores mestres da prosa alemã. Em razão de um sério problema na visão – durante boa parte da vida adulta, Nietzsche diversas vezes quase ficou cego – ele perdia a capacidade de ler ou escrever por longos períodos. Ele tendia a compor mentalmente durante longas caminhadas diárias. "Não dê crédito a nenhum pensamento", ele aconselhava, "que não tenha surgido fora de casa durante uma caminhada livre." Daí vem a sua preferência pelo aforismo ou pelo ensaio curto. A maioria dos livros de Nietzsche é na verdade uma série de aforismos ou de aforismos prolongados e encadeados. A alegação de que tal forma é imprópria para a reflexão filosófica séria era algo que Nietzsche rejeitava: "São aforismos! Aforismos? – Que reconsiderem e peçam perdão aqueles que me repreendem". O aforismo era o meio de *insight* preferido de Nietzsche: mais ágil e eloquente que a argumentação discursiva. "Eu me aproximo de problemas profundos como de banhos frios", ele confidenciava: "Entro e saio deles rapidamente. Que alguém não chegue às profundezas desse modo, que não vá fundo o suficiente, é a superstição dos que temem a água, os inimigos da água fria; eles falam sem ter experiência. O frio congelante torna uma pessoa ágil". A especialidade particular de Nietzsche era o aforismo psicológico: a exposição de motivações semelhante a um bisturi. Eis alguns de *Além do Bem e do Mal*:

> Aquele que não *deseja* ver o que é grande num homem tem o olhar mais aguçado para o que é vulgar e superficial em si, então abre mão de si mesmo.
>
> Qualquer um que tenha olhado com atenção para o mundo pode presumir quanta sabedoria há na superficialidade dos homens.
>
> Uma pessoa começa a desconfiar de pessoas muito esclarecidas quando se envergonham [diante delas].
>
> Quando temos que mudar de opinião a respeito de alguém, nós lhe devolvemos o inconveniente que nos causa.
>
> O ventre é a razão por que o homem não toma a si mesmo facilmente por deus.
>
> "Eu fiz aquilo", diz minha memória. "Não é possível que eu tenha feito aquilo", diz meu orgulho, e permanece implacável. Por fim – a memória se rende.

Apesar das virtudes estilísticas de Nietzsche, vale a pena observar, entretanto, que nem sempre ele escreveu bem. *Assim Falou Zaratustra*, por exemplo, é um pretensioso pântano retórico, entrecortado aqui e ali com observações fulgurantes. (Nietzsche, que acreditava que com *Zaratustra* havia "dado à humanidade o maior presente que se lhe havia dado até então", obviamente pensava de modo diferente: "Quem tiver compreendido seis frases do livro", observou em *Ecce Homo*, "seria alçado a um nível de existência mais elevado do que o que poderia ser alcançado pelo homem 'moderno.'") O próprio Nietzsche admitia que em muitos trechos O *Nascimento da Tragédia* era "mal escrito, enfadonho, confuso, repleto de imagens loucas e confusas, sentimental, em alguns trechos tão açucarado que beira a efeminação, irregular no ritmo e despreocupado com a clareza lógica". É irônico que muitos dos admiradores de Nietzsche tenham sido em grande parte enganados por elementos de sua obra – por exemplo, a ideia do artista como provedor de "conforto metafísico" em O *Nascimento da Tragédia* ou a retórica quase bíblica de Zaratustra – que ele mesmo rejeitou mais tarde ou recusou reconhecer.

O estilo de Nietzsche premia a expressão; a coerência é outra questão. Muitos críticos tentaram mostrar que sua obra, tomada em conjunto, apresenta muito mais unidade do que pode parecer à primeira vista; ela também mostra sem dúvida uma natureza mais sistemática do que se poderia suspeitar inicialmente: epistemologia, ética, metafísica, estética – Nietzsche tinha coisas particulares a dizer sobre todos os tópicos tradicionais da filosofia, embora muitas vezes as dissesse de um modo não tradicional. Pode muito bem ser verdade, como sugeriu um comentador, que os livros de Nietzsche sejam mais fáceis de ler e mais difíceis de entender do que os de qualquer outro pensador. Uma incursão pelas obras de Nietzsche mostrará alegações absurdamente disparatadas sobre a verdade, a castidade, os alemães, Wagner, os judeus, moralidade, ciência, arte e o cristianismo – apenas para mencionar alguns tópicos que prenderam a sua atenção. É fácil citar Nietzsche para quase qualquer propósito, e não nos surpreende o fato de que sua obra foi solapada para promover ideias ele teria combatido de forma radical. Isto dificilmente nos surpreende, dada a sua insistência em que "uma pessoa não deseja apenas ser compreendida quando escreve, mas deseja do mesmo modo *não* ser compreendida". O filósofo existencialista Karl Jaspers deu o excelente conselho de que não se deve ficar satisfeito com nenhuma afirmação de Nietzsche até que se encontre uma passagem que a contradiga: somente então se teria condições de determinar o que ele realmente disse.

Embora os influenciados por Nietzsche possam ser encaixados em muitas categorias, uma linha divisória muito útil é a que separa os que se aproximaram dele antes do nazismo e os que se aproximaram depois. Os primeiros podem parecer notavelmente inocentes. É típico o caso do escritor americano H. L. Mencken. Em seu livro *The Philosophy of Friedrich Nietzsche* (publicado pela primeira vez em 1908), Mencken nos apresenta um Nietzsche franco e irascível que lembra muito... H. L. Mencken. Ele afirma que as ideias de Nietzsche, "analisadas em sua totalidade, opõem-se diretamente a todos os sonhos que acalmam o sono do povo... Elas são preeminentemente para o homem que *não* é da massa, para o homem que tem a cabeça erguida, por pouco que seja, acima no nível ordinário" – em suma, você compreende, elas são para homens que se parecem muito *conosco*. Mencken louva a obra de Nietzsche como um "contra-ataque ao sentimentalismo"; mas o que muito provavelmente pode chocar o leitor contemporâneo é exatamente o próprio sentimentalismo de Mencken: por exemplo, sua descrição da "nobre e quase santa" irmã de Nietzsche, Elisabeth, quando na verdade ela explorou vergonhosamente a reputação do irmão em função dos seus próprios objetivos. Ainda mais impactante é a sua sentimentalização das ideias de Nietzsche sobre a moralidade. Para Mencken, Nietzsche era um livre-pensador iconoclasta, um espinhoso, mas não totalmente desagradável, aliado da guerra contra o que Mencken chama alhures de "imbecil coletivo".

Nietzsche gostava de se considerar *unzeitgemäss*, "inadequado para o seu tempo". Ele acreditava que suas meditações e passeios solitários lhe haviam proporcionado *insights* que seriam muito avançados e devastadores para grande parte de seus contemporâneos. E de fato alguns dos escritos de Nietzsche sobre verdade, linguagem e moralidade parecem extraordinariamente prescientes – ou ao menos extraordinariamente contemporâneos. Mas o apego de Mencken pelo pensamento de Nietzsche sugere que este também era muito mais um produto do seu tempo, que ele era notavelmente "contemporâneo" bem como não contemporâneo. Sua divinização da arte, seu "imoralismo", sua celebração do instinto em detrimento da razão, seu ataque à classe média, à religião, etc.: tudo isso era parte da inebriante atmosfera intelectual do *fin de siècle*, tanto na Inglaterra e nos Estados Unidos como na França e na Alemanha. Ainda que Nietzsche tenha sugerido que "dizer a verdade equivale a mentir segundo uma convenção estabelecida", do mesmo modo, por exemplo, Oscar Wilde lamentou a "decadência da mentira", admoestando os leitores a não serem enganados pelos "caminhos da virtude". Todavia, vale a pena lembrar que ataques à virtude são mais atraentes quando esta continua bem estabelecida; da mesma forma, a veneração do poder, da violência, da crueldade, etc. parece divertidamente revigorante apenas na medida em que a própria pessoa não sofra com essas coisas.

Nietzsche condenava "lojistas, cristãos, vacas, mulheres, ingleses e outros democratas" de um modo que Mencken e outros poderiam admirar e emular. Mas a fúria de Mencken – ora divertida, ora odiosa – *pressupunha* a sociedade e os valores básicos que atacava; a polêmica de Nietzsche desafiava ambos do modo mais fundamental. Enquanto Mencken anatematizava abstêmios, o YMCA e a quiroprática, Nietzsche se esforçou para subverter a fundação mesma da moralidade ocidental. Ele resumiu isto da seguinte maneira, em *A Vontade de Poder*: "*Meu objetivo*: [...] Demonstrar de que maneira tudo o que é louvado como moral é essencialmente idêntico a tudo o que é imoral". O que ele queria dizer com isto? Como sempre, há passagens conflitantes em Nietzsche. Em *Aurora* (1881), ele admite que "não é necessário dizer que eu não nego – a menos que eu seja um tolo – que muitas ações chamadas imorais devem ser evitadas e rechaçadas, ou que muitas chamadas morais devem ser realizadas e encorajadas – mas acho que aquelas devem evitadas e estas encorajadas *por razões diferentes das que têm sido dadas até agora*".

Visto que para Nietzsche "de modo geral não há fatos morais", não há ações boas ou más *em si*; se alguém deve buscar um curso de ação tradicionalmente chamado moral, não é por ele ser *bom*, mas por razões puramente pragmáticas. As consequências dessa visão antimoral da moralidade ficam claras quando consideramos a notória distinção que Nietzsche faz entre a "moral do mestre" e "moral do escravo". Na *Genealogia da Moral*, onde elabora essa distinção, Nietzsche nos lembra que "não se pode deixar de perceber na base de todas essas raças nobres o animal de caça, a esplêndida *besta loura* rondando por perto, avidamente, à procura de espólios e vitória". Nietzsche afirma que, uma vez liberto das rédeas, seus "nobres"

> não são muito melhores do que animais de caça soltos. Eles saboreiam a liberdade de toda coerção social, eles recompensam a si mesmos no deserto pela tensão causada pelo isolamento prolongado e pelo cerco na paz da sociedade, eles *retornam* à consciência inocente do animal de caça, como monstros triunfantes que talvez surjam de uma repugnante procissão de assassinato, incêndio, estupro e tortura, com alegria e serenidade na alma.

Em 1887, tal glorificação da violência e da "voluptuosidade da vitória e da crueldade" pode ter sido simplesmente intrigante; por volta da década de 1930, quando os nazistas se apropriaram da retórica de Nietzsche como uma coroa para os seus atos sanguinários, tornara-se impossível encarar tais passagens com indiferença. Os comentadores simpáticos a Nietzsche sem dúvida alguma estão certos em dizer que ele teria ficado horrorizado com o nazismo e o Terceiro Reich. Também estão corretos em dizer que ele se considerava um fervoroso "antiantissemita". Mas, como o próprio Nietzsche reconhecera, parte do que o tornava "dinamite" é o elo inextricável entre o seu ataque à moralidade e o imoralismo de suas "bestas louras". Na medida em que alguém aceite isto, ele observa, "sua crença na moralidade, em toda moralidade, vacila".

O ataque de Nietzsche à moralidade procede diretamente da sua compreensão da natureza do homem. A principal influência filosófica da visão de mundo de Nietzsche foi incontestavelmente Arthur Schopenhauer, "o professor e severo capataz de quem eu me gabo", como Nietzsche afirmou em *Schopenhauer Educador* (1874), a terceira de suas *Considerações Intempestivas*. No âmago da filosofia de Schopenhauer está a alegação revolucionária de que a compreensão tradicional do homem como "animal racional" está completamente errada. Num ato que antecipou Nietzsche e Freud, Schopenhauer inverteu a visão platônico-cristã do homem, alegando que este é essencialmente *vontade*, e não razão. Segundo Schopenhauer, razão, consciência, moralidade, juízo – todas as propriedades que associamos com o ego – são meros epifenômenos da batalha insondável e vã que anima toda a natureza.

Enquanto a filosofia tradicional falara da razão como "guia" da alma, para Schopenhauer a razão era o arrimo da vontade: uma marionete açoitada por impulsos inexplicáveis e amorais. Schopenhauer acreditava que a escravidão do homem à vontade condenava-o ao sofrimento e à infelicidade permanentes. "*O querer*", afirmou ele, "brota da necessidade, da deficiência e, portanto, do sofrimento." Toda satisfação aparente é simplesmente um prelúdio ao tédio e ao desejo fresco. Daí o pessimismo inveterado de Schopenhauer. "Certamente a existência deve ser considerada um erro ou equívoco", concluiu, "para retornar daquilo que é salvação." Schopenhauer valorizou tanto a arte e a experiência estética precisamente porque encontrou naquela um refúgio temporário dos imperativos da vontade. A experiência estética "nos tira da interminável torrente do querer [...]. Por um instante somos libertados da miserável pressão da vontade. Celebramos o Sabá da escravidão penal do querer; a roda de Íxion permanece imóvel".

A doutrina de Schopenhauer deixou uma marca indelével em Nietzsche, assim como em muitos de seus contemporâneos. Tanto a ideia de que o homem – e toda a natureza – é essencialmente vontade, quanto sua visão quase religiosa da experiência estética, ambas se tornaram traços permanentes do pensamento de Nietzsche. A princípio ele também aceitara o pessimismo de Schopenhauer. Mas nas obras da maturidade, Nietzsche inverteu a ética de Schopenhauer, assim como este invertera a antropologia tradicional. A tradição estava equivocada não somente em considerar o homem fundamentalmente como um animal racional, argumentava Nietzsche, mas também em dar mais valor ao ser do que ao devir, à permanência mais do que à evanescência, à atemporalidade mais do que ao tempo. Ao fazer da necessidade uma virtude, Nietzsche acabou exaltando o querer – e, portanto, o sofrimento – como fonte de toda alegria e poder. Esta foi sua inovação essencial em relação a Schopenhauer. Enquanto Schopenhauer via a arte como um propedêutico para a renúncia, para Nietzsche a arte era uma alternativa à renúncia e ao pessimismo pressuposto por ela. Em vez de menosprezar a vontade, Nietzsche a celebrava. Para ele, o repúdio de Schopenhauer à existência era evidência de um "rancor contra o tempo" que devemos aprender a superar. Em *Zaratustra*, Nietzsche critica aqueles que "se deparam com um enfermo, um idoso ou um cadáver e imediatamente dizem: 'a Vida está refutada'. Mas apenas eles mesmos são refutados – e seus olhos, que enxergam apenas um lado da existência". Paradoxalmente, para afirmar-se em sua totalidade, o homem deve aprender a afirmar-se em sua incompletude: como alguém mortal e essencialmente atado ao tempo. O homem deve dizer "sim" ao tempo. Não se sabe se Nietzsche acreditava ter alcançado a afirmação radical da mortalidade que defendia. Embora frequentemente fale de si como um "alguém que pronuncia sim o tempo todo", ele retrata até mesmo *Zaratustra* como tendo sido mordido pela "tarântula" da vingança; e numa nota ele confessa: "*Eu mesmo* tentei afirmar a vida – mas... Ah!".

Há um tremendo *pathos* no esforço de Nietzsche em afirmar a vida. Como observou Erich Heller, Nietzsche "tinha a paixão da verdade, mas não acreditava nela. Ele tinha o amor pela vida, mas se desesperava com ele. É dessas coisas que são feitos os demônios – talvez o mais poderoso demônio secreto, motivado pela mente moderna a comer o coração". Em sua investigação da origem dos valores, Nietzsche sempre se perguntou qual carência, qual necessidade, qual deficiência poderia ter instigado a criação de um determinado valor. Em *A Gaia Ciência* (1887), por exemplo, ele se gaba de que "meu olhar ficou cada vez mais aguçado para a mais difícil e capciosa forma de [...] inferência inversa da obra para o criador, da ação para o agente, do ideal para aqueles que *necessitam* dele". É verdade: que necessidade poderia ter criado o ideal hostil que Nietzsche erigiu para si?

Friedrich Wilhelm Nietzsche nasceu a 15 de outubro de 1844, em Röcken, Saxônia. O mais velho de três filhos, recebeu esse nome por causa de Friedrich Wilhelm IV, rei da Prússia, cuja data de nascimento era a mesma da sua. O homem que mais tarde declararia que o cristianismo era a "calamidade do milênio" e que chamaria a si mesmo "O Anticristo" passou a infância envolto pela religião. Seu pai, Karl Ludwig, foi um pregador luterano e filho de um clérigo. Era um homem culto: músico, estudioso e nem um pouco mundano. No final da década de 1830, ele servia como cortesão menor e tutor das três princesas prussianas em Altenburgo. Naturalmente, ele causou uma impressão favorável no rei, pois seu pastorado em Röcken estava sob o poder da coroa. A mãe de Nietzsche, treze anos mais nova que o marido, também era filha de um pastor, e fora educada para ser obediente e piedosa. Quando se casou, em 1843, a noiva de dezessete anos se juntou ao seu marido numa família que incluía a mãe viúva e duas meias-irmãs solteiras. A família do futuro apóstolo da "riqueza superabundante" também se caracterizava por um *pot-pourri* de doenças. Logo no início de sua vida, o jovem míope Friedrich começou a sofrer de enxaquecas que o incomodariam pelo resto de sua vida, enquanto suas tias e sua avó combatiam cronicamente diversas enfermidades gástricas e nervosas: também essas atormentariam Nietzsche. Seu pai foi ainda mais desafortunado. Em 1848, ele começou a sofrer de uma misteriosa doença no cérebro. O diagnóstico – que viria a assombrar Nietzsche tempos depois – foi "amolecimento cerebral". Morreu em julho do ano seguinte, com 36 anos.

Mais acontecimentos trágicos estavam por vir. Em 1850, o irmão mais novo de Nietzsche, Joseph, faleceu. Incapaz de sustentar a família com uma pensão de viúva, *Frau* Nietzsche mudou-se logo para Naumburg, com Friedrich e sua adorável irmã Elisabeth, para se juntar novamente à sogra e às cunhadas, que tinham se mudado para lá logo após a morte de Karl Ludwig. O jovem sério e excessivamente meticuloso parecia destinado ao clero. Seus principais interesses eram música e teologia, e sua sóbria conduta e absorção na religião inspiraram os colegas de classe a chamarem-no "pequeno pastor". Em 1858, Nietzsche ganhou uma bolsa de estudos integral para Schulpforta, o similar alemão dos internatos britânicos de Eton e Winchester. Seu desempenho em matemática foi ruim, mas ele se sobressaiu em línguas e literatura. De acordo com a opinião geral, Nietzsche se tornou o mais compassivo dos homens: calmo, modesto, infalivelmente cortês e correto. Contudo, não há dúvida de que ele possuísse uma vontade firme. Ainda jovem ele praticava o "autodomínio" com uma severidade assustadora. Ronald Hayman, um de seus muitos biógrafos, reconta um episódio revelador dos tempos de escola do filósofo. Nietzsche lançou-se numa discussão sobre Gaius Mucius Scaevola, o lendário soldado romano de quem se diz que, capturado pelo inimigo, estirou sua mão direita resolutamente numa fogueira para provar sua indiferença em relação à dor. Para não ser sobrepujado, o jovem Nietzsche pegou um punhado de palitos de fósforo, acendeu-os e manteve os gravetos flamejantes firmemente na palma da mão estendida até que um monitor os jogasse no chão. O garoto já havia se queimado muito.

Embora continuasse atraído por teologia e música – Nietzsche chegou a compor um bom número de peças para piano, as quais têm aproximadamente a mesma qualidade que sua teologia da maturidade –, decidiu estudar filologia clássica. Foi primeiro a Bonn, e então seguiu seu mentor, o eminente filólogo Friedrich Ritschl, em direção à Universidade de Leipzig, em 1865. Foi pouco depois de ter chegado a Leipzig que Nietzsche topou, num sebo, com uma edição da principal obra filosófica de Schopenhauer, *O Mundo como Vontade e Representação*.

Foi também em 1865 que Nietzsche, decididamente não mundano, visitou Colônia. Embora tenha pedido a seu guia que ele lhe levasse a um restaurante, este o levou a um bordel. Atordoado com as meretrizes, que usavam vestidos de escumilha, Nietzsche ficou paralisado por um momento. "Então, me dirigi instintivamente para o piano, já que era a única coisa nobre presente", contou numa carta. "Toquei alguns acordes, que me libertaram da minha paralisia, e fugi." Se Nietzsche mais tarde retornou a estabelecimentos como esse ou similares, isso é um motivo de contenda. Muitos comentadores acreditam que Nietzsche morreu virgem; Freud especulava que ele havia contraído sífilis num bordel masculino em Gênova; e Thomas Mann acreditava ser "incontestável" que a loucura de Nietzsche era resultado de uma sífilis terciária. Ele fez Adrian Leverkühn – o protagonista de *Doutor Fausto*, o qual havia sido inspirado em Nietzsche – procurar a prostituta Esmeralda e, apesar das suas advertências, contrair sífilis deliberadamente: um prelúdio ao seu pacto com o demônio. O próprio Nietzsche, pouco depois de ter ficado louco, alegou ter se infectado duas vezes em 1866, embora nessa época ele já não fosse uma testemunha confiável. De qualquer modo, é digno de nota que, se seu colapso mental foi causado pela sífilis, a doença seguiu um curso irregular: ele não se tornou incontinente, sua fala não ficou embolada, e ele conseguiu manter algum controle sobre sua memória.

Em 1867, Nietzsche ingressou no serviço militar compulsório de dois anos, mas foi dispensado depois de alguns meses em razão de um ferimento que ele sofreu após ter caído de um cavalo. Ao retornar a

Leipzig, compensou na filologia a deficiência que tinha na equitação. "Ele será absolutamente capaz de fazer tudo o que quiser", escreveu Ritschl, observando que Nietzsche foi "o primeiro de quem aceitei qualquer contribuição, sob qualquer condição, enquanto ele ainda era um estudante". O futuro parecia promissor: em 1868, ele conheceu Wagner e sua esposa Cosima, dos quais se tornou amigo íntimo. No ano seguinte, embora lhe faltasse o doutorado, foi nomeado para a cadeira de Filologia na Universidade de Basel por meio da recomendação de Ritschl. Leipzig rapidamente lhe concedeu o grau que lhe faltava. Em 1870, foi promovido a professor titular e se tornou cidadão suíço. Ao menos no início, Nietzsche parece ter sido um professor eficiente e popular. Uma série de conferências públicas proferidas em 1871 atraiu um público de mais ou menos trezentas pessoas a cada uma. O colega mais velho de Nietzsche em Basil, Jacob Burckhardt, o grande historiador do Renascimento, observou que "em alguns pontos, elas eram realmente fascinantes, mas, em seguida, uma profunda melancolia far-se-ia ouvir".

Quando a Guerra Franco-Prussiana eclodiu em 1870, Nietzsche serviu voluntariamente como camareiro de hospital na frente de batalha, para, como ele mesmo disse, "dar uma pequena contribuição para a caixa de esmolas da pátria". O delicado *scholar* rapidamente contraiu difteria e disenteria. Há a hipótese – em geral refutada – de que ele também teria contraído sífilis por causa da ajuda a soldados feridos. A alegação de Mencken de que Nietzsche era um "escravo dos medicamentos" é um tanto exagerada, embora fosse verdade que nessa época ele havia adquirido o hábito vitalício de tomar muitos remédios. Além de ter se viciado em outros medicamentos específicos, nos anos de sua maturidade ele se valeu regularmente de sedativos tão potentes quanto veronal e hidrato de cloral, para combater o pesadelo da insônia crônica.

Embora ele se gabasse ocasionalmente de sua vigorosa constituição física, a verdade é que, por volta da metade da década de 1870,

Nietzsche estava fisicamente arruinado e tinha de ser extremamente cuidadoso com sua dieta. "O álcool me faz mal", confidenciou na segunda seção de *Ecce Homo*, "Por que Sou Tão Inteligente": "Uma única taça de vinho ou cerveja num dia é realmente suficiente para transformar minha vida num vale de miséria". Em 1876, ele teve de se afastar do ensino e, em 1879, sua saúde tinha se degenerado tanto, que foi forçado a se demitir de Basel. Dada a quantidade de doenças que tinha, o que é extraordinário não é o fato de ele ter, ao fim e ao cabo, enlouquecido, mas o de ter permanecido lúcido e produtivo por tanto tempo. "Minha existência é um fardo medonho", escreveu para um médico em 1880.

> Dor constante, uma sensação semelhante à náusea durante várias horas no dia, uma semiparalisia que dificulta a minha fala, as quais se transformam em convulsões violentas (durante os espasmos da última vomitei por três dias e noites; tive sede a tal ponto que parecia que eu morreria) [...] Se ao menos eu pudesse lhe descrever o prolongamento disso tudo, a dor constante e a pressão na cabeça e nos olhos [...]

Embora anteriormente ele tivesse feito duas propostas de casamento (uma a Lou Salomé, que veio a se tornar amante de Rilke e amiga de Freud), na época em que publicou *A Genealogia da Moral* (1887), Nietzsche acreditava que "o filósofo abomina o *matrimônio*, [...] sendo este um impedimento e um flagelo em seu caminho na direção do ótimo". De 1879 até o seu colapso, Nietzsche viveu uma vida cada vez mais isolada e peripatética, subsistindo em grande parte com uma pensão exígua concedida por Basel. Um quarto de solteiro nas mais modestas pensões de Roma, Sils Maria, Nice, Menton, Gênova e Turim: Nietzsche se tornou um *scholar* itinerante, sempre em busca de um clima saudável para a sua saúde deplorável. À medida que avançava a década de 1880, ele se viu com poucos amigos e pouquíssimos leitores. Em 1886, subsidiou a publicação de *Além do Bem e do Mal*, talvez seu livro mais brilhante. Escreveu a seu amigo Peter Gast dizendo que teria de vender trezentas cópias do livro para recuperar os gastos. Um ano depois o livro havia vendido 114 cópias. "Eu sou a *soledade* tornada homem", escreveu numa nota pesarosa.

Embora alguns críticos, incluindo Hippolyte Taine, tenham escrito com admiração sobre os livros de Nietzsche, sua obra da maturidade foi quase completamente ignorada até o exato fim de sua vida intelectual. Em 1888, o crítico dinamarquês Georg Brandes proferiu em Copenhague uma famosa série de palestras sobre sua obra, sinalizando o início da fama. Infelizmente, no início de janeiro de 1889, Nietzsche desfaleceu numa rua em Turim, abraçando o pescoço de uma égua que pouco antes havia sido chicoteada por um cocheiro. Ao longo dos dias subsequentes, ele conseguiu despachar um punhado de cartas delirantes com as assinaturas de "Dioniso", "O Crucificado", etc. Sua carta a Burckhardt, por exemplo, começa assegurando ao antigo colega que

> Ao fim e ao cabo, eu preferiria ser um professor em Basel a ser Deus; mas não ousei empurrar meu egoísmo privado para tão longe a ponto de desistir, pelo bem dele, da criação do mundo. Veja, é necessário fazer sacrifícios como quer e onde quer que se viva.

Ele confidenciou a seu amigo Franz Overbeck que "exatamente agora estou tendo todas as descargas antissemitas". Depois de conversar com Burckhardt, Overbeck internou Nietzsche numa clínica em Basel. Alguns de seus amigos alegavam suspeitar de que sua loucura fosse apenas mais uma máscara, mais uma pitada de fingimento; em verdade, sua situação era desesperadora. Depois do cuidado de vários especialistas, Nietzsche foi entregue aos cuidados de sua mãe. Ele tinha momentos de relativa lucidez, mas nunca recuperou suas faculdades.

Nietzsche permaneceu num crepúsculo mental por uma década, ignorando o rápido crescimento de sua notoriedade. Sua irmã, todavia, rapidamente capitalizou sua fama. Logo depois de uma tentativa fracassada de estabelecer uma autêntica colônia alemã no Paraguai com seu marido Bernhard Förster, um radical antissemita, que se suicidara havia pouco, ela rapidamente conseguiu obter jurisdição exclusiva sobre os escritos não publicados de seu irmão. Tendo alterado seu nome para Förster-Nietzsche para intensificar o efeito, ela designou a si mesma como a principal guardiã e intérprete privilegiada de suas ideias. Para explorar o crescente culto a Nietzsche de forma mais eficaz, depois de algum tempo ela levou seu irmão para Weimar – a cidade de Goethe e Schiller – e começou a controlar o acesso aos seus ensaios, a forjar cartas e a publicar livros inventados a partir de anotações variadas. Ela foi particularmente cuidadosa em enfatizar as passagens que concordavam com suas próprias tendências nacionalistas e antissemitas, ajudando, assim, a abrir caminho para a glorificação nazista da filosofia de Nietzsche. Quando morreu, em agosto de 1900, Nietzsche era mundialmente famoso. Mas havia muito tempo ele já era incapaz de avaliar ou até mesmo de compreender seu triunfo.

Em 1872, Nietzsche publicou seu primeiro livro, O Nascimento da Tragédia a partir do Espírito da Música (título alterado em sua edição de 1886 para O Nascimento da Tragédia: Ou, Helenismo e Pessimismo). Longe de justificar a excessiva fé do *establishment* acadêmico num jovem desconhecido, o livro de Nietzsche parecia calculado para incitar a ira no *establishment* filológico. A crítica mais severa veio de um contemporâneo de Nietzsche em Berlim, Ulrich von Wilamowitz-Möllendorf, que se tornaria o filólogo mais notável de sua geração. Maliciosamente intitulado *Zukunftsphilologie!* [Filologia do Futuro], uma alusão depreciativa à *Música do Futuro*, de Wagner –, o panfleto de Wilamowitz de fato identificou vários erros factuais de Nietzsche. E provavelmente muitas das ideias de Nietzsche a respeito da origem da tragédia grega sejam, na realidade, erradas.

Mas o ataque de Wilamowitz, num sentido importante, foge à questão. Pois o que quer que seja O Nascimento da Tragédia, não é uma contribuição acadêmica à filologia. Completamente deficiente em aparato acadêmico, é uma investigação audaciosa e especulativa não apenas do nascimento da tragédia, mas também de sua morte e renascimento prometido nas óperas de Richard Wagner. O livro é, em parte, uma polêmica contra a visão alegre e racionalista da cultura grega resumida no epíteto de Johann Winckelmann: "Nobre simplicidade e discreta grandeza". Para Nietzsche, a visão neoclássica da cultura clássica era superficial e ingênua. Em sua ânsia por ordem, deixou escapar completamente o submundo do sofrimento e do caos dionisíacos que estava por trás das figuras apolíneas grandiosas dos deuses e heróis gregos. "O grego conhecia e sentia o terror e o horror da existência", escreveu Nietzsche. "Para que pudesse suportar esse terror sob qualquer condição, precisou interpor entre ele e a vida o radiante e ideal nascimento dos olímpicos." O nome dessa interposição era Tragédia: Apolo se torna o instrumento de Dioniso, enganando o sofrimento por meio de sua estetização. Em verdade, numa de suas frases mais famosas – repetida três vezes ao longo de O *Nascimento da Tragédia* –, Nietzsche insiste em que "a existência e o mundo só podem ser justificados como um *fenômeno estético*".

Mas O *Nascimento da Tragédia* era muito mais do que uma interpretação da cultura grega. Era também o início da crítica de Nietzsche à modernidade, por sua sujeição ao racionalismo e à ciência. Na oposição por ele delineada entre Sócrates como a personificação da razão, por um lado, e a sabedoria dionisíaca da tragédia, por outro, Nietzsche estava escrevendo tanto sobre a Europa do século XIX quanto sobre a Atenas do século V a.C. A modernidade foi definitivamente moldada pela "razoabilidade audaciosa" de Sócrates, como nos faz lembrar diariamente o triunfo da ciência e da tecnologia. Porém o compromisso de Sócrates com a razão em detrimento do irracional não teria por acaso eliminado, e não revelado, a realidade? Por acaso, como disse Nietzsche, não se tratava de um "sinal de decadência, exaustão da dissolução anárquica dos instintos"? A verdade *versus* a vida: a surpreendente conclusão de Nietzsche foi que, no fundo, a ciência estava aliada ao niilismo por causa de seu intransigente compromisso com a verdade. "Toda ciência", ele escreveu, "tem no presente o objetivo de dissuadir o homem de seu antigo respeito por si." Para salvar a vida da ameaça da ciência "o valor da verdade deve, de uma vez por todas, ser *posto em dúvida* experimentalmente". Um dos aspectos excêntricos do pensamento maduro de Nietzsche é que ele desejava questionar o valor da verdade enquanto preservava a honestidade como sua única virtude remanescente. Tradicionalmente, as virtudes morais sempre foram todas partes de um todo. Por exemplo, Tomás de Aquino observa que "quase todos concordam em dizer" que as virtudes morais estão interconectadas, que o "discernimento pertence à prudência, a retidão à justiça" e assim por diante. Vale a pena perguntar se a honestidade, separada da família das virtudes, continua sendo uma virtude – se, ao fim e ao cabo, ela até mesmo continua sendo honesta. Quando não é moderada por outras virtudes, a honestidade não opera tanto para revelar a verdade quanto para expô-la. Isso é honesto?

Nietzsche apegou-se à honestidade depois de ter abandonado as outras virtudes porque ela lhe permitia modelar o mais cruel instrumento de interrogação imaginável. A dificuldade – e não a verdade – se tornou o seu critério de valor. Assim ele cingiu-se à horripilante ideia do Eterno Retorno principalmente porque a considerava "o pensamento mais difícil possível" – em verdade, não importava se ela também era verdadeira.

Nietzsche opunha a honestidade à verdade. Ele encarava a arte como um "contramovimento ao niilismo" não porque pensava que a arte pudesse nos dar a verdade, mas porque ela nos habituava a viver abertamente com a falsidade. "A verdade é feia", escreveu Nietzsche em *A Vontade de Potência*. "Nós possuímos a *arte* para que não *pereçamos por causa da verdade*." Naturalmente, há também algo como a arte desonesta: a arte que oferece não uma afirmação da existência, mas promete uma fuga dela. Para Nietzsche, este era exatamente o problema com Wagner e todo o romantismo: ao "simular [...] a transcendência e o além", Wagner abandonou a honestidade pela ilusão da redenção. Nietzsche queria uma arte que reconhecesse e abraçasse seu *status* de arte, que se deleitasse com a aparência *enquanto* aparência. "Se não tivéssemos saudado as artes e inventado esse culto do não verdadeiro", escreveu em *A Gaia Ciência*,

> então a compreensão da inverdade e da mendacidade gerais que hoje chegam até nós por meio da ciência – a compreensão de que a ilusão e o erro são condições do conhecimento e da sensação humanos – seria totalmente insuportável. A *honestidade* nos levaria à náusea e ao suicídio. Mas hoje há uma força contrária a nossa honestidade que nos ajuda a evitar tais consequências: a arte como a *boa* vontade em relação à aparência.

No final das contas, o ideal de Nietzsche pede que transformemos nossa vida numa obra de arte. Por ter aceitado a inversão que Schopenhauer faz da imagem tradicional do homem, Nietzsche já não considerava a vida humana digna em si: se o homem é essencialmente uma expressão da vontade irracional, então ele é em si moralmente desprezível. Essa é a cruel ironia que está presente no esforço de Nietzsche para sobrecarregar o homem com a tarefa de *criar* valores em vez de *reconhecê-los*. E é aqui, também, que se cruzam o esteticismo de Nietzsche e sua rejeição da moralidade. Para Nietzsche, o homem não é um fim em si, mas apenas "uma ponte, uma grande promessa". Para cumprir essa promessa, o homem deve tratar a vida com a mesma imperiosidade e ousadia que o artista coloca em sua obra. Nietzsche argumentava que, se "a vida em si é *essencialmente* posse, injúria, oprimindo o que é estranho e mais fraco; supressão, severidade [...] e ao menos, na melhor das hipóteses, exploração", então dificilmente nos surpreende que o esteta perfeito também seja o perfeito tirano.

Nietzsche nunca se cansou de afirmar que as exigências da moralidade tradicional insultam a vida. Alguém pode dizer: "Sim", e é exatamente por isso que a moralidade é tão valiosa: ela reconhece que o homem se submete não apenas à vida, mas também àquilo que a enobrece – que, em verdade, a vida em si não é o tribunal de apelação mais elevado. Mas, para Nietzsche, a medida da nobreza é o desinibido pulso da vida: daí vêm a sua predileção por metáforas biológicas e metafóricas e a sua invocação das formas "ascendentes" e "descendentes" de arte e vida. Ele define o bem como aquilo que realça a percepção da vida. Se "ver alguém sofrer faz bem a alguém, fazer outros sofrerem é ainda melhor", então a violência e a crueldade podem ganhar a licença de moralidade e serem listadas na paleta de diversões do esteta. De modo mais ou menos concentrado, o ideal de Nietzsche é também o ideal da modernidade. É um ideal que subordina a moralidade ao poder para transformar a vida num espetáculo estético. Ele promete a liberdade e a exaltação. Mas, como assinala Novalis, é em verdade o feito supremo do bárbaro.

Capítulo 10 | O Mundo Segundo Sartre

Jean-Paul Sartre, o filósofo antiburguês por excelência, nasceu numa família solidamente burguesa em Paris, em junho de 1905. Seu pai, Jean-Baptiste, foi um oficial da marinha francesa e estudara na École Polytechnique; sua mãe, Anne-Marie Schweitzer (prima do grande doutor e humanitário Albert), viera de uma antiga e próspera família alsaciana. Jean-Baptiste morreu em 1906, quando Jean-Paul tinha quinze meses de vida, e Anne-Marie logo tomou seu filho pequeno e foi morar com seu pai Charles Schweitzer, a quem Sartre se refere de modo muito carinhoso em *As Palavras*, a autobiografia de sua juventude. Embora Sartre alegue ter detestado sua infância, ele recorda o tempo que passou na casa de Schweitzer como anos de liberdade, felicidade e muitos afagos, quando ele era o inteligente centro do mundo de todos.

O centro se deslocou em 1917, quando sua mãe se casou com Joseph Mancy, um ex-colega de escola do infeliz Jean-Baptiste, e se mudou com ele para La Rochelle. Sartre se lembra de seu padrasto – quando de algum modo se preocupa em fazê-lo – com um misto de desprezo e mágoa; não que Mancy fosse cruel ou merecedor de desprezo, mas ele havia cometido os pecados imperdoáveis de desorganizar o mundo de Sartre e dividir os cuidados de sua mãe.

Desde o início, Sartre deleitou-se com a privilegiada educação de sua classe. Bem cedo seu avô Schweitzer encorajou sua curiosidade e seu interesse pela leitura. Sartre era precoce, conhecedor de música, teatro e línguas, embora fosse, no mínimo, indiferente à matemática. Estudou filosofia na Escola Normal Superior, tendo ficado em primeiro lugar no concurso para o cargo de professor em 1929. (Uma colega estudante de filosofia que ele havia conhecido naquele ano, Simone de Beauvoir, ficou em segundo lugar.) Se o futuro filósofo era um estudante brilhante, dificilmente podia ser considerado um modelo. Na escola, como mostra Anne Cohen-Solal em *Sartre* (Pantheon, 1985), Sartre era o "terrível instigador de todas as sátiras, piadas e escândalos" – "escândalos" que, aparentemente, mal se restringiam à expressão inofensiva de uma euforia juvenil. Certa vez, por exemplo, Sartre assumiu o encargo de enviar uma carta para a polícia, acusando um colega de ter assassinado uma mulher, a esposa de um diplomata, cujo corpo fora encontrado recentemente; outra de suas "travessuras" resultou na renúncia do diretor da escola. Como observa Cohen-Solal, "essa imagem de um Sartre provocador, desrespeitoso e subversivo é recorrente, um *leitmotiv*, durante toda a sua vida".

Quando se lê *Satre*, conclui-se que chegar a um acordo com o filósofo era algo muito mais difícil do que supunha Cohen-Solal. Num trecho típico, ela nos diz que

> por um lado, a vida de Sartre havia sido mais ou menos dividida igualmente entre uma socialização intensa – viagens, refeições luxuosas, muita bebida, drogas e tabaco – e, por outro lado, a austeridade monástica de uma rígida agenda de trabalho. Trabalha até o meio-dia na Rue Bonaparte. Às 12h30: compromissos com duração de uma hora, marcados por sua secretária. Às 13h30: de volta à Rue Bonaparte com Beauvoir, Michelle ou alguma outra mulher [...] Duas horas [gastas] numa pesada refeição, ingerida com quase um litro vinho tinto. Às 15h30 ele interrompia a conversa, retirava-se da mesa e corria de volta para sua escrivaninha na Rua Bonaparte [...] Quando se sentia realmente mal, e o doutor prescrevia descanso, fazia uma concessão: menos tabaco e menos drogas por uma semana [...] Sua dieta, ao longo de um período de 24 horas, incluía dois maços de cigarro e muitas

cachimbadas com tabaco negro, mais de um litro de bebida alcoólica – vinho, cerveja, vodca, uísque, etc. –, duzentos miligramas de anfetaminas, quinze gramas de aspirina, muitos gramas de barbiturato, além de café, chá e refeições calóricas.

Tal rotina é, naturalmente, uma prescrição para o desastre, e nos surpreende o fato de que foi apenas em 1954 que Sartre sofreu o seu primeiro colapso, resultado de uma hipertensão arterial aguda. Alguns anos mais tarde, de acordo com relatos, ele quase se matou depois de ter tomado doses cada vez maiores do estimulante Corydrane, então em voga, para lhe ajudar e terminar a prova de revisão de *Crítica da Razão Dialética*. E em 1980, ano de sua morte, Sartre, com então 75 anos, já vinha levando uma existência póstuma havia muitos anos. Desde a infância, a escrita fora a obsessão de Sartre, sua *raison d'être*, sua vida. Porém, depois de 1973, ele já estava quase completamente cego, e não podia ler, nem escrever. Rapidamente, uma série de derrames e um punhado de outras doenças reduziram-no à patética e arruinada criatura que Simone de Beauvoir descreve com detalhes tão excruciantes em *A Cerimônia do Adeus*, suas memórias dos últimos anos de vida do filósofo.

Na avalanche de memórias, entrevistas e recordações sobre Sartre que apareceram desde sua morte, seus amigos se esforçam para proclamar sua generosidade e afabilidade. Não há dúvida de que ele podia ser ambos, afável e generoso, especialmente com as mulheres que eram membros do que Cohen-Solal chamou de sua "família". Mas ele também era capaz do que só pode ser chamado de malignidade libertina. Por mais extraordinário que fosse círculo de amigos e conhecidos de Sartre, ainda mais extraordinário era o catálogo de pessoas com as quais ele discutia e brigava. De Raymond Aron a Alberto Giacometti, passando por Maurice Merleau-Ponty e Albert Camus, Sartre parece ter se deleitado com o drama das amizades rompidas.

Talvez a briga mais notória tenha ocorrido em 1952, quando Sartre escreveu uma resenha excessivamente hostil sobre *O Homem*

Revoltado, de Albert Camus, em *Les Temps Modernes*. Camus, compreensivelmente triste por causa da resenha, enviou a seu antigo amigo uma fria carta que se iniciava com a saudação formal: "Senhor Diretor". Em vez de responder a Camus privadamente, Sartre publicou uma carta aberta na revista, uma carta que Cohen-Solal descreve corretamente como um dos "textos mais cruéis e violentos escritos por ele". "Meu querido Camus", começou Sartre, "nossa amizade não foi fácil, mas sentirei falta dela. Se você acabar com ela hoje, isso certamente significa que ela deveria acabar".

> Sua combinação de melancólica vaidade e vulnerabilidade sempre desencorajou as pessoas de lhe dizerem verdades sem disfarces [...] Diga-me, Camus, por quais razões misteriosas suas obras não podem ser discutidas sem tirar da humanidade suas razões para viver? Quão *sério* você é e, além disso, para usar uma de suas velhas palavras, quão frívolo! E se você estiver errado? E se seu livro simplesmente atestou sua ignorância em filosofia? E se ele contém conhecimento não original e reunido precipitadamente? [...] Você tem tanto medo assim de ser desafiado? [...] Mas eu não ouso lhe aconselhar consultar O *Ser e o Nada*. A leitura dele seria para você algo desnecessariamente árduo: você detesta as dificuldades do pensamento.

Nada disso, porém, impediu que Sartre escrevesse um panegírico adulador quando Camus morreu, em 1960: seus amigos só permaneciam como inimigos se fossem capazes de ser seus rivais.

Desde cedo Sartre se convencera de que se tornaria um grande escritor, que desfrutaria de "uma grande vida de escritor, tal como aparece nos livros". E "quanto ao conteúdo dessa vida", Sartre escreveu em seu caderno de notas, em 1939:

> É fácil imaginar: havia solidão e desespero, paixões, grandes empreendimentos, um longo período de dolorosa obscuridade (embora eu o tenha encurtado furtivamente em meus sonhos, para não ser tão velho quando terminasse), e então a glória, com a sua comitiva de admiração e amor [...] Numa palavra, eu teria ficado satisfeito de ter certeza de

que me tornaria um grande homem mais tarde, de modo a ser capaz de viver minha juventude como a juventude de um grande homem [...] Embora não pudesse ter certeza, eu me comportava como se eu tivesse de me tornar um [grande homem] – e era extremamente consciente de ser o jovem Sartre, do mesmo modo que as pessoas falam do jovem Berlioz ou do jovem Goethe.

Todavia, o sucesso de Sartre não foi imediato, apesar de sua convicção numa potencial grandeza. Sua carreira literária começou a florescer apenas em 1938, quando *A Náusea* – que muitos consideram seu melhor e mais original romance – e *O Muro* foram publicados pela Nouvelle Revue Française. Como Cohen-Solal nos diz, foi o editor de Sartre, Gaston Gallimard, quem teve a ideia para o título de *A Náusea*. O livro foi recebido pela crítica com grande aclamação. Resumindo o temperamento da época, ajudou a inaugurar aquele austero amálgama literário-filosófico que passou a ser chamado de "existencialismo". Naturalmente, o título *A Náusea* é perfeito, pois nenhuma outra palavra resumiria tão graficamente a aversão à existência sentida pelo herói Roquentin; e não se pode deixar de perguntar se as carreiras de ambos, do livro e de Sartre, teriam sido diferentes caso o livro tivesse sido publicado com qualquer um dos outros títulos adotados por ele enquanto trabalhava no manuscrito: *Fato sobre a Contingência, Ensaio: Sobre a Solidão da Mente, Melancolia*, ou, finalmente – quando lhe solicitaram um título mais descritivo –, *As Extraordinárias Aventuras de Antoine Roquentin*. De algum modo, nenhum tem as potencialidades de uma moda literária.

Sartre tinha 34 anos quando a Alemanha atacou a Polônia em 01/09/1939. Tendo servido o exército havia uma década na unidade de meteorologia, Sartre subitamente viu-se separado à força de sua vida independente de professor e escritor, e foi incumbido novamente de ser um meteorologista do exército. "Eu me sentia muito confortável em minha posição de escritor individualista e antiburguês", recordou mais tarde em "Autorretrato aos Setenta Anos".

> O que detonou tudo aquilo foi o fato de que num belo dia em setembro de 1939 recebi uma carta de convocação, e fui obrigado a ir para o quartel em Nancy para encontrar companheiros que não conhecia e que, como eu, foram convocados. Foi isso o que introduziu o aspecto social em minha vida [...] Até aquele momento eu me considerava autônomo; tive de enfrentar a negação da minha própria liberdade – por ter sido mobilizado – para me dar conta do peso do mundo [...].

Mas como sua primeira resposta à vida era sempre escrever sobre ela, Sartre não abandonou as atividades literárias em sua nova situação; o mundo não tinha se tornado tão pesado. Imediatamente após ter sido convocado, teve a ideia de escrever um diário. "Ao refletir sobre o mundo da guerra e sua natureza", escreveu para Simone de Beauvoir, "concebi o projeto de escrever um diário. Por favor, inclua na remessa um caderno preto resistente – espesso, mas não muito alto ou largo, com folhas quadriculadas, é claro."

Na realidade, Sartre descobriu que sua nova rotina lhe dava ainda mais tempo para escrever do que sua vida civil. A mudança de cenário e a portentosa atmosfera da época pareciam agir como um tonificante para sua imaginação. Posicionado logo atrás da frente de batalha numa sucessão de pequenas cidades próximas a Estrasburgo, Sartre tinha a sensação de estar próximo de grandes acontecimentos, mas sofreu poucas distrações reais. Suas obrigações, que em sua maior parte consistiam na realização das previsões do tempo, não eram exigentes nem consumiam tempo, e ele frequentemente ficava a sós com os seus próprios aparelhos.

Ainda assim, por mais que a situação fosse propícia, a produtividade de Sartre durante os cinco meses em que escreveu o diário foi assombrosa. Primeiramente, ele conseguiu preencher quatorze cadernos e iniciar um décimo quinto. Ele também escreveu centenas de cartas, a maior parte de seu romance *A Idade da Razão*, e trabalhou em vários outros projetos literários. Quentin Hoare, em sua introdução ao *Diário de uma Guerra Estranha*, uma seleção dos textos de Sartre escritos durante a guerra, estima que Sartre escreveu um total de um milhão de palavras durante esse período.

Como o indica o título original do *Diário de uma Guerra Estranha* (*Les Carnets de la Drôle de Guerre: Novembre 1939 – Mars 1940*), em verdade o que temos aqui não são "diários da guerra", mas cadernos da "falsa guerra", aquele estranho interregno depois que a França declarou guerra à Alemanha, quando as tropas francesas e alemãs permaneceram abrigadas em suas respectivas posições ao longo da fronteira alsaciana, observando umas às outras com hostilidade, mas sem guerrear. Sartre jamais viu o combate, e embora os seus cadernos vez ou outra discutam o fenômeno da guerra, suas reflexões sobre o tema tendem a ser saturadas com o tipo de lógica hegeliana abstrata que dissolve as exigências da experiência vivida numa batalha de antagonistas puramente conceptuais. "No fim das contas, a guerra", Sartre reflete numa típica passagem, "é uma ideia concreta que contém em si sua própria destruição e que cumpre isso por meio de uma dialética igualmente concreta [...] A essência da guerra será *compreendida* concretamente quando ela se tornar impossível." Quão consoladora seria a ideia de que a guerra só se torna o que realmente é quando se torna impossível – quem nos dera o desdobramento de sua "dialética concreta" não fosse um acontecimento tão confuso.

Um exemplo dessa confusão ocorreu em maio de 1940, quando os alemães, abruptamente, puseram um ponto final na falsa guerra. Eles flanquearam a "inconquistável" linha Maginot e, em questão de semanas, ocuparam a França. Sartre foi levado como prisioneiro em junho, enquanto sua companhia se refugiava do furioso ataque alemão. Ele usou seu tempo no cativeiro para estudar Heidegger e escrever boa parte do que se tornou a sua maior obra filosófica, *O Ser e o Nada* (1943). Ele foi libertado no ano seguinte e retornou a Paris, onde continuou escrevendo e foi tangencialmente envolvido na Resistência.

Hoare é entusiástico ao apresentar os diários de guerra como uma "obra-prima" – "sem dúvida alguma [...] Um livro maravilhosamente bem-sucedido". Mas apesar de sua importância histórica, os cadernos de Sartre na verdade não prevalecem como "obra". O conjunto é simplesmente muito incoerente, incompleto e irregular para merecer o elogio de Hoare. Mesmo assim, eles ainda são um conjunto extraordinário de documentos. E também é digno de nota que Sartre sempre supôs que eles seriam publicados um dia. "Estou me confessando em meu pequeno caderno preto", escreveu para De Beauvoir. "Quem quer que o leia depois de minha morte – pois você só o publicará postumamente – pensará que eu tinha um caráter horrível, a menos que você introduza notas explanatórias com comentários amáveis." Infelizmente, De Beauvoir não providenciou as notas solicitadas, mas uma olhadela nos cadernos certamente nos possibilita compreender a solicitação velada de Sartre.

Na realidade, esses cadernos – aparentemente o testemunho de um soldado "mediano" escrito no calor dos acontecimentos – não são mais medianos do que o próprio Jean-Paul Sartre. Embora eles incluam uma espécie de crônica resumida da vida de Sartre naquele momento – suas observações sobre acontecimentos diários, suas relações com seus novos colegas de exército, seus diversos namoros –, interessam sobretudo como um diário de suas obsessões intelectuais e da particular sensibilidade que as nutriram. Nós vemos Sartre descobrindo, elaborando e reformulando temas que passamos a identificar como distintamente sartrianos. Qualquer um que conheça os princípios básicos de seu existencialismo particularmente austero admitirá de imediato que esses cadernos exibem todo o conjunto das preocupações que o definem: o esforço agonizante pela autenticidade, a insistência na liberdade e na responsabilidade absolutas, a rejeição de qualquer medida transcendente para valores ou para a moralidade, análises precisas das relações de uma pessoa com outras, uma indefinida, mas enérgica e anticonvencional, posição antiburguesa. ("Vocês são todos burgueses", vocifera Sartre no começo do livro, "eu não faria nenhum esforço por burgueses".) Em suma, como observa Hoare corretamente, os diários de guerra "prefiguram e mapeiam virtualmente toda a obra subsequente do autor".

São especialmente dignas de nota as diversas passagens que antecipam um conteúdo que depois ocuparia lugar central no argumento de O Ser e o Nada. Por exemplo, os cadernos contêm discussões longas e muitas vezes um tanto técnicas sobre o conceito de "Nada", a natureza da vontade, o problema da autenticidade, a estrutura da consciência e outros temas especializados. Algumas dessas discussões reaparecem quase literalmente em O Ser e o Nada; o mais das vezes, todavia, acompanhamos Sartre tateando o seu caminho em direção à compreensão e expressão preliminares de suas ideias. Dado o grau de abstração presente em O Ser e o Nada, tais rascunhos são auxílios interpretativos bem-vindos: suas próprias hesitações e digressões muitas vezes ajudam a elucidar o argumento mais acabado de Sartre em O Ser e o Nada.

O relato de Sartre sobre sua dívida com Husserl e Heidegger também é de interesse filosófico. Sartre havia estudado Husserl quando esteve em Berlim entre 1931 e 1933, e filosoficamente ele está, de muitos modos, mais próximo da fenomenologia de Husserl, com suas patentes raízes na tradição cartesiana, do que de Heidegger. Mas no que diz respeito ao seu temperamento, Sartre tem muito mais coisas em comum com Heidegger. Ele só leu a principal obra de Heidegger, Ser e Tempo (1927), quando era prisioneiro de guerra e um soldado alemão lhe deu um exemplar do livro. Mas em setembro de 1939 ele já estava familiarizado com O Que é a Metafísica? e outras obras de Heidegger, e a guinada existencial que caracteriza a filosofia de Heidegger já tinha começado a exercer uma profunda influência em seu pensamento.

Além de entregar-se a tais reflexões filosóficas, Sartre usou seus cadernos para manter um diálogo incessante com o que lia, citando e refletindo abundantemente sobre tudo aquilo que o estivesse ocupando no momento. André Gide, St.-Exupéry, Kierkegaard, Stendhal,

Flaubert, Koestler e a biografia do Kaiser Wilhelm II, da autoria de Emil Ludwig, aparecem proeminentemente nessas páginas, assim como um punhado de personagens menores. Gide e Stendhal já figuravam entre os heróis de Sartre, mas Flaubert é severamente criticado por sua escrita inexata e por sua pobreza estilística. "Quão grosseiro e desagradável é", escreve Sartre sobre *A Educação Sentimental*. "Quão tola é a hesitação constante entre a estilização e o realismo nos diálogos e nos retratos." Ele então dedica várias páginas a criticar o uso de verbos, que considerava ineficaz e repleto de clichês.

Sartre considerava esse período de sua vida como um tempo de transição – num determinado ponto ele se compara a uma serpente que se livrara de sua antiga pele –, e seus cadernos estão cheios do tipo de memórias autobiográficas que momentos como aqueles costumam evocar. (Naturalmente, a autobiografia se tornou a especialidade de Sartre: *As Palavras*, seu tão admirado exercício no gênero, lhe rendeu o Prêmio Nobel de 1964 – que, numa atitude característica, ele rejeitou.)

Os interesses de Sartre pela política, que mais tarde tiveram tanta influência em sua obra e personalidade, só se revelam obliquamente nesses cadernos. Ele cita um crítico contemporâneo, Emile Bouvier, que duvidava da possibilidade de Sartre se tornar um "grande romancista". "Deve-se temer [...]", escreveu Bouvier, "para que ele não troque a literatura pela filosofia, pelo misticismo ou pelo sermão social." Sartre respondeu que estava "impressionado" com o comentário de Bouvier: "Eu jamais acreditei que alguém me consignaria ao misticismo daquela forma. E quanto ao sermão social, o Sr. Bouvier pode ficar tranquilo".

Sartre estava correto em relação ao misticismo, mas quanto à filosofia e ao sermão social – bem, aqui o Sr. Bouvier parece ter chegado mais perto do alvo. Vêm à mente, por exemplo, as enfadonhas denúncias que Sartre fez dos Estados Unidos depois da guerra, seu apoio à União Soviética durante os últimos anos do regime de Stálin, e a constante torrente de manifestos esquerdistas, panfletos e pronunciamentos realizados nas décadas de 1960 e 1970.

Sartre se definia como um comunista. Em verdade, porém, suas opiniões políticas eram tudo menos sistemáticas ou coerentes. Apesar das visitas amigáveis a Mao, Khrushchov, Fidel Castro, Tito e a Che Guevara, apesar de sua declaração, após ter retornado da Rússia em 1954, de que "há total liberdade de crítica na URSS"; apesar de seu incessante proselitismo a favor de causas comunistas, Sartre não estava motivado por um compromisso com o Partido, mas principalmente com o que De Beauvoir descreveu orgulhosamente como "anarquismo antiburguês". Na década de 1950, o próprio Sartre assegurou seus leitores de que havia jurado à burguesia "um ódio que só morreria comigo". Como observou Leszek Kolakowski em *Main Currents of Marxism*, Sartre oscilava

> entre a identificação com os comunistas e a violenta hostilidade em relação a eles [...] Em cada estágio, porém, ele se esforçava para preservar sua própria reputação como "esquerdista", e até mesmo para representar a si e sua filosofia como as personificações do "esquerdismo" por excelência. Consequentemente, mesmo quando atacava os comunistas e era criticado por eles, fazia questão de direcionar ataques muitos mais veementes às forças da reação, à burguesia, ou ao governo dos Estados Unidos [...] Toda a sua atividade política estava corrompida pelo medo de ficar na situação típica do intelectual que condena eventos que ele não tem o poder de influenciar; em suma, sua posição era a de um político frustrado, que alimentava ambições não realizadas para ficar "na moda".

Por volta da década de 1960, ficar "na moda" na política significava proclamar solidariedade com o Terceiro Mundo. Foi então que Sartre se identificou vastamente com causas radicais, desde a China de Mao até a América Latina. Mas aqui também o compromisso de Sartre com as causas por ele defendidas foi em grande medida uma questão de pose. Ele não tinha nenhum escrúpulo para escrever um brilhante prefácio para *Os Condenados da Terra*, de Frantz Fanon – um livro que o historiador Paul Johnson considerou "o mais influente de todos os manuais de terrorismo" –, ou para declarar alegremente "eu acredito na ilegalidade" em *La Cause du Peuple*, jornal autodenominado "revolucionário, proletário e comunista". Em 1973, ele inclusive reconheceu seu profundo interesse pelo Grupo Baader-Meinhof:[1] "Um grupo verdadeiramente revolucionário", embora tenha "começado um pouco cedo demais".

Mas o que significava toda a simpatia que Sartre nutria pelos pobres? Como observou o escritor francês Pascal Bruckner em *The Tears of the White Man* (1983), seu brilhante estudo sobre as atitudes do Ocidente em relação ao Terceiro Mundo, parte do ativismo político de Sartre – mais notavelmente, sua oposição ao governo francês durante o conflito argelino – de fato exigia coragem; mas em sua maior parte, a "solidariedade" de Sartre com o Terceiro Mundo era meramente retórica, autocongratulatória, mas impotente. "A atitude de Sartre em relação ao Terceiro Mundo foi uma estranha mescla de masoquismo e indiferença", escreve Bruckner.

> Sartre afirmava que o Ocidente havia apodrecido, mas depois disso se preocupou apenas com o Ocidente. Ele fez as pazes com sua consciência depois de pagar um pequeno dízimo de culpa. [...] Ele desperdiçou grande parte do seu talento com a estética da violência e com o stalinismo e, com relação ao Terceiro Mundo, acabou mostrando-se não apenas dogmático, mas inconsequente. O linha-dura era, na verdade, um desertor. Lembremo-nos que ele quase justificou o massacre de atletas israelenses por membros da OLP[2] em 1972. Ele cedeu diante de regimes revolucionários, assim como cedeu aos maoistas, colocando seu nome em ideias e ações contrárias às suas convicções mais íntimas. Mas, no fundo, ele não as levava a sério. Esse seguidor do Terceiro Mundo não o aceitou, a não ser que ele suprisse o papel familiar da vítima da qual ele não tinha nada a aprender. Esse pregador do envolvimento

---

[1] Organização guerrilheira alemã de extrema esquerda fundada em 1970, na antiga Alemanha Ocidental, e dissolvida em 1998. (N. T.)

[2] Organização para a Libertação da Palestina. (N. T.)

universal, esse devoto maníaco dos abaixo-assinados, não nutria afeição real por ninguém senão pelos membros de sua própria tribo.

A verdadeira chave para compreender o caráter de Sartre é o seu esteticismo intelectualizante, sua tendência para dissolver a realidade num jogo de categorias políticas ou filosóficas abstratas. É nesse sentido, por exemplo, que devemos entender seu reconhecimento de que ele tendia a considerar as palavras como "a quintessência das coisas". Sartre afirmou numa passagem reveladora de O Diário de uma Guerra Estranha: "A verdade é que trato meus sentimentos como ideias: a ideia deve ser pressionada até ceder – ou finalmente ela se torna 'o que realmente era'". E de fato Sartre podia ser muito cruel ao expor seus próprios defeitos e motivações egoístas. Mas mesmo nesse caso há fingimento, como observa em As Palavras: "Estou sempre pronto para fazer uma autocrítica, contanto que não seja forçado a fazê-lo". O *jogo* da autoanálise – pois ele nunca foi nada além de um jogo – é simplesmente parte da charada cínica e antiburguesa. Novamente, As Palavras oferece exemplos genuínos do procedimento:

> Aos trinta anos de idade, dei um golpe de mestre com a redação de A Náusea – sendo bastante sincero, acredite em mim –, que trata da amarga e injustificada existência dos meus semelhantes e da exoneração da minha própria existência. Eu *era* Roquentin; eu o usei para mostrar, sem complacência, a textura da minha vida [...] Mais tarde, demonstrei alegremente que o homem é impossível; eu mesmo era impossível e diferia dos outros apenas por causa do mandato para expressar aquela impossibilidade, que assim foi transfigurada e se tornou minha possibilidade mais pessoal, o objetivo de minha missão, o trampolim para a minha glória. Eu era um prisioneiro daquela contradição óbvia, mas não a enxergava; eu enxergava o mundo através dela. Fingindo até o tutano dos meus ossos e enganado, eu escrevi alegremente sobre nosso infeliz estado. Embora eu fosse dogmático, duvidava de tudo, exceto de que eu era o predestinado da dúvida. Eu construí com uma mão o que destruí com a outra, e considerava a ansiedade a garantia da minha segurança; eu era feliz.

Como a biografia de Cohen-Solal deixa claro, Sartre considerava exercícios confessionais como estes uma forma de exoneração, como se a análise inteligente dos erros de alguém de algum modo absolvesse esse mesmo alguém de suas consequências.

Para Sartre, a vida era essencialmente uma agenda para reflexão. Nenhum sentimento, nenhuma sensibilidade, nenhuma impressão ficava livre de interpretação; nenhuma interpretação ficava livre de um posterior escrutínio. Nem mesmo o humilde esforço contra a corpulência estava isento de ornamentos especulativos elaborados. "A cada quatro ou cinco meses", escreveu Sartre, "eu olho para o meu estômago e fico infeliz." Ainda assim, tendo então resolvido se abster de pão e vinho, ele se viu tentado por uma garrafa de vinho um dia durante o almoço:

> Mas, precisamente, se o Nada é introduzido no mundo por meio do homem, a angústia no Nada é simplesmente a angústia na liberdade, ou, se você quiser, a angústia da liberdade em si. Se, por exemplo, eu experimentei uma leve angústia ontem antes do vinho que eu *poderia*, mas *não deveria*, beber, é porque o "eu não podia" já estava no passado [...] E *nada* pode me impedir de beber. Eu estava angustiado antes daquele *nada* específico; aquele nada dos meus meios de ação do meu passado no meu presente [...] *Nada* me permite prever o que deverei fazer e, ainda que fosse capaz de prevê-lo, *nada* poderia me impedir de fazê-lo. Portanto, a angústia é de fato a experiência do Nada e, por esta razão, não se trata de um fenômeno psicológico. É uma estrutura existencial da realidade humana, é simplesmente a liberdade se tornando consciente de si como sendo seu próprio nada.

Os cadernos de Sartre estão repletos de meditações como essa. Quando tomadas em conjunto, revelam uma mente que não *pratica* tanto a filosofia quanto a *exala*; qualquer coisa e tudo, todo o alcance de sua experiência, era tomado imediatamente e digerido pela reflexão. O menor detalhe do seu comportamento ou do comportamento de seus colegas, a notícia mais trivial: para Sartre, eles só eram "compreendidos" quando eram conduzidos para fora de seu elemento nativo e submetidos a uma investigação filosófica sistemática.

O tremendo apetite de Sartre pela abstração e sua suspeita da vida do sentimento é particularmente evidente em sua abordagem intransigente e absolutista das virtudes cardeais existencialistas da autenticidade e da liberdade. Em *O Ser e o Nada*, por exemplo, Sartre define a liberdade como uma "irrupção" espontânea que está além das "causas, motivações ou fins". Vale a pena observar que, sem "causas, motivações ou fins", a ideia de liberdade deve continuar vazia. Pois, se ela deve ser mais do que mero acidente ou espontaneidade, se não é para ser arbitrária, então a liberdade deve ser limitada por escolhas particulares que se baseiam em critérios inteligíveis – critérios que, em certo sentidos, são dados, e não "livremente produzidos" (como Sartre diria). Na falta de tais critérios, a liberdade é pouco mais do que um *slogan* revigorante. (Compare isso com a descrição que Raymond Aron faz da "estupidez da verdadeira emancipação" em *O Ópio dos Intelectuais*: quão mais prosaica ela soa, mas quão mais essencial ela se mostra.) Sartre alega valorizar a liberdade acima de tudo; mas, para ele, a liberdade tem mais a ver com o destino e o fardo do homem do que com a escolha; inerradicável, a liberdade ainda é demasiado absoluta para ser plenamente apreendida ou compreendida; assim, uma pessoa não é tão privilegiada quanto "condenada a ser livre".

O mesmo se passa com a noção sartriana de autenticidade. É difícil obter qualquer coisa semelhante a uma definição de autenticidade na obra de Sartre. Não obstante, está claro que, segundo sua compreensão, ela deveria ser caracterizada principalmente pela provocadora afirmação individual da liberdade ilimitada em face de uma realidade essencialmente absurda. Visto que a liberdade ilimitada requer uma responsabilidade ilimitada, a autenticidade, tal como insistiu Sartre nos cadernos, significava ser "totalmente responsável pela própria vida". "Em suma", ele escreveu, "eu estava procurando o absoluto, eu queria ser um absoluto, e foi isso o que eu chamei de moralidade."

O problema é que o absoluto, completamente abstrato por natureza, é demasiado vazio para servir de critério para a moral ou como uma dica para a autenticidade. Mas, como um tropo retórico, a submissão ao absoluto pode exercer uma poderosa atração. E a compreensão que Sartre tinha da autenticidade, tingida como estava de desejos românticos, explora essa atração completamente: "No que diz respeito a Gauguin, Van Gogh e Rimbaud", ele observou numa anotação inicial em seus cadernos, "eu tenho um claro complexo de inferioridade, porque eles conseguiram destruir a si mesmos [...] Estou cada vez mais convencido de que, para alcançar a autenticidade, algo deve desabar."

Segue-se que, na opinião de Sartre, a autenticidade floresce mais em situações extremas. Depois de uma breve estada em Paris, por exemplo, ele observou que "é muito mais fácil viver decente e autenticamente em tempo de guerra do que em tempo de paz". Como muitas coisas nos cadernos Sartre – em verdade, como muitas coisas em sua obra em geral –, essa afirmação é ao mesmo tempo surpreendente e aberta a uma séria discussão. O que dá a ela um ar de plausibilidade é a verdade de que situações excepcionais podem inspirar virtudes excepcionais. Quando estão imersos numa crise, os homens e as mulheres muitas vezes experimentam momentos de clareza moral que são raros na vida cotidiana. E eles às vezes respondem a tais situações com uma abnegação e uma coragem incomuns.

Mas isso significa que é mais fácil viver "decente e autenticamente" em tempo de guerra do que em tempo de paz? Ao contrário, os períodos de guerra não têm sido geralmente ocasião de anarquia e profunda degradação moral? A noção de que, de algum modo, é mais fácil viver "autenticamente" em tempo de guerra do que na estabilidade "burguesa" da paz só se insinuará com seriedade a alguém que reduz a importância da vida social ordinária na formação de nossas ideias de autenticidade, uma pessoa para quem "o autêntico" é paradigmaticamente uma batalha solitária de um "eu" indiferente e isolado. "Eu prefiro pensar que era autêntico antes de minha estada", escreveu Sartre. "Provavelmente", explicou, "porque eu estava sozinho".

A alegação de Sartre de que "o primeiro valor e o primeiro objetivo da vontade é: ser sua própria fundação" exemplifica quão indiferente e isolado ele considerava o "eu". Ou, como ele afirmou – de certo modo, mais francamente – em *O Ser e o Nada*: "A melhor maneira de conceber o projeto fundamental da realidade humana é afirmar que o homem é o ser cujo projeto é ser Deus". Isso não quer dizer que Sartre acreditava na existência de Deus. Ao contrário, ele comenta nos cadernos que havia sido ateu desde os doze anos. E numa passagem posterior ele descreve Deus como uma "síntese impossível do *em si* e do *para si*, de completa opacidade e total liberdade, a *causa sui*". Porém, segundo Sartre, a ideia de Deus, embora autocontraditória, funciona como o ideal inelutável (ainda que desconhecido) ao qual todos nós aspiramos. Ele afirma em *O Ser e o Nada* que "a humanidade é perpetuamente assombrada por uma totalidade [...] Sem ser capaz de sê-la".

A ideia de que o "projeto fundamental" do homem é ser sua própria fundação – isto é, ser Deus – é central na filosofia de Sartre. E isso também quer dizer que a filosofia de Sartre está impregnada de orgulho, de *hybris*. O orgulho, tal como Santo Agostinho o define em *A Cidade de Deus*, é no fundo "um tipo perverso de exaltação" na qual alguém procura "abandonar a base sobre a qual a mente deveria estar firmemente assentada" e busca, em vez disso, tornar-se autocriada. É o orgulho, por exemplo, que fundamenta a famosa conclusão do principal texto de *O Ser e o Nada*, no qual Sartre afirma que "o homem é uma paixão inútil" – "inútil" porque cada ação sua é assombrada por um desejo essencialmente autocontraditório para uma criatura finita e mortal: o desejo de ser completamente soberano, autônomo, autossuficiente, o desejo de se tornar Deus. E o orgulho também fornece a convicção filosófica que justifica a inquietação primordial de Sartre em relação a tudo quanto ameace comprometer seu senso de domínio e controle. "Eu não sou nada além de orgulho e lucidez", ele confessa em determinado trecho de seus cadernos; o que quer que colida com esse orgulho ou obscureça essa lucidez será uma fonte de angústia.

A situação que Sartre delineia assume dimensões trágicas quando alguém se dá conta de que o catálogo de ameaças ao orgulho humano inclui a totalidade da existência: qualquer coisa orgânica, mutável, incerta – qualquer coisa *real* que exista independentemente da vontade e do pensamento de alguém é imediatamente suspeita. "O essencial é a contingência", explica Antoine Roquentin em *A Náusea*. "Quero dizer que não se pode definir a existência como necessidade." Daí vem o "horrível êxtase" que Roquentin experimenta quando contempla as raízes de um castanheiro:

> O castanheiro entrava pelos meus olhos. Uma ferrugem verde o cobria da metade para cima; a casca da árvore, negra e intumescida, parecia couro fervido [...] Eu me dei conta de que não havia um ponto intermediário entre a não existência e essa abundância ostentadora. Se você existisse, teria de existir *completamente*, no que diz respeito ao molde, à intumescência e à obscenidade. Em outro mundo, círculos, compassos musicais conservam suas linhas puras e rígidas. Mas a existência é uma flexível [...].

Como o próprio Sartre, Roquentin considera o mundo orgânico difícil de manejar e, sujeito como está à mudança e à decadência, um insulto assustador e vertiginoso ao orgulho. Essa repugnância ao orgânico obviamente encontra um paralelo nos estranhos e conhecidos receios de Sartre em relação às raízes, ao "viscoso" (*le visqueux*), etc., em *O Ser e o Nada*. O que Roquentin deseja é um necessário e imaculado mundo da pura abstração, um mundo em que tudo está sujeito aos ditames do pensamento. Seus "círculos e compassos musicais", muito parecidos com a beleza estável das figuras geométricas ("algo plano ou circular") que Platão elogia no

Filebo, respondem ao seguinte desejo: por serem completamente abstratos, eles também são completamente compreensíveis. Eles não frustram sua demanda por domínio e controle.

Até mesmo a linguagem é uma fonte de angústia. Roquentin sonha com uma linguagem que possa "captar os sorrisos secretos das coisas vistas absolutamente sem os homens", que possa articular "um significado tenaz e discreto – muito preciso, mas que escapa às palavras para sempre". Mas isso significa que ele procura (algo impossível) uma linguagem *sem* palavras, uma linguagem que possa ser completamente proporcional ao que ela descreve, uma linguagem *além* de qualquer linguagem meramente humana, que jamais capta as coisas apenas como elas são; o que Roquentin busca, em suma, é a linguagem de Deus.

A compreensão de Sartre do "projeto fundamental" do homem também tem profundas implicações em sua visão das relações com outras pessoas. Se alguém deseja ser Deus, então a própria existência dos outros será sentida como uma ameaçadora violação da soberania de outrem. Porque o orgulho humano demanda autossuficiência completa, as relações com outras pessoas desde o princípio são lançadas no molde essencialmente antagônico das relações de poder, o molde de *bellum omnium contra omnes* ("a guerra de todos contra todos") hobbesiano. Segue-se que, como Sartre escreveu O Ser e o Nada, "o conflito é o sentido original do ser para os outros". Como Garcin exclamou ao final de Entre Quatro Paredes, "*L'Enfer, c'est les Autres*": "o Inferno são os outros". Não sem razão essa frase citada com tanta frequência é tão amplamente identificada com a filosofia sartriana. A opinião básica de Sartre sobre "As Relações Concretas com os Outros", como ele intitulou um dos mais influentes capítulos de O Ser e o Nada, é evidente até mesmo em sua retórica. Em toda a sua obra – até mesmo nas páginas mais ou menos privadas dos seus cadernos –, Sartre não fala de "outras pessoas" ou de "relações humanas", mas sempre do "Outro", como se essa locução estranhamente impessoal e desumanizante nomeasse nossas experiências mais comuns com as outras pessoas.

Considerando-se tudo isso, dificilmente nos surpreende o fato de que a sexualidade, que sempre nos lembra de nossa carência e falta de autossuficiência, é especialmente problemática para Sartre. Ela oferece um campo incomparável para o exercício do poder, mas ao mesmo tempo constitui uma tremenda ameaça à autonomia. Daí vem a notória descrição que Sartre faz da sexualidade feminina em *O Ser e o Nada*:

> A obscenidade do sexo feminino é a de tudo o que "se escancara". É um *apelo ao ser* como o são todos os orifícios. A mulher, em si, apela a uma estranha sensualidade que é transformá-la na plenitude do ser por meio da penetração e da dissolução [...] Sem dúvida alguma, seu sexo é uma boca, uma boca voraz que devora o pênis – um fato que facilmente pode levar à ideia de castração.

Passagens semelhantes abundam nos cadernos: "Frequentemente o orifício resiste. Ele deve ser forçado para ser atravessado. Assim ele já é feminino. É resistência por meio do Nada; em outras palavras, modéstia. Obviamente, é por isso que ele atrai a sexualidade (vontade de poder, estupro, etc.)".

"Obviamente"? Sartre apresenta essas observações como descrições fenomenologicamente rigorosas de "uma das tendências mais fundamentais da realidade humana – a tendência a saciar". Mas elas são realmente algo mais que sintomas da própria psicopatologia de Sartre, baseados, ao fim e ao cabo, em sua obsessão com a autonomia e disfarçados de linguagem filosófica? Por mais que tais meditações possam fornecer algum *insight* sobre a sexualidade e as relações humanas, elas certamente dão peso à descrição que Iris Murdoch faz de Sartre como um "conhecedor do anormal".

A retórica existencialista de Sartre está permeada de condenações da "reificação" e do tratamento das pessoas como objetos – como "meio" em vez de "fim". Mas seus escritos, por toda parte, revelam que tanto o seu temperamento quanto a sua visão fundamental do homem o levam a fazer exatamente aquilo. "Nada é mais caro para mim do que a liberdade daqueles que amo", escreve Sartre numa passagem sobre sedução, "mas o fato é que eu prezo a liberdade contanto que eu não a respeite sob qualquer condição. Não se trata de suprimi-la, mas de violá-la [...] É isto o que significa o desejo de ser amado: atingir o Outro em sua absoluta falta de liberdade." Ele prossegue e chama a atenção para a "impossibilidade [...] de conceber um amor feliz *depois* da sedução. Uma vez que a mulher fora conquistada, eu já não soube mais o que fazer com ela". Sartre admite que essa visão do amor é "completamente inautêntica", mas ao mesmo tempo insiste em que é "a mais comum e a mais forte forma de amor", e ele falha, seja nos cadernos, seja em O *Ser e o Nada*, em fornecer uma descrição convincente do que seria uma visão mais "autêntica" do amor.

Sem a carga erótica que possibilita a sedução, Sartre acha que ele basicamente perde o interesse pelas pessoas. A amizade o "entedia", ele nos diz, e suas relações com os homens tendem a ser pouco importantes e superficiais. "Em suma, metade da humanidade praticamente não existe para mim." O ideal de autossuficiência torna supérfluos os prazeres da amizade ordinária. "Acho que não tenho *necessidade* alguma de amigos", escreve Sartre, "porque, basicamente, eu não preciso de ninguém [...] Eu prefiro obter tudo de mim mesmo."

A maior parte das pessoas descreveria a visão de Sartre sobre as relações humanas como deprimente. Mas o próprio Sartre teria rejeitado essa caracterização. Ele proclamou que a "seriedade" era sua grande inimiga. Na conclusão de O *Ser e o Nada*, numa seção intitulada "Ética Existencialista", Sartre ataca o "espírito da seriedade", principalmente porque ele compromete a liberdade afirmando valores que, em certo sentido, são "transcendentes" – isto é, estabelecidos independentemente da subjetividade humana. E quase no fim dos cadernos Sartre reflete: "Nunca quis viver seriamente.

Eu fui capaz de realizar um espetáculo – conhecer o *pathos*, a angústia e a alegria. Mas eu jamais, jamais conheci a seriedade. Toda a minha vida foi apenas uma brincadeira: às vezes longa e entediante, às vezes de mau gosto – mas uma brincadeira. E essa guerra é para mim apenas um jogo".

Sartre define "jogo" como "a feliz transformação do contingente em gratuito", e alude à defesa da famosa afirmação de Friedrich Schiller, em *A Educação Estética do Homem*, de que "o Homem brinca apenas quando é um homem no sentido pleno da palavra, e *ele só é completamente Homem quando está brincando*". Mas é importante observar que Sartre ignora a advertência com a qual Schiller precede imediatamente essa passagem: "O Homem deve *somente brincar* com a Beleza, e deverá brincar *apenas com a Beleza*". Embora o homem "leve a sério o aprazível, o bem, o perfeito", escreve Schiller, "com a Beleza ele brinca". Em outras palavras, Schiller não queria subverter a seriedade, mas apenas assegurar que o reino da beleza e da estética permanecesse livre da intrusão dos imperativos moralistas. Sartre, todavia, recusou tais distinções. Em vez disso, ele abraçou um profundo e autocentrado esteticismo e considerou toda a existência – até mesmo suas amantes e a guerra – uma erupção adversa da contingência, a qual só podia ser aplacada se fosse domada e transformada num jogo fabricado por ele mesmo. Sartre foi, sem dúvida alguma, um dos escritores mais talentosos de sua geração; ele também foi um dos seus maiores monstros.

Capítulo 11 | As Perversões de Michel Foucault

> Visto que é difícil, ou antes, impossível, representar a vida de um homem como inteiramente imaculada e livre de culpa, deveríamos usar seus melhores episódios para construir o quadro mais completo e considerá-lo como o verdadeiro retrato. Por outro lado, quaisquer erros ou crimes que possam manchar a carreira de um homem e que talvez tenham sido cometidos por paixão ou necessidade política, deveríamos considerá-los mais como um lapso de uma determinada virtude do que como produtos de vício inato. Não devemos enfatizá-los demais em nossa história, mas, antes, deveríamos ser indulgentes para com a natureza humana por sua inabilidade em produzir um caráter absolutamente bom e inflexivelmente dedicado à virtude.
>
> – *Plutarco, "Vida de Cimón"*

> Sem dúvida alguma, eu não sou o único que escreve para não ter um rosto. Não me pergunte quem sou e não me diga para permanecer o mesmo: deixe que nossos burocratas e nossa polícia confiram se nossos documentos estão em ordem.
>
> – *Michel Foucault*, A Arqueologia do Saber

Quando examinarem nossa época orgulhosamente cética, os futuros historiadores provavelmente olharão para o renascimento da hagiografia nas décadas de 1980 e 1990 com uma curiosidade perplexa. Por um lado, essas décadas testemunharam uma notável escassez de prováveis *hagioi* ou santos que pudessem honrar tal comemoração. Da mesma forma, a mentalidade ridicularizadora de nossa época é inadequada – ou assim alguém teria pensado – para a tarefa da adulação. Não obstante, *The Passion of Michel Foucault* (Simon & Schuster, 1993), a ambiciosa biografia do historiador-filósofo francês, de autoria de James Miller, demonstra que o desejo de idolatria pode sobrepujar muitos obstáculos.

Foucault, que morreu em decorrência da Aids em junho de 1984 aos 57 anos de idade, há muito tem sido o queridinho do mesmo público acadêmico superchique que se apaixonou pelo desconstrucionismo, Jacques Derrida e outras velhas importações francesas. Mas enquanto os desconstrucionistas se especializam na ideia indecente de que a linguagem só se refere a si mesma (*il n'y a pas de hors-texte*, não há nada fora do texto, segundo a famosa frase de Derrida), o foco de Foucault era o Poder. Ele foi o portador da má notícia, em má prosa, de que toda instituição, não importa quão benigna pareça, é "realmente" um cenário de terrível dominação e subjugação; que tentativas de reforma esclarecida – de hospícios, de prisões, da sociedade como um todo – foram pouco mais que álibis para o aumento do poder estatal; que as relações humanas são, no fundo, esforços implacáveis para [exercer] controle; que a própria verdade é um coeficiente da coerção, etc. "É surpreendente que", Foucault perguntava em *Vigiar e Punir*, "as prisões se assemelhem a fábricas, escolas, quartéis, hospitais, [é surpreendente que] tudo isso se assemelhe a prisões?" Naturalmente, tais "perguntas" faziam um extraordinário sucesso no seminário de graduação. E Miller pode muito bem estar certo ao alegar que Foucault, à época de sua morte, fosse "talvez o intelectual mais famoso do mundo" – famoso, ao menos, nas universidades americanas, onde argumentos herméticos sobre sexo e poder são analisados com uma futilidade risível pelos hirsutos e desleixados. Em tudo isso Foucault se assemelhava ao seu rival – mais talentoso – e companheiro de ativismo esquerdista, Jean-Paul Sartre, cuja extraordinária carreira Foucault fez tudo o que pôde para emular, a começar por uma quota no Partido Comunista Francês no início da década de 1950. Ele jamais conseguiu alcançar isso completamente – ele nunca escreveu nada tão original ou filosoficamente significativo quanto *O Ser e o Nada*, nunca teve a autoridade pública de que Sartre desfrutava no período pós-guerra. Não obstante, ele teve tietes notáveis e zelosos como o historiador Paul Veyne, seu colega no Collège de France, que declarou Foucault "o acontecimento mais importante no pensamento do nosso século".

Seja como for, ele continua sendo um improvável candidato para a canonização. Mas o próprio título da biografia de Miller – *The Passion of Michel Foucault* – adverte os leitores de que, em sua opinião, em qualquer caso, seu tema nos apresenta uma vida tão exemplar e de autossacrifício, que pode ser comparada à Paixão de Jesus Cristo. (Nem a referência à Paixão é acidental: Miller torna explícita a ligação com ela.) A ardorosa recepção de *The Passion of Michel Foucault* sugere que Miller, um prolífico jornalista cultural que dá aulas na New School for Social Research, não está sozinho em sua opinião. Em verdade, tem havido algumas vozes discordantes, a maior parte proveniente de ativistas homossexuais acadêmicos que acham que Miller foi insuficientemente reverente. Mas a maioria dos críticos, incluindo luminares como Alexander Nehamas, Rochard Rorty e Alasdair MacIntyre, tem expressado de modo desordenado sua admiração e "gratidão" pela apresentação de Miller.

A novidade na apresentação de Miller é sua negligência para com a admoestação de Plutarco, citada acima, de que uma pessoa deve se concentrar nos "melhores episódios" de uma vida e acobertar "quaisquer crimes ou erros" quando escreve sobre um grande homem. Embora esse seja um conselho questionável para um biógrafo, seria indispensável para um hagiógrafo. Isso não quer dizer que qualquer pessoa familiarizada com os contornos da vida de Foucault provavelmente o considere um anjo. Miller o descreve como um "novo tipo de intelectual", "modesto e sem pretensão mistificadora". Mas isto, na melhor das hipóteses, é falso. Em verdade, Foucault entregava-se ocasionalmente a alguma falsa modéstia ritualística antes de proferir uma palestra, ou menosprezava trabalhos anteriores em favor de suas mais recentes iniciativas. Mas, como mostrou o jornalista francês Didier Eribon numa biografia mais antiga (e como Miller mostrou inadvertidamente em sua própria), arrogância e mistificação eram dois distintivos da personalidade e da escrita de Foucault. Eribon observa que, na escola, onde Foucault decorava seus murais com horríveis gravuras de Goya das vítimas da guerra, o futuro filósofo era "quase universalmente detestado". Colegas de classe se lembram dele como um aluno brilhante, mas também desinteressado, sarcástico e cruel. Ele tentou – e, com muito mais frequência, ameaçou tentar – suicídio. De fato, a autodestruição era outra das obsessões de Foucault, e Miller acerta ao enfatizar a fascinação de Foucault pela morte. Nisto, como em muitas outras coisas, ele imitou a conduta do Marquês de Sade, que havia muito tempo era um dos seus principais heróis intelectuais e morais. (Ainda que Foucault, como observa Miller, achasse que "Sade não tivesse ido longe o suficiente", já que, inexplicavelmente, ele continuava a ver o corpo como "fortemente orgânico".) Foucault passou a desfrutar a ideia de "festivais de suicídio" ou "orgias", nos quais o sexo e a morte misturar-se-iam no derradeiro encontro anônimo. Aqueles que planejavam se suicidar, ele meditava, poderiam procurar "por parceiros sem nomes, por oportunidades para morrerem liberados de toda identidade".

Miller descreve Foucault como "um dos homens representativos – e [um dos] pensadores extraordinários – do século XX". Mas sua grande inovação neste livro é aproveitar o que há de mais depravado e pervertido em Foucault – seu vício em práticas sexuais sadomasoquistas – e glorificá-lo como uma nova e corajosa forma de virtude – além do mais, uma virtude especificamente *filosófica*. Observe bem: Miller não tenta justificar, aprovar ou tolerar os vícios de Foucault; por exemplo, ele não alega que eles fossem fraquezas humanas, demasiado humanas, de um homem que, não obstante, era um grande pensador. Tais atitudes, afinal de contas, trazem consigo uma crítica subentendida: nós desculpamos apenas o que precisa de justificação; toleramos apenas aquilo que exige nossa paciência ou tolerância.¹ Nós endossamos e celebramos aquilo que aprovamos completamente; e a celebração de Foucault e de tudo o que ele defendeu é o ápice da agenda de Miller em seu livro.

Miller alega que a predileção de Foucault pelo sexo sadomasoquista era em si um sinal de admirável ousadia ética. De acordo com ele, nós deveríamos ser gratos a Foucault por sua exploração pioneira de formas de prazer e consciência até então proibidas. Em seu prefácio, Miller sugere que Foucault, "com sua abordagem radical do corpo e seus prazeres, era na verdade um visionário; e que no futuro, quando a ameaça da Aids tiver retrocedido, homens e mulheres, tanto heterossexuais como homossexuais, renovarão, sem vergonha ou medo, o tipo de experiência corporal que formava uma parte integral de sua própria indagação filosófica". Em outras palavras, Miller tenta inscrever nas fileiras da virtude comportamentos e atitudes que até quinze minutos atrás eram universalmente condenados como patológicos.

Muitos dos seus críticos seguiram o seu exemplo alegremente. Por exemplo, o proeminente *scholar* nietzschiano Alexander Nehamas, no decurso de sua longa e ofensiva resenha do livro de Miller para o *The New Republic*, concordou prontamente em que "o sadomasoquismo era um tipo de bênção na vida de Foucault. Ele propiciava a ocasião para experimentar relações de poder como uma fonte de prazer". Consequentemente, conclui Nehamas, "Foucault ampliou os limites do que poderia contar como uma vida humana admirável". Além dele, Isabelle de Courtivron, chefe do departamento de línguas e literaturas estrangeiras no MIT [Massachusetts

---

¹ O eclipse da tolerância como uma virtude liberal, diga-se de passagem – a crença muito difundida de que a tolerância deva hoje ser considerada um sinal de reação –, é um dos insidiosos subprodutos da campanha pelo politicamente correto. Entre outras coisas, ele reduz em grande medida o espaço para o debate aberto ao exigir fidelidade a valores ou ideias que uma pessoa, até agora, tenha tido o luxo de reconhecer sem confirmá-los.

Institute of Technology], garantiu aos leitores numa resenha de capa para o *The New York Times Book Review* que Foucault "expandiu o conhecimento moderno de modos profundamente importantes e originais". Ela passa a louvar Miller "por descartar concepções repletas de clichês sobre determinadas práticas eróticas e por oferecer uma análise clara e não condenatória (até mesmo favorável) das ferramentas e técnicas do que ele considera um teatro da crueldade mutuamente consensual".

Muita coisa pode ser dita sobre esse esforço para saudar o sadomasoquismo como uma nova e estimulante opção de "estilo de vida". Sobretudo, talvez, isso demonstra o tipo de ruína espiritual e intelectual que pode resultar, mesmo hoje – e mesmo para as mentes mais educadas –, dos desdobramentos do radicalismo da década de 1960. Não se engane: por trás do elogio anódino que a Professora De Courtivron faz à abordagem "não condenatória" da sexualidade humana, e do sonho de Miller da "experiência corporal" que se desenvolve "sem vergonha ou medo", está a noção de emancipação polimorfa que contribuiu para transformar a década de 1960 no desastre moral e político que foi. Dentre os muitos discursos de falsa liberdade publicados naquela época, nenhum foi mais influente do que o panfleto freudiano-marxista de Herbert Marcuse, *Eros e Civilização* (1955). Recebido com avidez por entusiastas da contracultura que queriam acreditar que apimentando suas vidas sexuais acelerariam o fracasso do capitalismo e inaugurariam um período de justiça, paz e felicidade, esse livro delineia uma portentosa luta entre a "lógica da dominação" e o "desejo de satisfação", ataca a "realidade estabelecida em nome do princípio do prazer" e fulmina a "ordem repressiva da sexualidade procriadora".

Tudo isso é muito foucaultiano; como de fato é a esplêndida ideia marcusiana de "tolerância repressiva", a qual afirma que "aquilo que é proclamado e praticado como tolerância hoje" (Marcuse escrevia em 1965 e tinha em mente instituições como a liberdade de expressão e de reunião) "está, na maior parte de suas manifestações mais eficazes, servindo a causa da opressão". Em linguagem orwelliana clara: liberdade é tirania; tirania é liberdade.

O aroma de tal radicalismo da década de 1960 impregna a biografia de Miller e em todo o livro reforça sua aprovação de Foucault. Tendo isso em vista, parece muito natural que entre outros trabalhos de Miller figurem também *The Rolling Stones Illustrated History of Rock and Roll*, organizado por ele, e *Democracy Is in the Streets: From Port Huron to the Siege of Chicago* (1987). Desconheço o primeiro trabalho; já *Democracy Is in the Streets* é um franco panegírico à nova esquerda e seu "sonho coletivo" da "democracia participativa". Nesse livro, Miller já estava comemorando "experiências dissidentes" cruciais – "durante protestos passivos, em marchas e em confrontos violentos" – e o "espírito da liberdade extática" da década de 1960. Em alguns aspectos, *The Passion of Michel Foucault* é uma renovação daquele livro anterior, refeito com um tema francês e muito couro preto.

Portanto, não é surpreendente que, quando Miller lida com *les événements*, as revoltas estudantis de 1968, sua prosa se torne ditirâmbica à medida que uma grata nostalgia estimula sua imaginação. É como se ele estivesse revivendo sua infância perdida – ou talvez nem tão perdida assim.

> A desordem era inebriante. Cartazes eram rasgados. Placas de sinalização eram arrancadas, andaimes e arames farpados eram derrubados, carros estacionados eram virados. Pilhas de entulhos eram amontoadas no meio dos bulevares. O ambiente era vertiginoso; a atmosfera, festiva. "Todos reconheciam instantaneamente a realidade de seus desejos", escreveu um participante pouco tempo depois, resumindo o espírito predominante. "Jamais a paixão pela destruição se mostrara mais criativa."

O próprio Foucault, infelizmente, não pôde participar da primeira onda de levantes, já que à época dava aulas na Universidade de

Túnis. Mas seu amante Daniel Defert estava em Paris e o mantinha a par dos acontecimentos segurando um rádio transistor perto do telefone por horas a fio. Mais tarde, naquele mesmo ano, Foucault foi nomeado chefe do departamento de filosofia da recém-criada Universidade de Vincennes, fora de Paris. O professor de filosofia de 43 anos de idade teve então a chance de se abandonar ao inebriamento. Em janeiro de 1969, um grupo de quinhentos estudantes tomou o prédio da administração e o anfiteatro, pretensamente para mostrar solidariedade com seus corajosos colegas que haviam ocupado a Sorbonne mais cedo naquele dia. Em verdade, como sugere Miller, o motivo real era "explorar, novamente, o potencial criativo da desordem". Miller é muito fanático com "o potencial criativo da desordem". Foucault foi um dos poucos docentes que se juntou aos estudantes. Quando a polícia chegou, ele acompanhou o núcleo recalcitrante até o telhado para "resistir". Miller relata com orgulho que, enquanto Foucault arremessava pedras alegremente na polícia, não obstante "tomava cuidado para não sujar seu belo terno de veludo preto".

Foi pouco tempo depois desse episódio estimulante que Foucault raspou sua cabeça e se destacou como um ubíquo porta-voz da contracultura. Suas "opiniões políticas" eram sistematicamente estúpidas, uma combinação de solene conversa fiada sobre "transgressão", poder e vigilância, impregnada de uma obtusidade em relação ao exercício responsável do poder na vida cotidiana. Foucault estava fascinado pela noção de que a palavra "sujeito" (como em "o sujeito que está lendo isto") é um cognato de "sujeição". Ele especulava que "ambos os sentidos sugerem uma forma de poder que subjuga ou torna sujeito a algo". Foucault se apresentava como um fervoroso partidário da liberdade. Ao mesmo tempo, ele jamais encontrou uma devoção revolucionária de que não gostasse. Defendeu várias formas extremas de marxismo, inclusive o maoísmo; apoiou o Aiatolá Khomeini, mesmo quando o seu grupo militar fundamentalista começou a assassinar milhares de cidadãos iranianos. Em 1978, ele perguntou ao rememorar o período pós-guerra: "O que podia significar a política quando ela se reduzia a uma questão de escolha entre a URSS de Stálin e os Estados Unidos de Truman?". O fato de Foucault ter considerado esta uma pergunta difícil de responder nos diz muito sobre ele.

O que é animador com relação às tolices políticas de Foucault é que elas tendem a fazer parecer dóceis personagens que, de outro modo, seriam grotescas. Num debate transmitido pela TV holandesa no começo da década de 1970, por exemplo, o famoso radical e linguista americano Noam Chomsky aparece como porta-voz da sanidade e da moderação em comparação com Foucault. Como relata Miller, enquanto Chomsky insistia em que "nós devemos agir como seres humanos sensíveis e responsáveis", Foucault respondia que as ideias de responsabilidade, sensibilidade, justiça e lei eram simplesmente "símbolos da ideologia" que careciam completamente de legitimidade. "O proletariado não trava guerra contra a classe dominante por considerá-la uma guerra justa", ele argumentava; "o proletariado trava uma guerra com a classe dominante porque [...] quer tomar o poder."

Esta tem sido a frase sofística padrão desde o encontro entre Sócrates e Trasímaco, mas nos dias de hoje raramente alguém a escuta articulada de modo tão franco. Nem eram raras interpretações como essa. Em outro debate, Foucault defendeu os Massacres de Setembro de 1792, nos quais mais de mil pessoas suspeitas de simpatizar com a monarquia foram cruelmente massacradas, como um legítimo exemplo de manifestação de "justiça popular". Como diz Miller, Foucault acreditava que a justiça seria mais bem servida "se abrissem todas as prisões e fechassem todos os tribunais".

Embora tivesse atingido a maturidade nos anos 1940 e 1950, o Foucault "público" era fundamentalmente um filho da década de 1960: precoce, mimado, autocentrado, pleno de sentimentos políticos infantis, arruinado por insaciáveis fantasias de êxtase absoluto.

Ele se tornou especialista em exagerar as ilusões narcisistas dos anos 1960 por meio do jargão proibitivo e cínico da filosofia francesa contemporânea. E é principalmente a isto, creio eu, que ele deve seu enorme sucesso como guru acadêmico. Na filosofia de Foucault, o "idealismo" dos anos 1960 era pintado com tintas mais escuras. Mas sua demanda por libertação de "toda forma estabelecida", como diz Miller repetidas vezes, continuou muito vigorosa. Em uma entrevista concedida em 1968, Foucault sugeriu que "o esboço preliminar de uma sociedade futura é preenchido pelas experiências recentes com drogas, sexo, comunas, outras formas de consciência e outras formas de individualidade. Se o socialismo científico surgiu das *utopias* do século XIX, é possível que uma verdadeira socialização surja – no século XX – das *experiências*".

De fato, as drogas foram um apoio de que Foucault se serviu livremente em sua busca por "experiências". Ele viveu à base de haxixe e maconha nos anos 1960, mas foi somente em 1975 que ele teve o seu primeiro encontro com o LSD. Miller considera esse episódio algo fundamental para o desenvolvimento do filósofo e, aparentemente, também Foucault, que descreveu essa experiência com as suas palavras mais elogiosas. Dizem que ele afirmou à época: "A única coisa em minha vida com a qual posso comparar essa experiência é a relação sexual com um estranho [...] O contato com um corpo estranho proporciona uma experiência da verdade semelhante ao que estou experimentando agora". "Agora eu compreendo minha sexualidade", ele concluiu.

À luz da subsequente morte de Foucault, em decorrência da Aids, parece horrivelmente significante que essa festa farmacológica tenha ocorrido no Vale da Morte.[2] De qualquer modo, a primeira experiência que Foucault teve com alucinógenos foi tão excitante, que ele pôs de lado rascunhos dos volumes não publicados de *A História da*

---
[2] O Vale da Morte é uma árida depressão localizada ao norte do Deserto de Mojave, nos Estados Unidos, na Califórnia. (N. T.)

Sexualidade – que desperdício! Como observa Miller, havia centenas de páginas "sobre masturbação, incesto, histeria, perversão e eugenia": todas as questões filosóficas importantes de nossa época.

O ano de 1975 foi claramente o *annus mirabilis*[3] de Foucault. Esse ano marcou não somente sua apresentação aos prazeres do LSD, mas também sua primeira visita à Bay Area da Califórnia e à florescente subcultura sadomasoquista de São Francisco. Foucault havia "experimentado" o sadomasoquismo anteriormente – de fato, suas propensões nesse campo lhe custaram seu relacionamento com o compositor Jean Barraqué. Mas ele jamais havia encontrado algo tão exorbitante quanto o que São Francisco tinha a oferecer. Segundo Miller, o filósofo, então próximo do seu quinquagésimo aniversário, considerava "aquele um lugar de excessos estonteantes que o deixaram alegremente atônito". As incontáveis casas de banho homossexuais da cidade, ele explicou, permitiram que Foucault abraçasse "sua fascinação vitalícia pelo 'opressivo, indizível, repugnante, chocante, extático', cingindo-se à 'pura violência, a um gesto inexprimível'".

Como sempre, Miller apresenta o prazer de Foucault pela tortura sexual como se fosse uma nobre batalha existencial por maior sabedoria e pela libertação política. Assim, embora o sadomasoquismo seja um tópico frequentemente debatido por Miller, ele explora o tema de forma mais completa num capítulo intitulado *A Vontade de Saber*, inspirado no título de um dos livros de Foucault. Miller afirma que, "ao aceitar o novo nível de perigo", Foucault

> juntou-se novamente às orgias de tortura, estremecendo com "as mais extraordinárias agonias"; ofuscando-se voluntariamente, destruindo os limites da consciência; permitindo que a dor corpórea, real, fosse dissolvida no prazer por meio da alquimia do erotismo [...] Por meio da intoxicação, da fantasia, da liberalidade dionisíaca do artista, das práticas ascéticas mais punitivas e da exploração desinibida do erotismo sadomasoquista, parecia possível romper, ainda que brevemente,

---

[3] Expressão latina que significa "ano miraculoso". (N. T.)

os limites que separam o consciente e o inconsciente, a razão e a irracionalidade, o prazer e a dor – e, no limite, a vida e a morte –, assim revelando completamente como as distinções fundamentais para o jogo da verdade e do falso são flexíveis, incertas, contingentes.

Na maior parte do tempo, Miller se mostra como um moderado jornalista investigativo. Mas basta mencionar a palavra "transcendência" para ele ficar completamente sentimental. Eu suspeito que isto seja um reflexo, adquirido por causa de muito Alan Watts e outros confeitos quase místicos dos anos 1960. Assim como o cão de Pavlov não podia deixar de salivar quando escutava um sino tocar, assim também Miller não pode deixar de verter besteiras toda vez que alguém menciona Dioniso.

Observando com tristeza que talvez nós "jamais saibamos" exatamente o que Foucault fazia enquanto destruía os limites da consciência e eliminava os limites entre o prazer a dor, Miller, todavia, é terrivelmente detalhista em suas descrições do submundo sadomasoquista que Foucault frequentava, um mundo que apresentava, entre outras atrações, "mordaças, perfurações, cortes, choques elétricos, torturas, encarceramentos, marcações a ferro quente...". "Dependendo do clube", ele relata diligentemente, "uma pessoa podia saborear a ilusão da escravidão sexual – ou experimentar os tipos de 'tortura' voluntária mais diretamente físicos." Foucault se atirou nesse cenário com um entusiasmo que deixou os seus amigos atônitos, adquirindo rapidamente uma coleção de roupas de couro e, "para brincar", uma variedade de braçadeiras, algemas, capuzes, mordaças, chicotes, raquetes e outros "brinquedos sexuais".

A maneira como Miller aborda o sadomasoquismo é certamente grotesca; às vezes, é também cômica. Apesar de tudo, Miller é um *scholar* cuidadoso; assim, ele se sente obrigado a prover os leitores com uma lista completa de fontes. Em suas notas compendiosas, ele nos informa que sua discussão baseia-se em obras como "The Catacombs: A Temple of the Butthole", *Urban Aboriginals: A*

Celebration of Leathersexuality e *The Leatherman's Workbook: A Photo Illustrated Guide to Sadomasochist Sex Devices*. Ele explica: "Para técnicas de sadomasoquismo gay, tenho recorrido, nos últimos anos, a *The Leatherman's Handbook*, de Larry Townshend". É a cara de pau que faz essas coisas.

Não obstante, deixando de lado o humor involuntário, toda a descrição que Miller faz do sadomasoquismo é um labirinto de contradições, alternando radicalmente entre o pior tipo de jargão psicológico *pop* e uma pomposa pregação pseudofilosófica. Viciado em chavões contraculturais sobre a liberação sexual e a emancipação física, ele não pode compreender por que "o sadomasoquismo é ainda uma das práticas sexuais mais amplamente estigmatizadas". Até hoje, depois de todos esses anos! Por um lado, para ajudar a superar o estigma, ele exaspera-se para desintoxicar o tema, para fazer com que a perversão pareça "geralmente benigna" e normal. Por outro lado, ele também se sente obrigado a apresentar a prática da tortura sexual como algo corajoso, "investigativo" e "desafiador". Os chicotes e correntes são na verdade apenas "adereços"; os encontros são "consensuais"; a dor é "muitas vezes suave"; os devotos do sadomasoquismo são, "de modo geral, [...] tão pacíficos e equilibrados quanto muitos outros segmentos da população". Mas mesmo que esteja nos falando sobre os travesseiros que encontrou na "masmorra" do sadomasoquismo para torná-la aconchegante, ele também cita o especialista que, enquanto insiste em que a "verdadeira viagem é mental", admite francamente que "certamente há dor e às vezes uma pequena porção de sangue". Apenas uma pequena porção, apesar de tudo.

Uma das estratégias explanatórias frequentes de Miller envolve um passeio à ladeira escorregadia. Quando foi a última vez que você teve um impulso violento? Pois bem: não somos todos sádicos dissimulados? "Afinal de contas", argumenta Miller, "o sadomasoquismo, até certo ponto, simplesmente explicita as fantasias sádicas e masoquistas que estão implicitamente em jogo na maioria dos relacionamentos humanos – talvez em todos."

Ah, sim, "até certo ponto". Jamais parece ocorrer a Miller que, mesmo se fosse verdade que tais fantasias estivessem "implicitamente" em jogo na maioria dos relacionamentos humanos (sendo esta uma proposição dúbia em si), a diferença entre o "implícito" e o "explícito" é exatamente a diferença na qual se baseia todo o universo do comportamento moral. Ademais, o tema dos "relacionamentos" dificilmente é levado em conta, pois, como o próprio Foucault enfatizou, o anonimato dos encontros era responsável por grande parte do seu atrativo: "[Nos clubes] você conhece homens que são para você o que você é para eles: nada além de um corpo com o qual são possíveis as combinações e as produções de prazeres. Você deixa de ficar aprisionado em seu rosto, passado e identidade próprios".

Até Miller reconhece – embora ele não diga isso abertamente – que no âmago das obsessões sexuais de Foucault não estava o desejo do *insight* filosófico, mas do esquecimento. Foucault observou corretamente que "o prazer completo e total está associado à morte". A infeliz ironia é que esse apóstolo do sexo e do hedonismo acabaria isolando o sexo do prazer, como fez o Marquês de Sade, antes dele. Em uma das inumeráveis entrevistas que concedeu nos últimos anos de sua vida, Foucault louvou o sadomasoquismo como uma "aventura criativa, que tem como uma de suas principais características o que eu chamo de dessexualização do prazer". O que é pateticamente esclarecedor é a crença de Foucault de que esse era um argumento *a favor* do sadomasoquismo. Ele prosseguiu: "A ideia de que o prazer corpóreo deveria vir sempre do prazer sexual, bem como a ideia de que o prazer sexual é a raiz de *todo* o nosso prazer possível – creio que *isto* é algo completamente errado".

Bem, sim, Michel, há algo completamente errado nisso. Mas quem acredita que "o prazer corpóreo deveria sempre vir do prazer sexual"? Você fez uma boa refeição recentemente? Desfrutou de uma caminhada durante o dia? É parte da implacável lógica do sadomasoquismo a ideia de que o que começa com o simples cultivo do prazer sexual por si termina com a extinção da capacidade de desfrutar o prazer de modo geral. Em verdade, poder-se-ia dizer que a busca por sensações de prazer cada vez mais extremas, a qual está no âmago da aventura sadomasoquista, exaure o prazer a partir do prazer. O desejo de esquecimento termina com o esquecimento do desejo.

As aventuras sexuais de Foucault no início da década de 1980 inevitavelmente também levantaram a questão da Aids. Foucault sabia que tinha a doença? Miller se dedica a escrever bastante sobre esse tema. Ele começa dizendo que não, Foucault provavelmente não sabia. Mas ele também cita Daniel Defert, que pensava que seu amigo "tinha um verdadeiro conhecimento" de que tinha Aids. "Quando ele foi a São Francisco pela última vez, encarou aquilo como uma *experiência-limite*." Isso coloca Miller numa situação difícil. Ele acha que "experiências-limite" são, por definição, algo bom. "Não é imoral ser convulsionado por fantasias estranhas e impulsos selvagens", ele escreve, resumindo o argumento "ético" do livro de Foucault *História da Loucura*: "Tais experiências-limite devem ser estimadas como um modo de reconquistar o acesso à dimensão fechada e dionisíaca do humano". Mas e se a busca pelo limite implica infectar outras pessoas com uma doença mortal? E se a busca por algumas "experiências-limite" envolve alguém em algo que equivale a um comportamento homicida? Ao fim e ao cabo, Miller se enrola. Ele defende que aqueles que "pensam de modo diferente" se entreguem a "atos de paixão potencialmente suicidas" com parceiros consensuais. Mas atos homicidas? De qualquer modo, está muito claro o que o próprio Foucault pensava sobre isso. Como ele disse no volume I de *A História da Sexualidade*, "o pacto faustiano, cuja tentação foi instilada em nós por meio do desenvolvimento da sexualidade, agora funciona assim: trocar a vida em sua totalidade pelo próprio sexo, pela verdade e pela soberania do sexo. Vale a pena morrer pelo sexo".

Foucault é admirado, sobretudo, por manter uma suspeita exemplar em relação aos tópicos que investigava. Julga-se que ele tenha sido um analista intelectual supremo, que desvelava desapiedadamente as relações de poder ocultas, as motivações sombrias e os segredos ideológicos que infectam a sociedade burguesa e que apodrecem despercebidamente nos corações e mentes de todos. É curioso, todavia, que os acólitos de Foucault suspeitem tão pouco das próprias alegações do mestre. Considere-se a principal afirmação foucaultiana: a de que a verdade é uma "quimera", que a verdade é sempre e em todo lugar uma função do poder, de "múltiplas formas de coação". Algumas versões dessa afirmação são propagadas como um evangelho por acadêmicos ao redor do país. Mas espere: essa afirmação alarmante é *verdadeira*? Seria mesmo o caso de que a verdade é sempre relativa a um "regime de verdade", isto é, à política? Se alguém diz: "Sim, é verdade", então essa pessoa cai diretamente em contradição – pois não acabamos de prescindir dessa "ingênua" noção de verdade? – e o alicerce lógico da epistemologia de Foucault se desintegra.

Ou considere-se a afirmação de que Michel Foucault é uma espécie de encarnação moderna de Friedrich Nietzsche. Não se argumenta tanto quanto se dá por certo que Foucault, como Nietzsche, foi o próprio epítome do herói filosófico solitário mas profundo, o qual concebia ideias muito profundas – e muito perigosas – para muitos de nós. (Com exceção, é claro, dos seguidores de Foucault: para *eles* é o trabalho de um momento prescindir da "metafísica ocidental", do "humanismo burguês" e de milhares de outros males.) O próprio Foucault muitas vezes promoveu a ideia de que ele era um Nietzsche dos tempos modernos, e Miller elevou a comparação a um princípio interpretativo central. Em seu prefácio, ele anuncia que seu livro não é bem uma biografia, mas um relato do "esforço vitalício de um homem para honrar a injunção aforismática de Nietzsche, "um esforço para se tornar o que alguém é". Não importa que trinta páginas depois encontremos Foucault insistindo em que "uma pessoa escreve para se tornar outra pessoa": a indústria foucaultiana viceja a partir de "paradoxos" como esses. Em qualquer caso, quem tem tempo para sutilezas como a lógica quando está ocupado com a perigosa "indagação nietzschiana", algo que, no livro de Miller, vemos Foucault buscar a cada cinquenta páginas, mais ou menos?

Em verdade, a comparação entre Foucault e Nietzsche é uma calúnia contra Nietzsche. Como vimos, Friedrich Nietzsche tinha muitas respostas a dar, inclusive sobre a popularidade de figuras como Foucault. Mas, apesar de qualquer opinião que alguém possa ter sobre a filosofia de Nietzsche e sua influência, é difícil não admirar sua coragem e comprometimento sincero com a vida filosófica. Arruinado por uma péssima saúde – enxaquecas, vertigem, doenças digestivas graves –, Nietzsche teve de deixar seu cargo de professor na Universidade de Basel quando tinha por volta de 35 anos de idade. A partir dessa época ele levou uma vida isolada, empobrecida e celibatária, vivendo em várias pensões baratas na Itália e na Suíça. Ele tinha só uns poucos amigos. Sua obra era quase completamente ignorada. Como se disse anteriormente, *Além do Bem e do Mal*, um de seus livros mais importantes, vendeu 114 cópias em um ano. Porém ele perseverou pacientemente.

E Foucault? Depois de frequentar as escolas francesas mais elitistas – o liceu Henri IV, a Escola Normal Superior, a Sorbonne –, ele manteve uma série de compromissos acadêmicos na França, Polônia, Alemanha, Suécia e Tunísia. Os empregos pagavam mal, mas o filósofo em ascensão foi auxiliado em seu programa de resistência por generosos subsídios dos seus pais. Na década de 1950, quando era um modesto professor na Universidade de Uppsala, adquiriu o que Didier Eribon chama de "um magnífico Jaguar bege" (em seu livro, Miller diz que era branco) e passou a dirigir "como um louco" pela cidade, chocando a sossegada sociedade uppsaliana. Fale-se em desafiar as convenções! Eribon nos faz lembrar, também, que Foucault era um perfeito político acadêmico, competente na garantia de sua própria promoção e na de seus amigos. Porém isso não quer dizer que ele ocultava seu desprezo pelos escrúpulos burgueses e mesquinhos. Tentar suicídio e arremessar pedras em policiais mal foram os seus únicos esforços para "transgredir" protocolos acadêmicos aceitos. Enquanto ensinava em Clermont-Ferrand no início da década de 1960, por exemplo, ele deu uma bolsa de assistente a seu amante, Daniel Defert. Em resposta à indagação do conselho universitário sobre a razão pela qual ele havia indicado Defert em vez de outro candidato, uma mulher mais velha e mais bem qualificada, ele disse: "Porque nós não gostamos de senhoras de idade aqui". Ademais, Foucault desfrutou a estima de intelectuais ingênuos em toda parte. Seu livro *As Palavras e as Coisas* se tornou um *best-seller* em 1966, catapultando-o para a fama internacional. O reconhecimento supremo veio em 1970, quando, aos 44 anos – uma idade incomum para o cargo –, Foucault foi nomeado para o Collège de France, o pináculo da cultura acadêmica francesa. Miller, como muitos acadêmicos que escrevem sobre Foucault, louva a audácia filosófica de Foucault e a disposição para se arriscar por suas ideias. "Por mais de uma década", escreve Miller sobre a reputação de Foucault à época de seu falecimento, "sua elegante careca foi um emblema da coragem política – um centro de atração da resistência às instituições que sufocam os espíritos livres e reprimem o 'direito de ser diferente'." Que corajosa resistência à sociedade burguesa!

Mas Foucault diferia de Nietzsche em outras coisas além de tais acessórios exteriores. A visão de mundo fundamental dos dois era radicalmente diferente. Em linhas gerais, Foucault foi um macaqueador de Nietzsche. Ele adotou parte de sua retórica sobre o poder e imitou parte de seu histrionismo verbal. Mas ele nunca conseguiu alcançar algo semelhante aos *insights* ou à originalidade de Nietzsche. Nietzsche pode ter errado seriamente em sua compreensão da modernidade: ele pode ter confundido uma parte da história – o surgimento do secularismo – com todo o restante, mas poucos homens enfrentaram o problema do niilismo tão apaixonadamente quanto Nietzsche. Foucault simplesmente flertou com o niilismo como sendo mais uma "experiência". Miller acerta ao enfatizar a importância da "experiência", especialmente a "experiência-limite" ou extrema, na vida e obra de Foucault; ele erra ao dizer que isto foi uma virtude. Foucault era viciado em extremismos. Ele foi um exemplo perfeito de certo tipo de romântico[4] decadente, um tipo sobre o qual Nietzsche nos alertou quando falou "daqueles que sofrem do *empobrecimento da vida* e procuram o descanso, a tranquilidade, mares calmos, a redenção para si por meio da arte e do conhecimento, ou [por meio da] intoxicação, das convulsões, da anestesia e da loucura". O ardente e insaciável desejo de Foucault por "experiências" novas e cada vez mais emocionantes era um sinal de fraqueza, e não de coragem. Também aqui Nietzsche é um guia muito melhor do que Foucault. "Os homens hoje vivem demais e pensam pouco", escreveu Nietzsche em 1880. "Eles sofrem simultaneamente de fome extrema e de cólica e, portanto, ficam cada vez mais franzinos, não importa o quanto comam. Quem quer que diga hoje 'eu não tenho vivido direito' é um asno."

Miller não é completamente acrítico. No que diz respeito à *História da Loucura*, por exemplo, ele reconhece que "as próprias convicções do autor são mais insinuadas do que debatidas". Com relação a *As Palavras e as Coisas*, ele observa que a escrita é "desajeitada, incoerente e elíptica, a ponto se transformar em erro". Mas tais críticas pontuais não vão longe o suficiente. Como o historiador australiano Keith Windschuttle mostrou em seu brilhante livro *The Killing of History* (1994; ed. rev. 1996), a sabedoria de Foucault está permeada de erros e ofuscações deliberadas. Em *História da Loucura*, por exemplo, Foucault contrasta a feliz época medieval, durante a

---

[4] Kimball refere-se, aqui, ao adepto do romantismo, movimento artístico, político e filosófico, surgido nas últimas décadas do século XVIII na Europa e que perdurou por grande parte do século XIX. (N. T.)

qual o louco supostamente perambulava livremente de vila em vila, ou viajava num prosaico Navio dos Loucos Reno acima e abaixo. O surgimento do hospício, de acordo com Foucault, foi um dia negro para os loucos, pois agora eles não seriam apenas encarcerados, mas também lhes seria negado o *status* de seres humanos. Foucault faz alegações similares sobre os hospitais e as políticas penais. Como Windschuttle mostra com detalhes devastadores, o relato de Foucault é radicalmente impreciso em todos os casos. Não havia Navio dos Loucos, tal como Foucault descreve; seus dados frequentemente têm uma defasagem de um século ou mais; e com relação ao tratamento dispensado aos loucos, Windschuttle cita o historiador Andrew Scull, para deixar as coisas claras: "Quando os loucos se mostravam encrenqueiros, podiam apanhar ou ser encarcerados; caso contrário, podiam vagar ou perecer. Em qualquer um dos casos, o contraste simplório entre a opressão psiquiátrica e uma tolerância quase anárquica anterior é certamente ilusório". Windschuttle elabora a justificativa mais geral: "A loucura se tornou uma questão de políticas públicas com o surgimento das sociedades democráticas e igualitárias, principalmente porque essas sociedades aceitaram o louco não como *o outro*, ou como alguém destituído de humanidade, mas como *outro ser humano*, como um indivíduo com o mesmo *status* básico de todas as outras pessoas".

No início de seu livro, Miller menciona de passagem o incisivo estudo crítico de José Guilherme Merquior, *Michel Foucault ou o Niilismo da Cátedra* (1985). Leitores familiarizados com esse livro sabem que Merquior, que é identificado como "um diplomata brasileiro que estudou com Ernest Gellner", demoliu de forma polida mas definitiva quase todas as afirmações importantes de Foucault. Merquior normalmente começa cada capítulo com uma vênia ritual à inteligência de Foucault. Em seguida, ele passa a mostrar que seus argumentos se baseiam num conhecimento inferior, em história adulterada e em generalizações insustentáveis. Por mais que a obra de

Foucault tenha aberto "novas perspectivas", conclui Merquior, "suas confusões conceptuais e fraquezas explanatórias [...] excedem em muito sua verdadeira contribuição". A verdade é que Foucault se especializou em fornecer respostas ofuscantes a falsos problemas. "Nós temos a sexualidade desde o século XVIII, e sexo desde o XIX", ele escreve em *A História da Sexualidade*. "Sem dúvida alguma, o que tínhamos antes disso era o corpo." É verdade, e "a relação sexual foi inventada em 1963", como Philip Larkin disse memoravelmente.

Certa vez Foucault descreveu sua escrita como um "labirinto". Ele estava certo. A questão é: por que deveríamos querer entrar nele? Como Miller insiste, pode ser que a escrita de Foucault "expresse um poderoso desejo de conceber certa forma de vida". Mas seria essa uma forma de vida *desejável*? As perversões pessoais de Foucault o envolveram numa tragédia privada. A celebração de suas perversões intelectuais pelos acadêmicos continua sendo um escândalo público. A carreira desse "homem representativo" do século XX realmente representa uma das maiores fraudes da história intelectual recente.

Capítulo 12 | As Angústias de E. M. Cioran

Que tormento ser comum, um homem entre os homens!
– E. M. Cioran

Há certas personalidades culturais que conseguem fazer da obscuridade metafísica a peça central e a inspiração do seu trabalho de vida. Apesar de vigorosamente ateístas, elas frequentemente recorrem a uma terminologia quase religiosa para expressar sua obsessão pela transitoriedade e absurdidade da vida, a capacidade do homem para o mal, e a crueldade e ubiquidade do sofrimento neste mundo imperfeito e efêmero. Aproveitando-se do apetite voraz da humanidade pela autodramatização e autopiedade, elas discorrem, frequentemente com considerável eloquência, sobre a inutilidade e corrupção de todos os esforços e instituições humanas, elaborando uma sedutora visão da destruição. As mais sombrias composições do romantismo – pensa-se especialmente em uma personalidade como Novalis – fornecem uma importante fonte para essa tendência; o pessimismo filosófico de Schopenhauer fornece outra. Em tempos modernos, a maior parte dos devotos desse gênero têm também injetado uma forte dose de ironia em seus *pathos*, transformando o desespero romântico em uma espécie de autozombaria hiperconsciente, mesmo enquanto perseguem seu caso de amor com o vazio; idealismo equivocado abre espaço para um cinismo sensível, niilístico. É natural que o título da sombria obra-prima de Oswald Spengler, *Der Untergang des Abendlandes – A Decadência do Ocidente* –, deveria emergir como o pranto insistente desses fervorosos partidários da desilusão.

O ensaísta e aforista nascido na Romênia Emile M. Cioran é um menor, porém completamente típico representante contemporâneo dessa tradição da futilidade metafísica. Filho de um padre da Igreja Ortodoxa Grega, Cioran nasceu em um povoado nos Cárpatos, em 1911. Ele estudou filosofia na Universidade de Bucareste, onde ganhou uma bolsa do Instituto Francês em 1937. Isso o levou a Paris, onde viveu e trabalhou até sua morte, em 1995. Ele começou a escrever em francês apenas em 1947, aparentemente empregando grandes esforços em dominar a língua: "Seria a narrativa de um pesadelo", ele confessa com atenuação característica, "eu lhe dar um relato detalhado da história da minha relação com este idioma emprestado". Ele publicou seu primeiro livro, *Breviário de Decomposição*, em 1949, e continuou a publicar vários volumes de ensaios e aforismos.[1]

Embora dificilmente um nome comum, Cioran atraiu um estanque círculo social de admiradores tanto na Europa como nos Estados Unidos. Neste país, sua popularidade, como tal, foi amplamente estimulada pelo empreendedorismo daquela empresária sem paralelos do novo, Susan Sontag. Em 1968, ela contribuiu com um ensaio introdutório para *The Temptation to Exist*, o primeiro livro de Cioran traduzido para o inglês. Descrevendo-o como "uma das mais *sofisticadas* mentes de verdadeiro poder escrevendo atualmente", Sontag elogia Cioran como a "personalidade mais distinta" escrevendo neste momento na tradição antissistêmica de "Kierkegaard, Nietzsche e Wittgenstein" – uma tradição, ela nos conta, para a qual "pensar" (as aspas são dela) "é redefinido como inútil a não ser que seja um ato extremo".

---

[1] Outras coletâneas de Cioran incluem *Syllogismes de l'Amertume* (1952) [em português: *Silogismos da Amargura*. Rio de Janeiro, Rocco, 2011], *La Tentation d'Exister* (1956), *Histoire et Utopie* (1960) [em português: *História e Utopia*. Rio de Janeiro, Rocco, 2011], *La Chute dans le Temps* (1964), e *De l'Inconvenient d'Être Né* (1973).

Seja como for, a opinião de Sontag sobre a importância de Cioran é agora senso comum entre os leitores que apreciam seu tipo de pilhagem intelectual, aguda e deliberadamente provocativa. *Thinking Against Oneself* e *On a Winded Civilization*: os títulos dos dois ensaios de abertura de *The Temptation to Exist* resumem o humor e a perspectiva geral não apenas desse volume, mas de todo o trabalho de Cioran. Aqui como em outros livros, o que Cioran oferece não são argumentos razoáveis ou reflexões fundamentadas, mas uma série de *aperçus* altamente carregados sobre a *debâcle*, a ruína, da civilização ocidental, o destino do intelectual na sociedade contemporânea, o fim do romance, as virtudes da tirania, o futuro da utopia e outros tópicos edificantes. Ainda por trás desses temas ostensivos está sua única verdadeira preocupação permanente, uma preocupação que Sontag resume de forma admirável. "O assunto de Cioran: em ser uma *mente*, uma consciência sintonizada ao mais alto grau de refinamento [...] Nos escritos de Cioran", ela acrescenta, "a mente está à espreita. Mas não 'do mundo'. De si mesma." Com essas últimas caracterizações, especialmente, aproximamo-nos do centro do pensamento de Cioran.

Terá sido Cioran o herói intelectual preparado para o combate que Sontag apresenta: uma mente solitária de "verdadeiro poder", corajosamente registrando verdades importantes porém demasiado intragáveis para a maioria dos pensadores? Ou, antes, estava ele no caminho de um intelectual *poseur*, um esteta metafísico que anatomiza suas agonias autoinfligidas não para o bem de qualquer verdade presumida, mas meramente para se prover de cada vez mais requintadas demonstrações de incredulidade? Quase tudo o que Cioran escreveu aponta para esta última hipótese.

É claro que a abordagem de Cioran não repousa apenas no conteúdo do seu posicionamento; igualmente – se não mais – importante é o seu estilo, sua tensão epigramática. Seus trabalhos autoanunciados com a língua francesa resultaram em um estilo que mistura uma frieza quase olímpica e intelectualidade com a aparência de paixão, beirando, por vezes, a histeria. Como quase tudo em Cioran, isso é essencialmente um estilo adolescente: arrogante, confessional, histriônico, mas, contudo, cheio de energia. Seu uso habitual do plural majestático, "nós" – um dos seus mais óbvios empréstimos retóricos de Nietzsche –, ajuda a envolver sua escrita em uma aura de autoridade; e descontando-se o contexto e esquecendo-se de coisas insignificantes como significado e coerência, Cioran pode ser eminentemente citável. Mas ele valora de forma clara o *efeito* de seu estilo, mais que a consistência do argumento. Não é necessário aprofundar-se em sua obra para entender o entusiasmo de Susan Sontag: em Cioran ela encontrou um espírito semelhante, uma inspiração, um escritor que preservou a aparência de séria averiguação intelectual enquanto dava absoluta prioridade a gestos retóricos, extravagâncias verbais e posturas convencionalmente provocativas. Os leitores ingleses também não recusaram muito do espetáculo. Cioran foi extremamente bem servido por seu principal tradutor inglês, o poeta Richard Howard, o qual tinha uma notável percepção das cadências e do vocabulário apropriados para reproduzir a prosa supertrabalhada e conscientemente "brilhante" de Cioran.

 É óbvio que foi terrivelmente importante para Cioran apresentar a si como um romântico *manqué*, uma espécie de Rimbaud com graduação em filosofia e mais poder de permanência. Ele casualmente descreveu a si mesmo como "rondando o Absoluto" e nos informou que "As únicas mentes que nos seduzem são as mentes que destruíram a si mesmas tentando dar um sentido às suas vidas". Ele gostou de se ver como um esteta intelectualmente inclinado, que teve a coragem e a lucidez de ver através de tudo, especialmente seus ideais anteriores. Por exemplo, embora ele considerasse a poesia "uma visão de monotonia e nulidade, de fétidos mistérios e afetações", é essencial que entendamos que ele foi também um grande amante da poesia: "Eu a amei à custa da minha saúde; eu esperava sucumbir à minha adoração por ela". Seu discernimento superior e sua tenacidade, somos levados a compreender, competindo com uma apaixonada sensibilidade estética, permitiram-no ocupar esse solitário castelo acima dos apelos ilusórios da poesia.

A artimanha retórica favorita de Cioran – sua tentativa preponderante para chamar atenção – é irresistivelmente simples: ele pega a sabedoria convencional sobre política, cultura ou ética e a inverte. Na sagrada tradição de *épater la bourgeoisie*, ele se propõe a chocar, perturbar, provocar. Não que haja algo particularmente novo nas declarações meticulosamente controversas de Cioran; em sua maior parte, elas podem ser lidas como declarações estereotipadas de angústia existencialista e amargura. De fato, quando se mergulha em seu trabalho pela primeira vez, ele pode parecer impetuosamente ultrajante. É tão extraordinário ser informado de que a filosofia é o "privilégio de [...] povos *biologicamente* superficiais", e descobrir que "nós gastamos o auge das nossas noites não dormidas para deturpar mentalmente nossos inimigos, rasgando suas entranhas, repicando suas veias, pisando em cada órgão até virar mingau", ou aprender que aos vinte anos Cioran supôs que "tornar-se o inimigo da raça humana era a mais alta dignidade a que se poderia aspirar".

Da mesma forma, não podemos deixar de nos surpreender quando Cioran volta a olhar para sua nativa Romênia apenas para nos dizer que "eu devo a ela não apenas minhas mais refinadas, minhas mais seguras falhas, mas também esse talento para mascarar minha covardia e esconder meus escrúpulos", ou resume seus sentimentos sobre Paris com a observação de que "essa cidade, a qual eu não trocaria por nenhuma outra no mundo, é por esta mesma razão a fonte dos meus infortúnios [...] Eu frequentemente lamento que as guerras a pouparam, que ela não tenha perecido como muitas outras. Destruída, ela teria me livrado da alegria de viver aqui [...] Nunca vou perdoar Paris por ter me vinculado ao espaço, por me fazer pertencer *a algum lugar*".

Após dois ou três ensaios, tais demonstrações perdem qualquer novidade que originalmente possam ter apresentado; e depois de enfrentar vários de seus livros, percebe-se que a pose de provocador intelectual de Cioran não é mais que uma máscara para uma série de clichês repetitivos. Desse modo, em toda a sua obra ele sempre se esforçou para exaltar sonhos e loucura como bastiões da liberdade e do caráter. Em *Thinking Against Oneself* ele escreve que "Nós somos todos gênios quando sonhamos, o açougueiro e o poeta são assim iguais [...] Apenas o louco em nós é que nos força à aventura; uma vez que ele nos abandona, estamos perdidos [...] Nós não podemos ser *normais* e *vivos* ao mesmo tempo".

Mendigos também estão entre os favoritos objetos da admiração de Cioran, pois em sua visão, o "pensamento [dos mendigos] é resolvido em seu ser e seu ser em seu pensamento. Ele não *tem* nada, ele *é* a si mesmo, ele resiste: viver em pé de igualdade com a eternidade é viver o dia a dia, satisfazendo as necessidades imediatas". Esta é a antiga imagem atualizada do pobre tolo vindo a ser mais sábio que o filisteu educado. Cioran nos brinda o tempo todo com essa ideia. Em um ensaio intitulado *Beyond the Novel*, ele nos adverte a dispensar o gênero porque é demasiado livresco e mundano para lidar com o que realmente importa.

> Que interesse pode uma mera vida proporcionar? Que interesse, livros inspirados por outros livros ou mentes dependentes de outras mentes? Apenas o iletrado me deu aquele *frisson* do ser que indica a presença da verdade. Os pastores dos Cárpatos me impressionaram mais profundamente que os professores da Alemanha, os perspicazes de Paris. Eu vi mendigos espanhóis, e eu gostaria de ter me tornado seu hagiógrafo. Eles não tinham necessidade de inventar uma vida por si: eles *existiram*; o que não acontece na civilização.

O que *acontece* na civilização? Cioran nunca realmente diz. De fato, perguntamo-nos se isso de fato importa para ele. Como seu quase metafísico, ainda indefinido, uso do termo "existência" aqui sugere, ele não é contrário a que as palavras sejam empregadas primariamente como um ornamento emocional. E quanto à "verdade" que dizem esses iletrados camponeses espanhóis possuir? Em outro ensaio ele resume com desdém seus sentimentos sobre aquele dinossauro com uma frase: "A Verdade? Uma coqueluche adolescente ou sintoma de senilidade".

Claro está que o pensamento de Cioran se baseia amplamente em uma oposição romântica entre instinto e intelecto, em uma *preferência* pelo instinto sobre o intelecto. "O que quer que emane das zonas inferiores da nossa natureza", ele escreve, "possui força, o que quer que venha de baixo estimula: nós invariavelmente produzimos e agimos melhor por conta da inveja e da avareza do que por conta da nobreza e do desinteresse." Por isso sua suspeita da razão como "a ferrugem da nossa vitalidade", e sua afirmação de que "nascemos para existir, não para saber; para ser, não para nos afirmar. Conhecimento, tendo irritado e estimulado nosso apetite pelo poder, nos levará inexoravelmente à nossa ruína [...] Conhecimento mancha a economia de um ser humano". Nenhum argumento é fornecido para explicar esses sentimentos, possivelmente porque, como nota em outra passagem, ele está convencido de que "a dinastia da inteligibilidade" está chegando ao fim. Que uso têm argumentos em um reino de caos e ininteligibilidade?

Mas embora Cioran apareça como um intelectual militando contra a hegemonia do intelecto, ele em hipótese alguma se rendeu a uma adoração do corpo ou da vida física do homem. Sua ode ao instinto não o livra de expressões injuriosas de desprezo pelo corpo.

> Em que graxa, em que pestilência o espírito fixou sua residência! Este corpo, no qual cada poro elimina fedor suficiente para infectar o espaço, não é mais que uma massa de imundície pela qual circula um sangue um pouco menos ignóbil, não mais que um tumor que desfigura a geometria do globo. Desgosto supernatural! Ninguém se aproxima sem me revelar, apesar de si mesmo, o estágio de sua putrefação, o lívido destino que o aguarda.

Não se pode dizer que Cioran progrediu ou particularmente amadureceu com a idade. *Do Inconveniente de Ter Nascido* (1976), uma coletânea de aforismos publicada em francês em 1973, impressiona como uma série de pensamentos incoerentes e desconexos retirados do diário de um adolescente letrado, mas ao mesmo tempo profundamente perturbado – poderia ser também uma coletânea de itens extraídos de uma paródia de Kafka escrita por Woody Allen. Aqui estão alguns petiscos escolhidos mais ou menos ao acaso:

> Três da manhã. Eu percebo este segundo, então este momento, então o próximo: eu elaboro o balancete de cada minuto. E por que tudo isso? *Porque eu nasci*. Isso é um tipo especial de insônia que produz a acusação do nascimento.
>
> Necessidade física de desonra. Como eu gostaria de ser o filho do executor!
>
> Se o desgosto pelo mundo conferiu sua santidade, eu falho em ver como eu poderia evitar a canonização.
>
> O direito de suprimir todos os que nos incomodam deveria ser o primeiro na constituição do Estado ideal.
>
> Um livro é um suicídio adiado.
>
> Algumas vezes eu gostaria de ser um canibal – menos pelo prazer de comer alguém do que pelo prazer de vomitá-lo.

Não é fácil compreender por que Susan Sontag descreve esse homem como "uma das mentes mais *sofisticadas* – e com verdadeiro poder – escrevendo atualmente"?

A postura de Cioran – para não dizer a pose – em relação à violência e ao desastre é um exemplo perfeito de seus esforços de autodramatização. Frequentemente, ele faz uma pausa com o objetivo de despejar sua raiva em si mesmo. "Eu tenho me odiado em todos os objetos dos meus ódios, tenho imaginado milagres de aniquilação, e tenho pulverizado meu tempo, testado as gangrenas do meu intelecto." Mas ele guarda a maior parte de suas energias para os outros.

Em *Odisseia do Rancor* ele nos diz que o homem, por natureza, está saturado de ressentimento assassino. O ódio é apresentado como o princípio-guia da humanidade; não obstante, a maior parte dos homens, especialmente no Ocidente civilizado, "não corresponde ao seu ódio". É só isso o que os impede de destruírem uns aos outros de uma só vez. A "necessidade de matar, gravada em cada célula", tem sido bloqueada pela civilização, e isso corrompeu o vigor primitivo do homem, levando-o à decadência e ao declínio. Para Cioran, "nós só nos tornamos *bons* quando destruímos o melhor de nossa natureza", e, semelhantemente, "nossa imaginação só funciona com base na esperança do infortúnio alheio". "Nós"? "Nosso"? Com que facilidade a gramática insinua cumplicidade!

Em ensaios como *A Rússia e o Vírus da Liberdade* e *Aprendendo com os Tiranos* (ambos, junto com *Odisseia do Rancor*, publicados em *História e Utopia*), Cioran transfere os temas da violência e do ódio do nível individual para os níveis político e social. O liberalismo democrático não aparece como uma conquista política e social de primeira ordem, mas como uma concessão à fraqueza e à decadência. "As liberdades só prosperam num corpo político doente: tolerância e impotência são sinônimas." Como ele acredita que o "entusiasmo para reduzir os outros ao *status* de objetos" é a chave para compreender a política, ele nutre profundo respeito por políticos tiranos. Por exemplo, quando reflete sobre a tradição russa desde o tempo dos czares até Lênin e Stálin, ele nos diz que "eles estavam – como estão esses tiranos mais recentes os quais os substituíram – mais próximos de uma vitalidade geológica do que da anemia humana, déspotas que perpetuam em nossa época o vigor primordial, a pilhagem primordial e o triunfo sobre todos nós por meio das suas inexauríveis reservas de caos".

Embora ele nos garanta que "abomina os tiranos", Cioran também admite que nutre uma "predileção por tiranos" – basicamente, suspeita-se, porque ele pensa que "um mundo sem tiranos seria tão entediante quanto um zoológico sem hienas". De fato, ele parece acreditar que nós todos nos comportaríamos como tiranos se tivéssemos coragem, lucidez e impetuosidade. É por isso que se diz dos tiranos que "nos revelam a nós; eles encarnam e ilustram nossos segredos". E é por isso que Cioran considera a rudeza e a violência da sua escrita como substitutos para a violência física que ele foi incapaz de perpetrar: "Incapaz de me tornar digno dos [tiranos] por meio da ação, esperei consegui-lo por meio das palavras, por meio da prática do sofisma e da perversidade: tornar-me, com os recursos da mente, tão odioso quanto eles foram com o seu poder; destruir por meio da linguagem; explodir a palavra e, com esta, o mundo; explodir este e aquela e, finalmente, desfalecer sob seus escombros". Ademais, ele prevê um grande tirano no horizonte, alguém que fará das nações da Terra uma única entidade. "A massa humana dispersa unir-se-á sob a tutela de um único pastor cruel, um tipo de monstro planetário diante de quem as nações se prostrarão com um temor que beirará o êxtase." De algum modo, porém, o temor resolutamente não extático que se sente ao ler declarações como essa não é suavizado por sua alegre identificação de Hitler com "o esboço preliminar do nosso futuro", o precursor do seu previsto "monstro planetário".

Dada a sua obsessão com o exílio, a alienação e a catástrofe histórica, alguém poderia ter predito que, cedo ou tarde, Cioran se sentiria persuadido a escrever sobre o judaísmo e os judeus. Entre outras coisas, *Le Peuple de Solitaires*, seu ensaio sobre os judeus em *La Tentation d'Exister*, é um exemplo perfeito de sua hostilidade simplificadora em relação à religião.

> Para eles, a eternidade era um pretexto para convulsões, um espasmo: ao vomitarem imprecações eles se retorcem diante dos olhos de um Deus ávido por histerias. Essa era uma religião na qual as relações do homem com o seu Criador se exauriam numa guerra de epítetos, numa tensão que lhe impede de refletir, de enfatizar e, portanto, de reparar suas diferenças; uma religião baseada em adjetivos, efeitos de linguagem, e na qual o estilo constituía o único hífen entre o céu e a Terra.

Não que ele seja mais benévolo com o cristianismo – alguém se apressaria a acrescentar. "Nós" – novamente aquele plural sedutor – "bocejamos diante da Cruz... Não nos ocorreria tentar salvar o cristianismo, prolongar sua carreira; oportunamente, ele desperta nossa... Indiferença" (as elipses são de Cioran).

Mas, naturalmente, seu principal interesse no judaísmo não está em sua dimensão religiosa, mas no estereótipo do judeu como vítima e bode expiatório. E tanto aqui como em sua invocação do "capital biológico", frequente em outros ensaios, Cioran revela um tipo de raça pensando que isso é equivalente a racismo. Para ele, os judeus ocupam uma categoria ontológica distinta que os torna diferentes *toto genere*[2] dos seres humanos "comuns": "Que outra pessoa lhes insulte dizendo frases 'expressivas' sobre eles! Eu não posso fazê-lo: aplicar nossos padrões a eles significa privá-los de seus privilégios, transformá-los em meros mortais, uma variante comum da espécie humana". A admiração declarada se transforma em pretexto para uma arrogância extraordinariamente protetora. Os judeus sofreram inenarráveis barbaridades nas mãos dos nazistas? Cioran descarta a questão com indiferença, aconselhando-nos a "deixar de lado as tristezas, ou o delírio [...] O instinto de autopreservação frustra, igualmente, indivíduos e coletividades". Talvez tenha sido essa última observação que levou até mesmo Susan Sontag a admitir que a discussão de Cioran sobre os judeus "revela uma assustadora insensibilidade moral em relação aos aspectos contemporâneos do seu tema".

Sontag descreveu a política de Cioran como "conservadora". Mas até mesmo um olhar de relance sobre as suas críticas políticas mostra que se trata de um termo completamente errôneo. Cioran não deseja conservar ou preservar mais os arranjos políticos e sociais tradicionais do que – bem, do que os tiranos que ele elogia tão amorosamente. Isso não significa que seja fácil determinar qual é a posição

---

[2] Expressão latina que significa "no conjunto", "completamente". (N. T.)

política de Cioran. "Tradição", "herança", "democracia", "liberalismo": para Cioran, estes são termos abusivos. Mas ele é um perito em inconsistência, capaz de – numa página – castigar o marxismo pelo "pecado do otimismo" e, mais tarde, defender o comunismo como a "única realidade à qual alguém ainda pode se subscrever, caso nutra até mesmo um pouco de esperança em relação ao futuro". Num determinado trecho ele afirma que "a vida sem utopia é sufocante", embora em outro insista em que

> jamais louvaremos suficientemente as utopias por terem denunciado os crimes de propriedade, o horror que representa a propriedade, as calamidades causadas em seu nome. Grande ou pequeno, o proprietário é essencialmente corrompido e sujo: [...] Possuir até mesmo uma vassoura, contar o que quer que seja como *nossa* propriedade, significa participar da desonra geral.

Mas se há uma extravagante inconsistência argumentativa na obra de Cioran, todavia há consistência de atitude quase rígida; as posições e opiniões de Cioran mudam a cada página; as contradições abundam; mas por toda a obra ele mantém sua postura como um anarquista filosófico extremo: "Francamente, minha rebelião é uma fé à qual subscrevo sem crer nela", ele escreve, argumentando que, "já que o Absoluto corresponde a um sentido que não fomos capazes de cultivar, rendamo-nos a todas as rebeliões: elas acabarão por se voltar contra elas mesmas, contra nós". E entenda-se: isto equivale a uma recomendação.

Num escritor tão sistemático e (admite-se) deliberadamente inconsistente como Cioran, talvez pareça inútil procurar pelos pressupostos de sua posição. Mas oculta-se por detrás de boa parte de sua obra a glorificação essencialmente romântica da liberdade absoluta – isto é, a *confusão* entre a espontaneidade indeterminada e a verdadeira liberdade, que só faz sentido quando é limitada e determinada por escolhas particulares e compromissos. Em toda a obra de Cioran encontra-se a ideia de que *qualquer* ação ou pensamento definitivo é uma usurpação da liberdade à qual, idealmente, se deve resistir.

"A esfera da consciência diminui na ação", ele escreve no principal ensaio de *La Tentation d'Exister*.

> Ninguém que age pode apelar para o universal, pois agir significa apegar-se às propriedades do ser à custa do próprio ser; a uma forma de realidade em detrimento da realidade [...] Se recuperássemos nossa liberdade, deveríamos nos livrar do fardo da sensação e não mais reagir ao mundo por meio dos nossos sentidos; [deveríamos] romper nossos laços [...] A única mente livre é a que, livre de toda intimidade com seres ou objetos, se ocupa de sua própria vacuidade.

Em outra passagem ele fala do "caráter ilusório, da nulidade de toda ação" e conclui que a "liberdade só pode se manifestar no vazio das crenças, na ausência de axiomas, e apenas onde as leis não têm mais autoridade do que uma hipótese". Em outras palavras, de acordo com Cioran, a liberdade só pode se manifestar onde é impossível que isso ocorra. Para ele, a liberdade é o corolário ilusório do "Ser" ou do "Absoluto", termos cuja vacuidade não é eliminada simplesmente por estarem escritos com maiúsculas.

No fundo, o principal tema de Cioran, o tema ao qual ele retorna frequentemente, o tema que, mais do que qualquer outro, lhe fez ser admirado por intelectuais esquerdistas como Sontag e permitiu que estes negligenciassem sua visão política, que de outro modo seria inaceitável, é o ódio ao Ocidente, às suas instituições, à sua herança e ao seu futuro. Descrevendo o Ocidente como uma "podridão odorífera, um cadáver perfumado", Cioran afirma que, por ter espalhado a brutalidade, o Ocidente também perdeu sua força. "Outrora sujeitos, elas [as nações ocidentais] se tornaram objetos, privadas para sempre daquela luminescência, daquela admirável megalomania que até agora as vinha protegendo do irreparável." Frequentemente, ele proclama o fim da cultura ocidental. Mesmo hoje o Ocidente está "se preparando para o seu fim", ele nos diz; "enfrentemos o caos. Muitos de nós já se conformaram com ele".

De forma previsível, a sociedade burguesa, por ser um enclave do pensamento democrático liberal, é especialmente críticada. Em *Carta a um Amigo Distante*, ensaio de abertura de *História e Utopia*, Cioran se estende sobre a "lacuna da sociedade burguesa", assegurando a seu "amigo distante" que tal sociedade não "me é inteira e absolutamente desagradável – vocês conhecem minha inclinação para o deplorável –, mas o custo de insensibilidade que ela exige para ser tolerada está fora de toda proporção para as minhas reservas de *cinismo*". Ao discorrer sobre a *maldição* que recaiu sobre o Ocidente liberal, ele pergunta por que o Ocidente "só produz esses empresários, esses lojistas, esses escroques, com seus olhares monótonos e sorrisos atrofiados, os quais podem ser encontrados tanto na Itália como na França, na Inglaterra como na Alemanha? É com insetos como esses que uma civilização tão delicada e complexa deve chegar ao fim?". O ódio ao Ocidente tem sido rotineiro entre os intelectuais da moda pelo menos desde a metade do século XIX. Mas a causticidade de Cioran atinge um nível raro de ferocidade e desprezo. E uma pessoa não pode deixar de se perguntar se não há algo de certo na réplica de um amigo anônimo, o qual Cioran cita em "Some Blind Alleys: A Letter": "'O Ocidente – você sequer é parte dele'".

A retórica de Cioran, especialmente em suas primeiras obras, não lembra ninguém tanto quanto Friedrich Nietzsche, e não é de surpreender que Sontag observe – suspeita-se que com algum embaraço, porque a observação não pode senão ofuscar sua alegação de originalidade – que Nietzsche "registrou quase todas as posições de Cioran cerca de um século atrás". Porém na realidade isso é apenas uma meia verdade. Não há dúvida de que Cioran havia se impressionado profundamente com Nietzsche; seus escritos são permeados pelos temas do filósofo alemão, por sua prosa ardorosa, e até mesmo por suas inconfundíveis locuções e imagens. A obsessão de Nietzsche com a violência e o poder, seu uso de metáforas psicológicas para explicar a arte e outros fenômenos culturais, sua inversão deliberada das categorias morais herdadas, sua visão de uma postura existencial "além do bem e do mal": tudo isso e muito mais reaparece de modo simplificado nos livros de Cioran.

Mas, como Foucault, Cioran era menos um discípulo de Nietzsche do que seu macaqueador. Ele adotou os trejeitos retóricos extravagantes, jactou-se de chocar a sabedoria convencional e claramente teria gostado de se descrever, como o fez Nietzsche, como um intelectual "dinamite". Mas quando se examina a essência do pensamento de Cioran, descobre-se que, em quase todos os temas, sua posição – na medida em que adota uma posição consistente – estava em completo desacordo com ensinamento de Nietzsche. A própria Sontag admite que "o que falta na obra de Cioran é qualquer coisa que se assemelhe ao esforço heroico de Nietzsche para superar o niilismo". Já que o esforço para superar o niilismo constitui o âmago dos escritos de Nietzsche na maturidade, sua completa ausência na obra de Cioran já indica um importante desacordo com Nietzsche.

De modo mais geral, os flertes melancólicos de Cioran com o vazio são diametralmente opostos aos esforços de Nietzsche para superar o pessimismo envenenador (tal como ele disse em *A Gaia Ciência*) do homem que "se vinga de todas as coisas impondo a elas sua própria imagem, a imagem de sua tortura, e marcando-as com ela". A obra de Cioran procede de uma aversão – ou ao menos a simulação de uma aversão – à vida, especialmente à vida do homem civilizado. Apesar dos seus próprios excessos, no centro do pensamento de Nietzsche está a ambição de convencer o homem moderno a abandonar o seu desencanto com a vida. Nietzsche diz: "Eu gostaria muito de fazer algo que tornaria o pensar sobre a vida cem vezes mais atraente". Para Cioran, a vingança é o tônico lúgubre que confere à vida o seu principal encanto; para Nietzsche, "o espírito de vingança" constitui o principal impedimento para a autoafirmação do homem. Por trás de toda bravura há algo terrivelmente patético em Cioran. "Que tormento ser comum, um homem entre os homens!", ele exclamou. Mas, como ele manifestou em uma de suas observações mais perspicazes, "nada é mais banal do que a falsa alma inquieta, porque pode se aprender tudo, inclusive a angústia".

PARTE III

Capítulo 13 | A Banalização do Ultraje

> Hoje é moda falar em inovação. Deliberadamente, metodicamente. Aliás, as inovações atuais são feitas expressa e metodicamente para criar um impacto chocante. Diríamos até que a própria arte chocante deixou de ser algo inovador ou pioneiro. É de toda evidência, porém, que, mesmo quando a expressão artística nada tem de chocante, ou de inovadora, ao extremo, pode produzir um efeito chocante. De uns tempos para cá, foram tão profundas as transformações nos costumes, que mesmo o caráter ofensivo, espetaculoso ou perturbador de certas manifestações artísticas adquiriu quase que um *status* de algo convencional, modismo aceitável.
> – *Clement Greenberg*

> No passado, o artista costumava estar em guerra com o espírito vulgar. Hoje, ao contrário, por medo de ser contaminado pelo elitismo ou fracassar em encontrar soluções fundamentais da perspectiva democrática, o intelectual acaba por rebaixar-se ao mundo ávido de poder do *show-business*, da moda, da publicidade.
> – *Alain Finkielkraut*

Ora, entre as várias peculiaridades que compõem a vida cultural, talvez nenhuma seja mais peculiar, ou mais fatal para a prática e apreciação da arte, do que o fato de que praticamente tudo pode ser proposto *e aceito* como uma obra de arte. "Praticamente" tudo? Uma cautela desnecessária, decerto. Deixe que sua imaginação crie asas: qualquer tipo de aberração concebível – das mais banais às repulsivamente patológicas – esteja certo de que já foi aceita e tida como manifestação artística. E se por acaso você pensar em algo que ainda não foi considerado como arte, isso não importa: foi um mero descuido e será corrigido mais dia menos dia.

Em janeiro de 2000, Jonathan Yegge, um estudante de 24 anos do San Francisco Art Institute apresentou *Art Piece nº 1* num palco ao ar livre diante de uma plateia de vinte alunos, dois professores e vários transeuntes. Os pormenores são tão repugnantes, que não merecem ser reproduzidos aqui; é suficiente dizer que, segundo o relato da Associated Press, a cena veiculava "um episódio de felação, sem uso de preservativo, na qual certo indivíduo besuntava com as suas fezes outro companheiro, que aparecia amordaçado e amarrado".

Independentemente dos problemas de higiene e riscos de contaminação que essa conduta acarretava, o caráter nauseabundo do "experimento" de Jonathan Yegge rendeu-lhe destaque na imprensa. Funcionários da universidade ficaram chocados com a exibição, mostrando-se preocupados com a repercussão desfavorável para a reputação do instituto, além dos eventuais riscos de medidas disciplinares que pudessem vir a ser tomadas contra o mesmo estabelecimento de ensino. Igualmente exigiram que os protagonistas da nauseante representação fossem submetidos a um teste de Aids, além de outras providências. Poucos dias depois, o *San Francisco Examiner*, de orientação liberal, estampou o seguinte título: *Arte Chocante, Tradição Venerável*.

Convém que nos detenhamos na análise dessa escabrosa citação. Será possível que se pretendia sugerir que a apresentação comportamental do Sr. Yegge *não* era chocante? "O que se desenrolou aqui", conta-nos o jornalista, "faz parte de uma longa e rica tradição." A essa altura, pôs-se a discorrer sobre *Olympia*, de Édouard Manet. De fato, os propugnadores da arte "de vanguarda" costumam reportar-se ao célebre nu de Manet. Ao fazê-lo, porém, se esquecem de ressalvar que a obra de Manet, tecnicamente falando, constituiu uma obra-prima e foi quiçá tão chocante do ponto de vista técnico quanto por seu conteúdo. Já no tocante à experiência de Jonathan Yegge, o que se verificou foi meramente uma exibição de psicopatologia sexual, apimentada pela fanfarronice de um provocador debochado. Não obstante, o autor da reportagem publicada pelo *Examiner* caiu na cincada – congruente na aparência, mas inconsistente de fundo – de endossar a tese segundo a qual, pelo simples fato de terem sido feitas obras de arte ofensivas no passado, tudo quanto é chocante deve ser tido em conta de arte e, enquanto tal, como um prodígio de elaboração.

Experimentos como *Art Piece nº 1* são muito reveladores do caráter de nossa cultura. Diante de uma apresentação dessa natureza – parte integrante de um programa universitário de formação artística! –, podemos avaliar o que se entende hoje por arte, bem como o papel desempenhado, nesse sentido, pelas instituições educacionais. De forma análoga, do ponto de vista da crítica contemporânea, é muito significativo que, sob a capa de "inovar" e "quebrar os tabus", jornalistas de órgãos de grande credibilidade venham a público tomar a defesa desse gênero de apresentações.

Seja como for, o repórter do *San Francisco Examiner* não se equivocou num ponto: a performance de Yegge, embora cause náuseas, não constitui novidade. De fato, ao menos a partir do surrealismo, o apelo àquilo que causa aversão tem sido uma constante no procedimento de certos artistas. Tivemos ocasião de presenciá-lo inúmeras vezes: a pornografia, a fascinação patológica pela coisa deteriorada ou putrefata, assim como por corpos mutilados, o brincar de blasfemar (quiçá revestido de uma nova forma de religiosidade). Consideremos a formulação seguinte:

> "Criei" os burros em estado de putrefação mediante o uso de grandes tachos de cola, que derramei sobre os animais. Arranquei-lhes os olhos e, ao mesmo tempo, estiquei a pele desses quadrúpedes, retalhando-os com a tesoura. Da mesma forma, rasguei as bocas, transformando-as em crateras, com os dentes à mostra. Por fim, enxertei vários maxilares postiços a cada boca, para dar ideia de que, embora já estivessem apodrecendo, esses burros ainda estavam a expelir os restos de sua seiva vital.

Seriam porventura estas as palavras de Damien Hirst pronunciadas ao receber o Prêmio Turner? Não, trata-se de uma descrição de Salvador Dalí em 1942, relatando seu trabalho para o filme surrealista *Um Cão Andaluz*.

O fato concreto é que obras do gênero de *Art Piece nº 1*, de Yegge, não constituem uma provocação contra o gosto vigente. Em certa medida, elas *são* o gosto vigente. Tal fenômeno está se disseminado em nossos dias. Encontra-se praticamente em todos os salões de arte e museus do mundo. Apenas, a título de exemplo, recordemos *Sensation*, a horrenda exibição de arte britânica exposta no Museu do Brooklyn no outono de 1999. Vem-lhe à mente uma representação da Virgem Maria, engrinaldada com recortes de revistas pornográficas e bolotas de esterco de elefante? Vem-lhe à mente as manequins de adolescentes cheias de pênis eretos, vaginas e ânus atados de forma a sugerir várias posições sexuais? Ou o retrato de um estuprador e assassino de crianças feito a partir de algo que lembra marcas de mãos infantis? Ou os animais estripados (porcos, vacas) de Damien Hirst, mergulhados em tanques cheios de formol?

Em toda a medida que repugna considerar, obras tais como *Art Piece nº 1* e exibições da espécie de *Sensation* representam a nova coqueluche do Salão de Arte: o mau gosto já consolidado do *establishment* artístico. Tempos atrás, o Salão voltava-se para o passado e resistia a inovações estéticas. Hoje, pelo contrário, o Salão detém-se na *aparência* de inovação e menospreza o passado. Ainda uma vez, essa situação não constitui novidade. Pelo contrário, desde há muito convivemos com os vertiginosos efeitos de certa mentalidade para a qual tudo é arte. Sem dúvida, desde a década de 1960, ou, possivelmente, já desde a década de 1910, quando Marcel Duchamp, pioneiro do dadaísmo, revelou seus *ready-mades*[1] e, audaciosamente, ofereceu-os ao público como obras de arte.

---

[1] O termo foi criado por Marcel Duchamp (1887-1968) para designar um tipo de objeto, por ele inventado, que consiste em um ou mais artigos de uso cotidiano, produzidos em massa, selecionados sem critérios estéticos e expostos como obras de arte em espaços especializados (museus e galerias). (N. T.)

Contudo, há diferenças importantes entre o passado e o presente. Desde logo ressaltemos que o estilo ofensivo de Duchamp oscilava entre o banal e o chocante. Assim, por exemplo, do mesmo modo que, em certa ocasião, resolvia montar uma prateleira para guardar garrafas ou uma pá de neve, noutra ocasião achava por bem representar um urinol – algo que, numa época bem mais recatada do que a nossa, foi tido como escandaloso. Em todo caso, a esfera artística julgava o estilo de Duchamp ultrajante. E mais: Duchamp *pretendia* que fosse ultrajante. No entanto, por vezes esquecemos que o objetivo expresso pelo dadaísmo não foi o de ampliar a categoria "arte", mas de explodi-la, destruí-la. Nesse ínterim, algo inesperado surgiu. Anos atrás, desdenhosamente, assim se exprimiu Duchamp: "Procurei chocar o público, pondo-o diante de uma prateleira de garrafas e de um mictório. Agora eles admiram essas obras por sua beleza estética".

Quando Duchamp disse "eles", não se referia ao grande público – não ainda –, mas àqueles que constituem o denominado "mundo artístico" e seus congêneres, isto é, aos que decretam as normas do "bom gosto". O objetivo de Duchamp orientou-se em sentidos diversos. Entretanto, a sua exaltação é compreensível. Se nos reportamos ao drama vivido pela cultura de vanguarda ao longo do século XX, verificamos que o aspecto mais frisante não foi, de si, o fenômeno do Dadá. No fundo, isso representou somente uma das muitas expressões românticas do *Weltschmerz* niilista. Digno de nota, isto sim, foi a sua pronta legitimação como forma válida de expressão artística. Quem teria podido imaginar: um porta-chapéus, um urinol, um bigode desenhado na Mona Lisa! Antes desse evento, a simples menção disso não passaria de uma piada. Mas quem teria podido prever que objetos dessa natureza, algum dia, viriam a ser incorporados a algumas coleções de arte mais refinadas do mundo? Contudo, foi o que aconteceu. O dadaísmo está agora integrado ao contexto acadêmico e à fina flor dos museus de arte, sendo tema de exibições nos salões, bem como de monografias e dissertações acadêmicas.

O que sucedeu com o dadaísmo abriu um precedente indesejável. Entre outras coisas, pôs às claras a amplitude do fenômeno: o ultrajante pode ser trivializado quando institucionalizado, passando a ser parte integrante dos acervos de curadores de obras artísticas e expoentes da matéria. Sem dúvida, de quando em quando aparecerá um Robert Mapplethorpe ou Andres Serrano, um Damien Hirst ou Jeff Koons, inspirando-nos uma mescla de expectativa e angústia. De qualquer modo, o aspecto mais característico de tais personalidades não é o lado "polêmico", mas a celeridade com que são reconhecidos como manifestações incontestes da arte contemporânea, mesmo a de "alta categoria" – se dermos crédito à desenfreada paixão de alguns críticos conceituados. Nesse sentido, os comentários politicamente corretos, que vieram à baila após a exibição das práticas homossexuais masoquistas externadas pelas fotos de Robert Mapplethorpe, forneceram um exemplo palpitante deste fenômeno. Assim, ao comentar o famoso autorretrato que mostra Mapplethorpe com um chicote saindo do ânus, um crítico bem acatado teceu elogios à composição "clássica" e deleitável da obra.

Quanto a mim, tenho como certo que uma manifestação característica da banalização do ultraje, entre outras, acha-se presente na execução dos trabalhos de artistas como Gilbert & George. Para os espíritos afortunados que ainda não tiveram contato com esses fétidos ensaios, adianto-lhes que tais autores se consagraram a uma espécie de *pop art* coprológica. Por meio de grandes fotomontagens em cores, quadradas ou retangulares, apresentam-se, em primeiro plano, as figuras de dois homens, o mais das vezes nus, em posições obscenas, às vezes ocupando todo o espaço de uma parede. Ao fundo, imagens fotográficas de secreções corporais ou imundícies, realçadas com maior ênfase quando se trata de excrementos. O conjunto das figuras, portanto, é simplesmente grotesco. Viciados no uso de palavrões, Gilbert & George tendem, além disso, a titular suas obras com os nomes das excreções corporais que retratam.

Faz parte da atuação de Gilbert & George posar de moralistas cuja arte enfrenta profundas questões de ordem existencial e religiosa. "Cremos que a nossa arte pode constituir um alicerce de ordem moral, em nosso tempo", eis o que afirma George numa declaração inconfundível. E os críticos têm-se apressado em abalizá-los. Com efeito, em meados da década de 1980, Simon Wilson fez notar que Gilbert & George "podem ser considerados os artistas mais influentes da sua geração", pois que os jovens, saídos de suas elucubrações, "representam a mesma função artística das figuras masculinas de Michelangelo e Rafael, às quais seriam equivalentes". Em 1995, quando Gilbert & George exibiram, em Londres, o que denominaram *Naked Shit Pictures* [Imagens de figuras nuas e matéria pútrida], Richard Dorment, escritor do *Daily Telegraph* de Londres, invocou o Retábulo de Isenheim[2] como precedente. John McEwen, no *Sunday Telegraph*, referiu-se à "autoexpiação" de Gilbert & George, que se imolaria por "uma causa elevada, algo feito com o propósito de difundir uma lição moral e, certamente, cristã". Incorporando-se ao *hall* dos admiradores, David Sylvester, no *The Guardian*, observou que "tais imagens exibem uma plenitude comparável à dos quadros do Renascimento, em que são retratados homens nus em movimento". Acerca da última exibição da obra de Gilbert & George, em Nova York, o eminente crítico Robert Rosenblum comentou o seguinte:

> Transformando de forma brilhante o mundo visível em símbolos do espírito, Gilbert & George criaram uma heráldica sem precedentes desses fatos microscópicos que, numa brusca mutação das Estações da Cruz, promovem a fusão de corpo e alma, vida e morte. Mais uma vez, transpuseram um limiar, descortinando os umbrais desconhecidos da eternidade.

Em face dessa descrição, só me cumpre acrescentar: assim seja.

---

[2] O Retábulo de Isenheim é a obra mestra do pintor alemão Matthias Grünewald, elaborada entre 1506 e 1516. Ele é famoso por conter no centro, quando fechado, uma cena da crucificação de dramática expressividade. (N. T.)

Tal situação – na qual qualquer objeto ou atividade pode ser batizado de arte – embaralha os nossos critérios de avaliação. Nem sempre o estilo prosaico redunda em repulsa com mescla de asco. Algumas vezes, pelo contrário, tende até a inspirar certa complacência. Assim, conforme o caso, podemos ser levados a não prestar atenção, a subentender algo caricato, ou demasiadamente íntimo, sem levar em conta a estranheza ou a repugnância do ato em si. O habitual causa tédio. Registramos a realidade das coisas, ainda que sem vê-las ou entendê-las. Convém, a esse título, que recordemos as múltiplas aplicações do termo "arte" no decorrer deste século, do mesmo modo que ocorreram transformações nos sentidos das palavras "liberdade", "inovação" e "originalidade". Assim, é certo que para muitos a difusão da arte tem sido associada a certas perspectivas promissoras de libertação – não só de libertação estética, mas também social, política, ou até mesmo daquilo que poderíamos chamar de libertação metafísica.

Nesse ponto, como em tantas áreas fundamentais de nossa existência, tem havido um descompasso entre certos anseios de liberdade e o atendimento dessas expectativas. Sob a perspectiva desse novo milênio, aquilo que décadas atrás parecia ser manifestação de uma liberdade legítima, nos dias atuais pode tomar a figura de uma concessão irresponsável. De forma semelhante, aquilo que ostentava uma feição de sutil originalidade, ao contrário, pode agora afigurar-se como peculiaridade negativa ou perversão. Consideremos: não é curioso que em muitos lugares a palavra *arte* tenha-se degenerado numa espécie de título honorífico que é concedido ou recusado por razões que nada têm que ver com a qualidade ou com a realização estética? Para mencionarmos só alguns exemplos contemporâneos, é possível conceber que alguém faça a embalagem de seus próprios excrementos e presenteie a outrem como obra de arte? De modo análogo, que alguém faça uma filmagem de si mesmo submetendo-se a uma série de cirurgias plásticas que o deformam e, por conta dessa façanha, ser aclamado como um genuíno "artista performático"? Por fim, que um enfermo possa expor seu próprio quarto de hospital como obra de arte? Tais exemplos podem ser multiplicados ao infinito, como sabe todo e qualquer *habitué* de uma galeria ou museu de arte contemporânea.

A verdade é que a situação presente mais concorre para o êxito dos divulgadores do entretenimento comum do que para a arte em si e para os artistas. Sobretudo é desfavorável para os jovens principiantes, ainda sem nome consagrado, que buscam aceitação num ambiente hostil no qual o valor estético passou a ser o atributo que menos conta. Em certo sentido, o que estamos presenciando é a aplicação do princípio da ação afirmativa à cultura. A arte confere, inegavelmente, prestígio, celebridade, riqueza; é um galardão social e econômico. Em tese, portanto, o êxito artístico deveria estar ao alcance de qualquer um – prescindindo das noções de talento e oportunidade. À primeira vista, o raciocínio parece de uma lógica impecável. No entanto, não passa de um sofisma cujas consequências só podem ser desastrosas. De fato, se qualquer coisa pode ser tida como obra de arte, qualquer pessoa pode aspirar ao *status* de artista. Ora, em nossos dias, infelizmente, essa concepção não é um conceito marginal. Muito pelo contrário. Em graus variáveis, constitui um pressuposto assentado, e disso se ressente o *establisment* artístico. Nessa direção, importa lembrar o comentário de John Hightower, *apparatchik* do império Rockefeller, encarregado de dirigir o Museu de Arte Moderna de Nova York durante curto período, em fins da década de 1960. Numa declaração que repercutiu enormemente, Hightower veio a público externar a seguinte opinião: "Às vezes sou levado a crer que todo mundo é artista".

Certamente, o parecer de Hightower, expresso com essa crueza, representa um caso único. Na maioria das vezes, algo assim não se manifesta sem ressalvas ou contrafortes. Contudo, o que importa é a amplitude da influência de Hightower como vanguardista. Outras pessoas, em idêntica condição de destaque, dificilmente teriam dispensado toda e qualquer cautela em afirmações do gênero. À maioria dos curadores de arte e diretores de museu, com toda a certeza, não lhes escapa que a ideia de conferir de forma indiscriminada o título de artista a qualquer pessoa, inevitavelmente, traria efeitos indesejáveis para a conservação e salvaguarda dos acervos a eles confiados. Em todo caso, Hightower manifestou um pensamento subjacente a todo o pensamento contemporâneo sobre arte e cultura. Fundamentalmente impelido pela "irrupção da criatividade", conceito que marcou época na década de 1960, o tufão continua vivo. Significativamente, porém, constitui uma avalanche que subtrai aos artistas os bens que lhes são mais preciosos: o talento e a arte.

Outros paradoxos cercam a questão. Na atual sociedade ocidental, há mais artistas por quilômetro quadrado do que nunca. De fato, museus e galerias de arte vêm brotando como cogumelos pela América, Europa, Austrália e por certas regiões da Ásia. Em cada canto topamos com petições "em favor das artes". E assim por diante... Ora, como não discernir nisso tudo uma rancidez, uma noção de insignificância e desapontamento? Pergunta-se, pois, se não haveria um nexo evidente dessa situação com o conceito de celebridade, tão em voga nos dias de hoje – algo que poderíamos chamar de "arte mundana".

Quando observamos o panorama artístico contemporâneo, ficamos surpreendidos pelo caráter promíscuo daquilo que se entende por produção artística – pelo fato de que é uma ilustração viva da proposição de que atualmente tudo pode ser considerado arte –; surpreendem-nos também certos sintomas característicos. Trata-se de sintomas que desvelam aspectos da arte atual, em particular, assim como da arte como um todo, num quadro mais vasto. A bem dizer, algo que nos faz perceber o que é valorizado em nossos dias, quais as aspirações dominantes e aquilo no que somos capazes de crer. O cômputo geral está longe de ser animador.

Em primeiro lugar, situa-se o quesito novidade. A nenhum observador atento do contexto artístico passará despercebido que o nosso mundo cultiva essa obsessão pela novidade. Assim, a primeira indagação que ocorre não consiste em averiguar se uma determinada obra é boa ou má em si, mas se corresponde a alguma novidade ou a algo de inteiramente inédito. Sem dúvida, a busca desenfreada da novidade relegou os propugnadores dessa tese à condição subserviente de ingênuos difusores de clichês. No máximo, nossos "artistas de vanguarda" acrescentam um ou outro ingrediente às já surradas estratégias dos dadaístas, futuristas ou surrealistas. Isso porque, lamentavelmente, o afã da novidade – mesmo quando se trata apenas do apelo ao novo pelo novo – parece ser mais intenso do que o necessário empenho pelo conhecimento e pela formação pessoal. Não importa que a busca da novidade seja em si mesma uma das manobras mais velhas da modernidade: para as almas suscetíveis, o canto da sereia é irresistível.

Um segundo e correlato sintoma é a inclinação da arte mundial ao extremismo, que vem como um corolário natural da obsessão pela novidade. Uma vez que a busca por algo novo a dizer ou fazer tem se tornado cada vez mais desesperada, os artistas desatam a tomar atitudes extremadas com o único fim de serem notados. Mas aqui também desenvolveu-se uma lógica inexoravelmente autodestrutiva: numa época em que a arte é rotineiramente extremada e em que o público já se acostumou aos mais brutais espetáculos, o próprio extremismo tornou-se um lugar comum. Depois de alguém ter-se pregado a um Volkswagen (como fez um artista), o que resta? Sem o autoritativo pano de fundo da normalidade, gestos extremados – estilísticos, morais, políticos – degeneram-se em repugnantes maneirismos. Na falta de um imperativo estético que os guie, tais gestos, por mais chocantes ou repulsivos que sejam, não passam de exercícios de futilidade.

É em parte para compensar essa abusada futilidade que o terceiro sintoma, o desejo de unir arte e política, ganhou tamanho destaque no cenário artístico contemporâneo. Quando o significado artístico da arte está em seu mínimo, a política apressa-se a preencher o espaço vazio. Das cruas alegorias políticas de um Leon Golub ou de um

Hans Haacke à propaganda feminista de Jenny Holzer, Karen Finley e Cindy Sherman, muito do que hoje nos aparece sob o nome de arte é incompreensível sem a referência a seu conteúdo político. De fato, em muitos casos o que vemos não é senão uma série de atitudes políticas que invadem o prestígio da arte para roubar-lhe a autoridade. Um outro nome para essa atividade é propaganda, embora em um momento em que a maior parte da arte consagre-se a propagandear, a palavra pareça inadequada. É escusado dizer que a política em questão é tão previsível quanto um relógio, uma versão caricata de pontos clássicos do esquerdismo. É a versão política da pintura que segue manuais de instrução: Aids, os sem-teto, "política de gênero", o Terceiro Mundo e a divisão do mundo entre anjos ambientalistas de um lado e, do outro, demônios capitalistas, a terrível sociedade patriarcal, os Estados Unidos, a moralidade tradicional e a religião.

A tríade novidade, extremismo e política – fermentada por um frenético mercantilismo e pelo culto da celebridade – auxilia-nos a compreender o caráter da arte mundial contemporânea: uma moda passageira que recorre constantemente a imagens lúgubres de sexo e violência e que tem uma tendência a substituir a ambição artística por uma política fanfarrona. É também de grande ajuda considerar as mudanças ocorridas no sentido e nas finalidades da arte ao longo dos últimos cem anos. Intimamente ligado à busca da novidade está o deslocamento da atenção dada outrora à beleza como o fim da arte. Desde o cubismo, a arte "avançada" (que não é necessariamente sinônimo de arte de qualidade) não se empenhou na busca do belo, mas procurou qualidades mais elípticas: acima de tudo, talvez, procurou o *interessante*, que em muitos sentidos roubou à beleza o lugar de categoria primordial de deleite estético.[3]

---

[3] Os leitores do livro *Ou Isto, ou Aquilo* de Kierkegaard estão familiarizados com as infelizes consequências do ato de fazer o interessante passar da condição de aspiração estética a imperativo moral.

Ao mesmo tempo, a maior parte dos artistas confessadamente vanguardistas demonstrou menos interesse em satisfazer ou deleitar seus espectadores do que em alarmá-los, chocá-los ou mesmo causar-lhes repulsa. Não é sem razão que "desafiador" e "transgressivo" estão entre os termos mais populares no léxico dos críticos contemporâneos. Pensa-se que, ao repudiar a beleza e recusar-se a agradar, o artista torna-se mais capacitado a confrontar realidades mais profundas, autênticas e dolorosas. E talvez isso de fato ocorra. O que não se pode fazer é negligenciar a atitude que frequentemente acompanha tais divagações existenciais. Tampouco se podem esquecer os muitos contraexemplos e contratendências. Numa famosa declaração de 1908, de quando tinha quase quarenta anos, Henri Matisse escreveu que sonhava com "uma arte do equilíbrio, da pureza e da serenidade, isenta de objetos perturbadores e deprimentes, uma arte que pudesse ser para todas as mentes, para o homem de negócios e o homem das letras, [...] algo como uma boa poltrona que se presta ao relaxamento da fadiga física". Matisse foi um dos maiores e mais inovadores pintores do século XX. Pode esse posicionamento sobre o equilíbrio e a serenidade diminuir sua obra? As calamidades da arte atual devem-se em grande medida ao rescaldo da vanguarda: a todas aquelas atitudes, posturas, ambições e táticas "confrontativas" que emergiram e foram legitimadas nas décadas de 1880 e 1890, floresceram na primeira metade do século XX e que hoje vivenciam uma espécie de existência póstuma no frenético crepúsculo do pós-modernismo.

Nossa presente situação, como a própria vanguarda, é uma complicação (para não dizer uma perversão) de nossa herança romântica. A elevação da arte da condição de passatempo didático a recurso espiritual primordial, a sondagem autoconsciente das formas herdadas e censuras artísticas, a imagem do artista como uma figura angustiada e oposicionista: tudo isso alcançou sua maturidade no romantismo. Esses temas foram exacerbados à medida que a vanguarda passou de impulso a movimento e, por fim, constituiu sua própria tradição.

O crítico francês Albert Thibaudet resumiu alguns dos pontos principais dessa florescente tradição, em suas reflexões sobre o movimento simbolista na literatura. Escrevendo em 1936, Thibaudet apontou que o simbolismo "fez com que a literatura se acostumasse à ideia de uma revolução sem prazo definido" e inaugurou um "novo ambiente" na literatura francesa: um ambiente caracterizado pelo "vanguardismo crônico da poesia" pelo "'que há de novo?' do público 'instruído', [...] a proliferação de escolas e manifestos", e pela ambição "de ocupar o ponto extremo, atingir a crista da onda num mar bravio. A revolução simbolista", concluiu Thibaudet, "talvez tenha sido definitivamente a última, porque incorporou o tema da revolução crônica à condição normal da literatura". Ao comentar essa passagem em seu clássico ensaio *The Age of the Avant-Garde* (1972), Hilton Kramer observou que

> o "novo ambiente" de 1885 de fato se tornara "a condição normal" não só da literatura. Tornara-se a base de nossa vida cultural inteira. O "que há de novo?" de Thibaudet não é mais exclusividade de um restrito público "instruído". É agora a preocupação diária de várias iniciativas burocráticas cuja prosperidade depende do dar a essa pergunta um fluxo constante de respostas atraentes, mas perecíveis.

O problema é que a vanguarda foi vitimada por seu próprio sucesso. Depois de vencer batalha após batalha, ela foi gradualmente transformando uma obstinada cultura burguesa em pronta colaboradora em seus ataques ao gosto estabelecido. Mas nessa vitória jaziam as sementes de sua própria impropriedade, pois, sem uma resistência digna de crédito, suas atitudes de oposição degeneraram-se em uma sorte de bufonaria estética. Nesse sentido, a institucionalização da vanguarda – o que Clement Greenberg chamou "vanguardismo" – decreta a morte, ou ao menos a senilidade, da vanguarda.

O caminho para essa senilidade começa precisamente com o movimento *antiarte* do dadaísmo. Pois, com o Dadá, a "revolução crônica" de que falou Thibaudet é, ela mesma, assaltada por uma revolução. Nesse sentido, o dadaísmo não busca dar mais uma resposta nova para a pergunta "que há de novo?". Pelo contrário, o dadaísmo quer subverter todo o contexto no qual essa pergunta ganhou caráter de urgência. O fato de que as estratégias extremadas do dadaísmo também foram rapidamente incorporadas como partes da "revolução crônica" sugere que Thibaudet estava certo ao identificar a revolução simbolista como "definitivamente a última". Segundo essa perspectiva, o dadaísmo e todas as inovações subsequentes aparecem, por definição, como uma variação sobre um tema já definido: na verdade, um antitema, cuja própria negatividade realça o incessante jogo de novidades. Mas a incorporação do dadaísmo à estrutura da vanguarda teve suas consequências. O dadaísmo alterou o teor da vanguarda: o niilismo adamantino do Dadá contribuiu para pôr em curto-circuito a seriedade essencial da arte. O dadaísmo podia estar em busca da ocupação de pontos extremos, mas ele o fez com uma contrariedade sistemática: não tinha a ambição de "atingir a crista da onda num mar bravio" porque renunciara, genericamente, à ideia da arte como uma busca espiritual. Na verdade, o dadaísmo foi uma forma de arte que renunciou à arte.

De todo modo, o Dadá aparece como um tipo de precursor da *Pop Art*, a próxima parada no itinerário. O arquiteto Philip Johnson observou certa vez que o pós-modernismo insinuou "o risinho" na arquitetura. Ele estava certo quanto a isso, e o mesmo pode ser dito da *Pop Art*: ela insinuou o risinho na arte. Se havia algo de repugnante na despreocupação dadaísta, a *Pop Art* especializou-se em refazer a arte à imagem do Acampamento. *Pop Art* era um dadaísmo água com açúcar: tão cínico quanto, mas sem os escrúpulos intelectuais que, por exemplo, levaram Duchamp a trocar a arte pelo xadrez. *Pop Art* foi uma forma afetada de niilismo, uma arte cujas particularidades se agrupavam num ricto de desesperação narcisista, embora seus profissionais impacientemente mergulhem as mãos no caixa da celebridade artística e do sucesso comercial.

Muitos desses elementos juntaram-se no assalto prolongado à civilização que resumimos no epíteto *anos 1960*. Foi nessa época que a senilidade da vanguarda fez-se corrente: quando um *ethos* generalizadamente liberacionista e uma atitude anti*establishment* se infiltraram nas nossas principais instituições culturais e começaram a constituir um amplo componente do gosto estabelecido.

Mas o problema não está, ou não está exclusivamente, nos números. A questão de fato relevante não é a existência, mas a difundida celebração dessas imagens e comportamentos como arte. Como sociedade, sofremos hoje de uma forma peculiar de anestesia moral, uma anestesia baseada na ilusão de que, chamando algo de "arte", nós, por isso, compramos-lhe uma isenção geral da crítica moral – como se o fato de ser arte automaticamente tornasse todas as considerações morais irrelevantes. George Orwell fez uma declaração clássica sobre isso em *Benefit of Clergy: Some Notes on Salvador Dalí* (1944), uma resenha da autobiografia de Dalí, *A Vida Secreta da Salvador Dalí*. Admitindo a deficiência da resposta filistina à obra de Dalí – rejeição categórica e negação de que Dalí possuísse qualquer talento –, Orwell segue observando que a resposta das elites culturais foi tão empobrecida quanto. Essencialmente, a resposta da elite a Dalí foi a resposta de *l'art pour l'art,* do esteticismo extremo. "O artista", escreve Orwell,

> será isentado das leis morais a que estão obrigadas as pessoas comuns. Apenas pronuncie a palavra mágica "arte" e tudo está O.K.; chutar cabeças de menininhas está O.K.; mesmo um filme como *A Idade de Ouro* [que, entre outras coisas, mostra cenas detalhadas de uma mulher defecando] está O.K.

Um jurado no julgamento de Mapplethorpe em Cincinnati fez um resumo memorável da atitude entorpecida que Orwell descreveu. Confessando que não gostava das fotografias repugnantes de Mapplethorpe, ele, contudo, concluiu que "se as pessoas dizem que isso é arte, então tenho de me juntar a elas".

"Se as pessoas dizem que isso é arte, então tenho de me juntar a elas." Vale a pena fazer uma pausa para digerir esse comentário aterrador. Também vale confrontá-lo com uma pergunta: por que tantas pessoas acham que, se algo é considerado arte, elas têm "de se juntar" à opinião geral, por mais ofensiva que seja? Uma parte da resposta tem que ver com a confusão entre arte e "liberdade de expressão".[4] Outra parte da resposta tem que ver com a evolução e com aquilo que poderíamos chamar de institucionalização da vanguarda e sua atitude de rebeldia.

Todos sabem como isso funciona: jantares de gala nos principais museus, *tout le monde* presente para celebrar a mais nova aberração da arte: talvez seja Damien Hirst com suas carcaças de animais em tanques de vidro cheios de formol; talvez sejam os irmãos Chapman com seus manequins de mulheres adolescentes engrinaldados com pênis eretos; talvez seja Mike Kelley com suas bonecas mutiladas, ou Jeff Koons com suas esculturas pornográficas representando ele e sua mais nova ex-mulher em uma relação sexual, ou Cindy Sherman com seu feminismo narcisista, ou Jenny Holzer com seus *slogans* políticos. A lista é obviamente infindável, assim como o tédio. Hoje, na arte mundial, tudo vale, mas praticamente nada acontece. Como ocorre

---

[4] Mais precisamente, tem que ver com a confusão entre arte e uma ideia corrompida de liberdade de expressão, que parte do pressuposto de que quaisquer limites à expressão são inimigos da liberdade. Objeções morais e estéticas nem sempre podem ser respondidas com um simples recurso à Primeira Emenda. Nos anos 1920, John Fletcher Moulton, juiz britânico, observou que "há uma tendência muito difundida a considerar que o fato de alguém ser capaz de fazer algo significa que pode fazê-lo". Não há erro mais terrível que esse. Entre "ser capaz de fazer" e "poder fazer" deveria haver toda uma esfera que reconhece o poder da obrigação, da integridade, da simpatia, do gosto e todas as outras coisas que tornam bela a vida e possível a sociedade". Um dos aspectos mais destrutivos de nossa cultura é a estripação daquela zona intermédia "da obrigação, da integridade, da simpatia", etc. – tudo o que Lord Moulton congregou sob a memorável categoria da "obediência ao não executório".

com qualquer conluio de esnobismo e nulidade artística, tais espetáculos têm seus aspectos divertidos, como Tom Wolfe, por exemplo, brilhantemente mostrou. Todavia, no final das contas, o resultado da vanguarda foi tudo menos divertido. Foi um completo desastre cultural. Ao universalizar o espírito oposicionista, acabou ameaçando transformar a prática da arte em um empreendimento puramente negativo. Em grande medida, a arte hoje é opositiva ou não é nada.

O que pode ser feito a respeito? Ora, já é tempo de reconhecermos que a arte não tem de ser confrontativa ou "transgressiva" para ser boa ou importante. Nesse contexto, é digno de nota que muito estrago se fez – principalmente aos artistas, mas também ao gosto do público – com a romantização das tribulações da vanguarda do século XIX. Não há quem não tenha ouvido histórias sobre como um público obtuso escarneceu de Manet, censurou Gauguin e levou o pobre Van Gogh à loucura e ao suicídio. Mas o fato de que esses grandes talentos foram pouco apreciados teve o indesejável efeito de encorajar a lógica simplista de que, se alguém é pouco apreciado, logo esse alguém é um gênio, o que torna extremamente difícil condenar uma obra fraudulenta pelo que realmente é. Pois toda franca rejeição de uma obra de arte – especialmente a arte que se reveste com o manto da vanguarda – é imediatamente confrontada com a réplica: "Ah, mas também zombaram de Cézanne, pensavam que Stravinsky fosse um charlatão".

Essa é a resposta mais fácil e mais superficial ao criticismo. É também outra versão do que o filósofo David Stove chamou do argumento "Todos Eles Riram de Cristóvão Colombo".[5] A ideia é que devemos receber com agrado todos os inovadores (morais, sociais, artísticos, não importa) porque todas as melhorias na vida humana acontecem como resultado de tal "novo começo". Naturalmente,

---

[5] Ver p. 169.

a falha é que o contrário também acontece. Como Stove observou, "primeiramente, alguém teve de realizar um novo começo para que qualquer mudança para *pior* acontecesse alguma vez". Isso é perfeitamente óbvio, e a razão é suficiente para desconfiar dos inovadores, para dizer o mínimo.

Se o Argumento de Colombo é infantil quando aplicado à política e à moral, o é igualmente quando aplicado à arte. Em primeiro lugar, a maioria dos artistas que hoje associamos à vanguarda do século XIX não se pôs a chocar ou "transgredir" os limites morais: eles se puseram a fazer uma arte que fosse fiel à sua experiência de mundo. Hoje o principal – muitas vezes, ao que parece, o único – objetivo dos assim chamados artistas "de ponta" é chocar e transgredir. A arte é secundária; é apenas uma desculpa para o mau comportamento.

Há também a inconveniente e inigualitária verdade de que, em qualquer época, a maior parte da produção artística é ruim ou fracassada. E em nossa época, a maior parte da produção artística não é apenas ruim, mas também desonesta: uma forma de terapia ou protesto político disfarçados de arte. A arte, como tudo o que é importante na vida humana, deve ser julgada com base na experiência imediata: não se pode inventar nenhuma fórmula prescritiva de avaliação, muito menos a fórmula de que o que é desprezado hoje será no futuro defendido como uma grande obra. O mundo da arte hoje conserva pouco do idealismo que permeava o romantismo, mas permence romântico em seu moralismo e em sua *hybris* relativos às propriedades salvíficas da arte.

Num de seus muitos momentos de ingenuidade, Shelley afirmou que os poetas eram "os legisladores do mundo não reconhecidos". Essa é uma ambição que muitos artistas continuam – de formas mais mundanas – a fomentar. Mas como W. H. Auden observou corretamente, a expressão "'legisladores do mundo não reconhecidos' descreve a polícia secreta, e não os poetas". A poesia, Auden disse alhures, não faz nada acontecer: seu domínio – como o de toda arte

– é o da criação, e não o da ação. Um artista, como nos faz lembrar a história do mundo, é antes de tudo alguém que cria algo. E assim como uma mesa pode ser bem ou mal construída, assim também um poema ou uma pintura podem ser bem ou mal feitos. Esse não é o único critério que utilizamos para julgar uma obra de arte, mas é um ponto de partida fundamental que nenhum crítico desinteressado pode se permitir abandonar. Considerações semelhantes se aplicam à ambição de tornar a arte "relevante" para os interesses sociais e políticos contemporâneos. Naturalmente, a arte não pode deixar de pertencer ao seu tempo e lugar. Mas a pergunta interessante a ser feita sobre o tipo de arte que, deliberadamente, faz observações sobre sua época é a seguinte: o que faz com que ela seja algo mais do que um mero comentário? O que faz com que ela seja arte? Como disse Goethe, "somente o talento medíocre é sempre o prisioneiro de sua época e deve nutrir-se dos elementos temporais". A insistência na ideia de que a arte reflete as realidades desordenadas da vida contemporânea é uma tentação à qual muitos artistas deveriam se opor, mesmo que por nenhum outro motivo senão o de que ceder a tal tentação é uma prescrição para a efemeridade.

Que recursos um artista possui para combater a tentação de ser relevante? Afora seu talento, talvez seu maior recurso seja a tradição, pois é por meio desta que ele estabelece o seu elo mais palpável com algo que transcende as contingências do momento. Como T. S. Eliot explicou numa famosa passagem de seu ensaio *A Tradição e o Talento Individual*, a tradição está simplesmente "seguindo os caminhos da geração imediatamente anterior a nós, numa aderência tímida ou cega aos seus sucessos". "A tradição", prosseguia Eliot,

> é um tema de importância muito mais ampla. Ela não pode ser herdada, e se você quer alcançá-la, deve fazê-lo por meio de um trabalho intenso. Em primeiro lugar, ela implica um sentido histórico [...] e este implica uma percepção não apenas do passado que fora, mas

> do passado que permanece; o senso histórico impele um homem a escrever não apenas com o fluxo de sua geração em seu sangue, mas com o sentimento de que toda a literatura europeia desde Homero e, nesse contexto, toda a literatura de seu país coexiste e constitui uma ordem simultânea. Esse senso histórico, o qual é um senso tanto do atemporal como do temporal, e de ambos juntos, é o que torna um autor tradicional.

A concepção estetizante do senso histórico segundo Eliot pode não ser a defesa contra a arbitrariedade que ele julgava que seria. Mas, ao enfatizar a transcendência, ele nos faz lembrar que uma adesão à tradição não é o inimigo, mas o requisito para uma inovação genuína. É nesse sentido que deveríamos compreender a seguinte observação, feita pelo historiador da arte alemão Hans Sedlmayr: "Muitas coisas que são classificadas como 'retrógradas' [...] podem ser o verdadeiro ponto de partida para um progresso interior". Numa época em que o mundo artístico abandonou a arte pela pose política, o caminho adiante começa com um movimento de recuperação. Numa época em que qualquer coisa pode ser uma obra de arte, questionar se algo é arte deixou de ser plausível: o que importa é se algo é uma boa obra de arte, e, no que diz respeito a isto, o mundo artístico capitulou.

Deveríamos nos contentar com essa situação? Ou, para dizer de outro modo: a fama de pessoas como Damien Hirst ou Jenny Holzer é boa *para a arte*? Minha resposta é não: é algo muito ruim. Como Rochelle Gurstein observa em seu recente livro *The Repeal of Reticence*: "Já deveria ser óbvio que há algo de fraudulento, senão perverso, na infindável repetição de argumentos que foram elaborados para destruir os vitorianos do século XIX, num mundo em que os vitorianos há muito já haviam sido extintos". A questão permanece: onde erramos? O que não compreendemos no mundo artístico contemporâneo? Sem dúvida a lista é longa. Mas se alguém tivesse de resumir tanta coisa em uma palavra, uma boa candidata seria "beleza": o que falta no mundo artístico de hoje é um devotamento à beleza.

Sei que isso é vago e portentoso. Mas com certeza estamos diante de uma situação estranha. Tradicionalmente, o objetivo ou a finalidade das Belas-Artes era criar objetos belos. A própria beleza era acompanhada de uma grande bagagem metafísica platônica e cristã, sendo que parte desta era indiferente ou até mesmo extremamente hostil à arte. Mas arte sem beleza era, senão exatamente uma contradição em termos, ao menos uma descrição da *arte fracassada*. E talvez eu possa dizer numa digressão quão frequentemente este padrão se repete na vida contemporânea: se a beleza era a *raison d'être* tradicional das Belas-Artes, hoje nós devemos ter uma arte que a despreze; se a verdade era o objetivo tradicional da filosofia, hoje nós pós-modernos devemos ter uma filosofia que dispense a verdade, como nos dizem Richard Rorty e outros; se o objetivo tradicional da historiografia era averiguar e elucidar fatos, hoje devemos ter historiadores que dizem que não há fatos e que adotam a história como um tipo de ficção; se a procriação era o propósito do sexo, hoje nós devemos, de acordo com radicais da estirpe de Herbert Marcuse – e daí para pior –, fomentar uma sexualidade que se emancipou da "tirania do eros procriativo", a fim de defender o que Marcuse chamava de "perversidade polimorfa". De fato trata-se de um progresso excêntrico.

Mas retornemos à arte. Creio que não se fala com frequência do eclipse da beleza. Mas sua ausência não passou totalmente despercebida. Eu discordo de Peter Schjeldahl, o crítico de arte da *The New Yorker*, em quase tudo. Num artigo para a *The New York Times Magazine*, até mesmo o Sr. Schjeldahl observou que "a Beleza [...] foi posta isolada das conversas cultas" e que "o comércio a parodia, e a moda intelectual a demoniza". Seus próprios exemplos da "melhor arte da nossa época" – dentre outras delicadezas, ele menciona a fotografia de Cindy Sherman; uma paisagem coberta de imundície, de Anselm Kiefer; e a fotografia "perversamente eufórica" de Robert Mapplethorpe – são encorajadores. Com certeza ele tem razão em dizer que algo aconteceu com a beleza. Mas o quê?

No início do seu livro sobre arte moderna, o crítico de arte alemão Julius Meier-Graefe define a pintura como "a arte de encantar a visão por meio da cor e da linha", e a escultura, como a arte de encantar "a visão por meio da forma inserida no espaço". Ora, quando foi a última vez que você escutou alguém falar sobre a arte "encantar" a visão? Não obstante, até muito pouco tempo atrás esse prazer especificamente estético era considerado central para a arte. Tomás de Aquino definiu a beleza como *id quod visum placet*: aquilo que agradar ao ser visto. Ainda lidando com os resultados da vanguarda, a maior parte da arte de hoje abandonou a ambição de agradar o observador esteticamente. Em lugar disso, ela procura chocar, incomodar, provocar repulsão, fazer proselitismo ou assustar. A beleza fica sem lugar em qualquer arte que descarta sistematicamente o estético.

Naturalmente, "beleza" não é de modo algum um termo inequívoco. Em sua forma degenerada, ele pode significar o meramente atraente e, nesse sentido, a beleza realmente é inimiga da autêntica expressão artística. Não é difícil encontrar exemplos desse tipo de coisa. Edmund Burke, por exemplo, em seu livro sobre a origem das nossas ideias a respeito do sublime e do belo, apresenta uma lista de qualidades que ele considera necessárias para que algo seja chamado de belo:

> Em primeiro lugar, ser relativamente pequeno. Em segundo, ser agradável. Em terceiro, ter uma variedade em direção às partes; mas em quarto lugar, não ter partes inflexíveis, mas dissolvidas, por assim dizer, umas nas outras. Em quinto lugar, ter uma estrutura delicada, sem qualquer aparência notável de força. Em sexto, ter cores claras e brilhantes, mas não muito fortes e ofuscantes.

E assim por diante. Francamente, eu hesitei em citar Burke com esse propósito jocoso por duas razões: em primeiro lugar, porque eu muito o admiro como escritor; e em segundo, porque até mesmo esse livro precoce sobre estética contém muitas coisas profundas e importantes que seriam desmerecidas se fossem citadas fora de contexto.

Ainda assim, a maioria de nós quererá abrir uma janela depois de ler uma ou duas páginas de tais êxtases em relação à beleza.

Como é diferente a ideia de beleza segundo Rilke, na primeira das *Elegias de Duíno*:

> *Denn das Schöne ist nichts*
> *als des Schrecklichen Anfang, den wir noch grade extragen,*
> *und wir bewundern es so, weil es gelassen verschmäht,*
> *uns zu zerstören.*[6]

Ou pense na afirmação de Dostoiévski de que "a Beleza é o campo de batalha no qual Deus e o demônio lutam pela alma do homem". O fato é que, em seu sentido mais elevado, a beleza se comunica com um imediatismo tão grande porque ela nos toca profundamente. Quando é compreendida desse modo, a beleza se torna algo que absorve nossa atenção e nos liberta, ainda que momentaneamente, da pobreza e da incompletude da vida cotidiana. Em sua forma mais intensa, a beleza nos convida a esquecer nossa sujeição ao tempo e provoca uma inebriante sensação de autossuficiência. Como disse certo filósofo, ela tem "o sabor do paraíso terrestre". Essa é a fonte do poder da beleza. Ela nos *desloca*, libertando-nos, por um tempo, de nossos cuidados e preocupações habituais, e nos *maravilha*, apoderando-se de nós com prazer.

A arte que perde o contato com os recursos da beleza está fadada a ser estéril. Mas também é verdade que a luta autoconsciente para personificar a beleza é uma prescrição para o fracasso artístico. Isso pode ser paradoxal. Mas, como muitas das coisas mais importantes na vida, a beleza genuína é alcançada principalmente por vias indiretas. Nesse sentido, a beleza se assemelha à felicidade tal como foi descrita por Aristóteles: não é um objetivo possível das nossas ações, mas antes o acompanhamento das ações realizadas corretamente.

---

[6] "A beleza é apenas o início de um terror que dificilmente podemos suportar, e o que nos admira é seu calmo desdém ao nos destruir."

A luta pela felicidade na vida só garantirá infelicidade; a luta pela beleza na arte provavelmente resultará em algo vulgar ou em alguma outra falsificação artística.

Para os artistas, portanto, o truque não é perder a beleza de vista, mas concentrar-se sobretudo em algo aparentemente mais trivial – o fazer boas obras de arte. Os melhores guias para essa tarefa não serão encontrados no trabalho do queridinho da moda no mundo da arte, mas nos grandes modelos fornecidos pelo passado. Embora essa lição seja rejeitada e ridicularizada pelo mundo da arte atualmente, é algo que a tradição afirma com frequência.

Nós vivemos numa época em que a arte é inscrita em todo tipo de projetos extra-artísticos, desde a política de gênero até o repugnante esquerdismo linguístico dos neomarxistas, pós-estruturalistas, teóricos do gênero e toda a restante fauna exótica que está se congregando em torno do mundo da arte e da academia. A submissão da arte – e da vida cultural em geral – a fins políticos é uma das maiores tragédias espirituais de nossa época. Dentre muitas outras coisas, isso tem dificultado cada vez mais a apreciação da arte em seus próprios termos, já que fornece seus próprios tipos de *insights* e satisfações. Essa situação tem obrigado os críticos que se importam com a arte a defender suas qualidades distintamente estéticas contra as tentativas de reduzir a arte a uma espécie de propaganda.

Ao mesmo tempo, porém, eu acredito que perdemos algo importante quando nossa concepção de arte não abre espaço para uma dimensão ética. Quer dizer, se a politização da estética apresenta uma séria ameaça à integridade da arte, isolar o estético das outras dimensões da vida representa um tipo diferente de ameaça. Hans Sedlmayr articulou esse argumento eloquentemente na década de 1950. Sedlmayr afirmou que

> a arte não pode ser avaliada apenas por meio de uma medida puramente artística. Em verdade, tal medida puramente artística, que ignorava o elemento humano, o elemento que, sozinho, justifica a arte,

na realidade não seria uma medida artística de modo algum. Seria apenas uma medida estética, e, na verdade, a aplicação de padrões puramente estéticos é um dos aspectos particularmente inumanos de nossa época, pois ela proclama, por insinuação, a autonomia da obra de arte, uma autonomia que não diz respeito ao homem – o princípio da arte pela arte:

Sedlmayr dificilmente estava sozinho em relação a esse sentimento. Em verdade, mesmo uma personalidade tão "avançada" como Baudelaire compreendeu que a medida suprema da arte deve estar além da estética. Em seu livro *L'Art Romantique*, Baudelaire escreveu que

a paixão frenética pela arte é um câncer que destrói tudo o mais; e, como a completa ausência do que é adequado e verdadeiro na arte é o mesmo que a ausência de arte, o homem desaparece completamente; a excessiva especialização de uma faculdade não leva a lugar algum [...] A loucura da arte está no mesmo nível que o abuso da mente. A criação de uma ou outra dessas duas supremacias gera estupidez, dureza de coração, e orgulho e egoísmo ilimitados.

E Julius Meier-Graefe argumentou de modo semelhante quando discutiu a libertação da arte moderna das limitações da religião. A ruptura entre arte e religião assinalou uma importante "emancipação" para a humanidade, ele pensava; mas isso "acarretava em retrocesso" para a arte. "A arte deveria ser livre", escreveu Meier-Graefe, "mas livre do quê? Os inovadores se esqueceram de que a liberdade supõe isolamento. Em sua veemência impulsiva, a arte expulsa os elementos que a tornaram indispensável para o homem."

Como diz Meier-Graefe, o que torna a arte "indispensável"? O que faz dela algo mais do que "diversão num momento de ociosidade"? Se a politização da arte é restritiva, então também, mas de um modo diferente, o é uma concepção puramente estética da arte. No século XIX, há muito a arte já não servia as necessidades ideológicas da religião; e mesmo assim a crise espiritual da época tendia a investir a arte com fardos existenciais cada vez maiores – fardos que continuam, de muitos modos, a ser sentidos até hoje. Como vimos acima, Wallace Stevens articulou um importante elemento desse fenômeno quando observou que "depois que alguém abandona a crença em Deus, a poesia se torna a essência que toma o Seu lugar como redenção da vida".

A ideia de que a poesia – de que a arte em geral – deveria servir como fonte – talvez como fonte primária – de suporte espiritual numa era secular é uma ideia romântica que continua a repercutir poderosamente. Isso ajuda a explicar, por exemplo, a aura especial que se fixa na arte e nos artistas, ainda hoje – isto é, ainda numa época em que pessoas afetadas como Andres Serrano, Bruce Nauman e Gilbert & George são consideradas artistas por pessoas sobre as quais, de outro modo, poder-se-ia pensar que fossem sérias. Essa herança romântica também apareceu, com várias transformações, na cultura de vanguarda. Já se passou muito tempo desde que Dostoiévski pôde declarar que "por mais que possa parecer incrível, haverá um dia em que o homem discutirá de forma mais violenta sobre arte do que sobre Deus". Ainda é discutível se essa caminhada descreveu uma jornada de progresso. Todos sabem que, para Dostoiévski, tudo ao seu redor era um desastre, tanto para a humanidade como para a arte.

Isto, creio eu, está claro: sem uma lealdade à beleza, a arte degenera numa caricatura de si; é a beleza que dá vida à experiência estética, tornando-a tão sedutora; mas a própria experiência estética degenera num tipo de fetiche ou ídolo, caso seja considerada um fim em si mesma, não examinada pelo resto da vida. Para dizer de outro modo, a banalização do ultraje leva a um tipo de anestesia moral e estética, não sendo o menos importante desses sintomas a trivialização do ultraje.

Capítulo 14 | "As Duas Culturas" Hoje

> Não é uma questão de aniquilar a ciência, mas de *controlá-la*. A ciência é totalmente dependente de opiniões filosóficas para todos os seus objetivos e métodos, embora facilmente se esqueça disso.
> – *Friedrich Nietzsche*

> Quanto mais os resultados da ciência são francamente aceitos, mais aquela poética e eloquência passam a ser recebidas e estudadas como elas realmente são – a crítica da vida por homens cultos, vigorosos e atuantes com poder extraordinário.
> – *Matthew Arnold*

"Os corredores do poder" e "as duas culturas": estas expressões são essencialmente o que resta da imensa reputação de Sir Charles Percy Snow, romancista, erudito, e – como descreveu o seu crítico mais impiedoso, F. R. Leavis – "o relações-públicas" da ciência. C. P. Snow (1905-1980) era o filho de uma organista de igreja provincial, que veio à aclamação pública e a uma vida nobiliária graças a uma mistura de genialidade, dedicação e talento – mais ou menos nessa ordem. Ele era a personificação de um certo tipo de filisteu instruído: blefista, bem-intencionado, sociável, tão bem rodeado como se fosse praticamente esférico. Na década de 1930, Snow abandonou uma carreira científica incipiente para se devotar à escrita. Ele publicou seu primeiro romance, um romance policial intitulado *Death Under Sail*, em 1932. Durante a guerra, o arcabouço técnico de Snow o ajudou a ganhar o importante posto de supervisionar o recrutamento para a pesquisa científica britânica (daí sua familiaridade com "os corredores do poder"). E os romances continuaram a aparecer. Por volta dos anos 1950, a sequência do romance de Snow intitulada *Strangers and Brothers* acabou sendo comparada com *Em Busca do Tempo Perdido*.

Atualmente, a palavra que parece ser a mais usada para descrever seus romances – nas raras ocasiões em que eles *são* descritos – é "inerte". Em um momento de generosidade, Edmund Wilson justificou Snow, mas antecipou o julgamento da história ao considerar seus romances "quase completamente ilegíveis". "Os corredores do poder" forneceu o título para um dos romances de Snow; isso é tudo o que resta do trabalho. As coisas são um pouco diferentes com "as duas culturas". A expressão tem sido usada como um vago atalho popular para a rachadura – um caso de incompreensão com um toque de hostilidade – que cresceu entre os cientistas e os intelectuais literários no mundo moderno. A falta de precisão tem sido parte desse apelo: falar de "as duas culturas" é transmitir, ao mesmo tempo, arrependimento, censura e – uma vez que se é suficientemente corajoso para nomear e reconhecer uma circunstância presumivelmente infeliz – superioridade.

Snow usou a expressão, que se tornaria famosa, pela primeira vez em 1956 como o título de um artigo na *The New Statesman*. O artigo forneceu o germe para sua Rede Lecture[1] de 1959 na Universidade de Cambridge, *As Duas Culturas e a Revolução Científica*, a qual foi sucessivamente publicada na revista *Encounter*, em duas partes. É um trabalho breve e conciliatório. Na forma de livro, ele se encaixa confortavelmente em menos de sessenta páginas impressas e está cheio de homens que "se engajam como colegas", comportamento que "simplesmente não é adequado", etc. Desde que foi publicado, *As Duas Culturas* se tornou uma sensação em ambos os lados do Atlântico.

A edição que eu possuo foi publicada em 1961; nessa época o livro já estava em sua sétima reimpressão.

Sua fama obteve um impulso adicional um ano depois, quando o crítico F. R. Leavis publicou seu ataque a *As Duas Culturas* na *The*

---

[1] Conferência pública anual da Universidade de Cambridge. (N. T.)

Spectator. Originalmente apresentada como a Richmond Lecture no Downing College, Cambridge, "Duas Culturas? A significância de C. P. Snow" é uma fuzilaria retórica devastadora. Não apenas ele põe por terra as duas pedras do argumento de Snow: todo e cada seixo são pulverizados; os campos são salgados; e a população inteira é vendida como escrava. Leavis falou do "absurdo e ameaçador disparate da consagrada posição pública de C. P. Snow", um amontoado de escárnios sobre a sua "embaraçosa vulgaridade de estilo", suas "pseudocogências panópticas", sua "completa ignorância" de história, da literatura, da história das civilizações, e da significância humana da Revolução Industrial. "É ridículo", escreveu Leavis, "creditá-lo com qualquer capacidade de pensar seriamente sobre os problemas com relação aos quais ele se propõe a orientar o mundo". É demais para Snow, o sábio. E quanto a Snow, o artista; Snow, o romancista? "Snow é, naturalmente, um – não, eu não posso dizer isso; ele não é: Snow se considera um romancista", trovejou Leavis, mas na verdade "sua incapacidade como romancista é... total": "Como um romancista ele não existe; ele não começa a existir. Não se pode dizer que ele sabe o que um romance é". E fica pior. "Snow não tem absolutamente nenhuma noção do que seja literatura ou do porquê da sua importância." "Não apenas ele não é um gênio", concluiu Leavis; "ele é intelectualmente tão medíocre quanto seria possível o ser."

A Londres literária estava atordoada e indignada com a interpretação de Leavis (que foi algo como um canto do cisne oficial, uma vez que ele se aposentou do ensino naquele ano). Naquela época, certo grau de *politesse* retórica ainda dava o tom no jornalismo literário britânico; Leavis foi o oposto de cordial.

Nas semanas que se seguiram, *The Spectator* publicou mais de trinta cartas enfurecidas, muitas vindas de personagens eminentes, a maior parte se colocando firmemente do lado de Snow. Foi uma efusão extraordinária. Um correspondente deplorou Leavis "em sinceridade, incapacidade e inveja". Lord Boothby, afirmando que não havia "nenhum pensamento construtivo em sua exposição", falou do "veneno reptiliano" de Leavis. Stephen Toulmin escreveu que sua preleção "era um insulto ao público e ao próprio Snow". Outros comentaristas indignados repudiaram o discurso de Leavis como "ridiculamente exagerado", "uma demonstração de comportamento grosseiro, egocêntrico e destrutivo" ou, mais simplesmente, "idiotice confusa".

A reação extrema foi em parte uma resposta ao próprio extremismo de Leavis: Lionel Trilling, refletindo sobre a controvérsia em *Commentary*, resumiu isso quando falou da "ferocidade sem igual" e "maus modos" do ataque de Leavis. De fato, Trilling concordou com muito do que Leavis tinha a dizer; mas ele não poderia tolerar a retórica arrasadora; "isso é", ele escreveu, "um mau tom, um tom inadmissível". Talvez sim. Mas na resposta inglesa havia também um grande elemento de esnobismo: por volta de 1960, Sir Charles era, bem, Sir Charles: um membro do Ateneu, um resenhista da *The New Statesman*, alguém que era *conhecido*. Assim, a Sra. Edith Sitwell disse: "Dr. Leavis apenas atacou Charles porque ele é famoso e escreve em bom inglês". *Charles*, naturalmente.

As desconcertadas penas da elite intelectual londrina constituem uma divertida nota de rodapé da história cultural do período. Mas as questões levantadas por *As Duas Culturas* – e pelas críticas indagadoras de Leavis com relação à posição de Snow – são algo mais sério. Não é simplesmente que o abismo entre cientistas e intelectuais literários (e também o público em geral, é claro) cresceu na medida em que a ciência se tornou mais especializada e complexa. Por causa da natureza extremamente técnica do discurso científico contemporâneo – pense, por exemplo, na sua profunda confiança na obscura notação matemática –, aquele abismo é intransponível e vai apenas se alargar conforme o conhecimento progride.

A questão mais preocupante diz respeito ao destino de uma cultura em um mundo cada vez mais determinado pela ciência e pela tecnologia. Leavis descreveu C. P. Snow como um "portento" da nossa civilização porque, na sua visão, o argumento de Snow sintetizou a tendência da sociedade moderna de trivializar a cultura ao reduzi-la a uma forma de diversão ou entretenimento. Não que a diversão e o entretenimento sejam necessariamente coisas ruins: têm o seu lugar; mas também o têm a arte e a cultura erudita. O problema, como Leavis percebeu, é que a confusão entre arte e entretenimento sempre segue em uma direção: em direção à adulteração, à banalização da arte. Para ele, não era surpreendente que *As Duas Culturas* tivesse capturado a imaginação do público: o fez precisamente porque alcovitou à noção degradada de cultura defendida pelo gosto estabelecido.

O ano 2000 marca o quadragésimo aniversário do ensaio de Snow. Ao nos movermos pela paisagem cultural de nossos dias, vemos os restos de uma civilização aparentemente inclinada ao suicídio social: o triunfo da cultura *pop* em quase todas as esferas do empreendimento artístico, a glorificação do sensacionalismo estúpido, o ataque a toda ideia de conquista cultural permanente – no Oeste, de qualquer modo, os últimos anos do século XX foram anos de riqueza material sem precedentes associada à profunda degradação cultural e intelectual. É difícil culpar C. P. Snow por tudo isso. Ele foi meramente um canário na mina.[2] Mas como tal – como um sintoma, um "portento" – ele ainda tem muito a nos dizer.

Talvez a primeira coisa que se note sobre *As Duas Culturas* seja o seu tom, que vacila amplamente entre o anedótico aconchegante e o apocalíptico. Por um lado, encontramos Snow envolvido numa reunião com o físico "W. L. Bragg no *buffet* da estação Kettering numa manhã muito fria em 1939". Sem a narrativa que ancora a conversa do jantar dos mais eminentes *fellows* de Cambridge, Snow estaria

---

[2] A expressão refere-se a algo ou alguém que serve de aviso aos outros. Durante o século XX, canários eram levados às minas de carvão para detectar o aumento de gás metano e monóxido de carbono, devido à sua extrema sensibilidade a esses gases. (N. T.)

perdido. Por outro lado, ele insiste em que o problema que ele delineou é um "problema do Oeste inteiro". "Isso é", escreve Snow quase ao final da sua exposição, "uma das situações nas quais o pior crime é a inocência". Em alguns "pensamentos posteriores" sobre a controvérsia das duas culturas que publicou em *Encounter* em 1960, Snow se refere solenemente ao seu discurso como um "chamado à ação".

Mas qual é, exatamente, o problema? E que ações Snow recomenda que tomemos? Em um momento, não é nada de mais; no outro é tudo e mais. Há aquele "abismo de incompreensão mútua" entre cientistas e "intelectuais literários", é claro. Mas isso logo mostra que há também as "três ameaças" da guerra nuclear, da superpopulação e do "abismo" entre nações ricas e pobres. (Há vários abismos, lacunas, precipícios, cisões em *As Duas Culturas*; às vezes parece que toda a argumentação de Snow caiu sobre um deles). Em uma página o problema é reformar as escolas de forma que "as crianças inglesas e americanas tenham uma educação razoável". Bem, OK. Porém, algumas páginas depois, o problema é mobilizar os recursos do Ocidente para industrializar a Índia. E a África. E o sudeste da Ásia. E a América Latina. E o Oriente Médio – tudo para acabar com a fome, a revolução e a anarquia. Snow visualiza milhares de engenheiros da Europa e da América do Norte se voluntariando "por ao menos dez anos de suas vidas" para levar a "revolução científica" às partes subdesenvolvidas do mundo. Confronto com a realidade: na mente de Snow, a União Soviética estava bem à frente do Oeste em sua forma de lidar com esses diversos fatores imponderáveis. Assim é, diz ele, em parte porque os russos têm uma "crença apaixonada na educação". Mas é também porque eles têm uma "clareza mais profunda da revolução científica do que nós temos, ou do que os americanos têm". Isso explica por que o mundo está clamando pelos automóveis e aviões russos, veja você, e também por que os soviéticos administraram sua própria economia com muito mais brilhantismo que o Oeste.

Se tudo isso parece uma terrível desordem, o é. Na verdade, há três tipos de problemas em *As Duas Culturas*: trivial, não existente e mal compreendido. Alguns, como o famoso abismo, lacuna ou precipício entre os cientistas e os intelectuais literários, são ao mesmo tempo triviais e mal compreendidos. Sem dúvida, seria bom se os "intelectuais literários" soubessem mais ciência. Mas o abismo, lacuna, precipício, o qual Snow lamenta nunca será atravessado – deste lado do abismo, de qualquer maneira – por alguém que não possua uma boa dose de treinamento altamente especializado. E, *pasme* Snow, não está tão claro que o abismo realmente importe.

Como vários críticos apontaram, a terminologia de Snow pode ser excessivamente escorregadia. Ele inicia com uma dicotomia entre o mundo dos intelectuais literários e o mundo dos cientistas físicos. (E ele abstém-se de qualquer coisa mais elaborada: "Eu pensei por muito tempo em desenvolver refinamentos adicionais", escreve Snow, "mas ao fim eu decidi contra isso": não é de admirar que o bioquímico Michael Yudkin, em um artigo perspicaz em *As Duas Culturas*, notou que Snow frequentemente parece "mais preocupado com o número dois que com o termo 'cultura'".) Mas, a fim de aprofundar sua tese de abismo-lacuna-precipício, Snow logo passa a usar "intelectual literário" de forma permutável com "cultura tradicional". Essa fusão revela a observação de que há uma característica "não científica", e mesmo "anticientífica" a "toda a cultura 'tradicional'". O que isso pode significar? Aristóteles, Euclides, Galileu, Copérnico, Descartes, Boyle, Newton, Locke, Kant: existem representantes de "toda a 'cultura tradicional'" mais "tradicionais"? Não há muito aroma anticientífico emanando desses quadrantes.[3]

---

[3] Dentre outras coisas, a exposição de Snow ilustra o fato de que uma montanha de confusão pode ser erguida a partir de um grão de verdade. Pois *há* um ingrediente de irracionalismo na cultura ocidental que regularmente manifesta a si própria em bases anticientíficas de um tipo ou de outro. Certas variedades de romantismo fazem parte disso, bem como vários fenômenos

O verdadeiro fardo da tese de Snow foi resumido com precisão por Leavis: "Há as duas culturas que não se comunicam e são reciprocamente indiferentes, há a necessidade de uni-las e há C. P. Snow, cujo lugar na história é que ele tem as duas, de forma que nós temos nele o paradigma da desejada e necessária união".

No início de sua conferência, Snow afeta uma generosa imparcialidade em sua atitude para com os cientistas e intelectuais literários. Há um pouco de crítica para ambos. Se os tipos literários tendem a ser espantosamente ignorantes de conceitos científicos mesmo que rudimentares (Snow parece espantado que seus amigos escritores não consigam definir conceitos básicos tais como massa, aceleração, etc.), então se verifica que muitos cientistas não estão familiarizados com os romances de Charles Dickens. Mas essa mostra de imparcialidade logo se evapora. A "cultura" da ciência, nos conta Snow, "contém uma grande dose de argumentação, geralmente muito mais rigorosa e quase sempre de um nível conceitual superior ao dos argumentos dos literários". Os intelectuais literários são "reacionários naturais", como luditas opondo-se ao progresso; os cientistas "têm o futuro em seus ossos". Esta é uma expressão de que Snow gosta bastante. "Se os cientistas têm o futuro em seus ossos",

---

menos aprazíveis. Mas Snow, enquanto dança ao redor desse assunto – isso é o que dá a toda a sua tese de "duas culturas" uma superficial plausibilidade – nunca realmente aceita isso. Na cultura acadêmica contemporânea, uma suspeita generalizada das realizações científicas – com frequência se estendendo a uma franca rejeição da ideia de verdade factual – pode ser vista em vários movimentos e "teorias" radicais. "Construtivismo cultural", desconstrução, feminismo radical e outros *istos* e *ismos* são agressivamente antiempíricos. Paul R. Gross e Norman Levitt habilmente anatomizaram esse fenômeno discrepante em *Higher Superstition: The Academic Left and Its Quarrels with Science* (Johns Hopkins, 1994). Eles mostram que essa nova hostilidade para com a ciência é parte de uma hostilidade mais geral aos valores e instituições ocidentais, uma hostilidade anti-iluminista que "zomba da ideia de que [...] uma civilização é capaz de progredir da ignorância para o discernimento".

ele prossegue, "então a cultura tradicional responde desejando que o futuro não existisse." Para corroborar seu argumento de que os intelectuais literários (equivalentes "à cultura tradicional") "gostariam que o futuro não existisse", Snow exibe... o *Mil Novecentos e Oitenta e Quatro*, de George Orwell – como se aquele conto pungentemente admonitório pudesse ter sido escrito por alguém que não tinha um interesse apaixonado pelo futuro!

Snow é especialmente impaciente com o que ele considera a política "da cultura tradicional". Ele cita aprovativamente um "eminente cientista" cujo nome ele não revela, e segundo o qual os escritores intelectuais literários tendiam a ser "não apenas politicamente tolos, mas politicamente perversos. A influência de tudo o que eles representam não traz Auschwitz bem mais para perto?". Nesse contexto, Snow explicitamente menciona Yeats, Wyndham Lewis e Ezra Pound. Mas sua acusação é na verdade bem mais ampla: "90%" das grandes personalidades literárias do início do século XX (ele especifica o período entre 1914 e 1950) são politicamente suspeitas, na sua avaliação. A "cultura" da ciência, ao contrário, de forma otimista, tem visão de futuro. Mas não, Snow se apressa em acrescentar, *superficialmente* otimista. Os cientistas também apreciam a trágica natureza da vida humana: cada um de nós "morre só". Mas eles são sábios o bastante para distinguir, com Snow, entre a "condição individual e a condição social" do homem. Não há, escreve Snow, "razão pela qual a condição social devesse ser trágica assim como a condição individual". O prospecto do progresso social (o que Snow, ecoando um personagem de *Alice no País das Maravilhas*, de forma pitoresca chama de o prospecto de "geleia amanhã") é uma força galvanizadora que permite ao indivíduo transcender, ou ao menos esquecer, seu destino pessoal.

A argumentação de Snow opera apagando ou ignorando certas distinções fundamentais. Ele vai a um grupo literário, descobre que ninguém (a não ser ele) consegue explicar a segunda lei da termodinâmica, e então, triunfantemente, conclui: "Todavia, eu estava perguntando algo equivalente a *Você leu um trabalho de Shakespeare?*". Mas, como Leavis nota, "não *há* equivalente científico para essa questão; equações entre ordens tão diferentes não têm sentido". A segunda lei da termodinâmica é um item de conhecimento especializado, útil ou irrelevante dependendo do trabalho a ser realizado; as obras de Shakespeare fornecem uma janela para a alma da humanidade: lê-las é equivalente a adquirir autoconhecimento. Snow parece cego a essa distinção.[4] Uma confusão parecida está em curso no esforço de Snow para neutralizar a individualidade, através de sua assimilação ao projeto de "esperança social". Isso pode soar nobremente altruísta. Mas, como Leavis pergunta, "Qual *é* a 'condição social' que nada tem a ver com a 'condição individual'?".

> Qual é a "esperança social" que transcende, cancela ou torna indiferente a inescapável condição trágica de cada indivíduo? Onde, se não nos indivíduos, está o que se espera [...] localizar? Ou iremos encontrar a realidade da vida esperando para outras pessoas um tipo de felicidade sobre a qual, tal como foi proposta para nós ("geleia", Snow irá denominar – nós morremos sós, mas antes disso há geleia), não temos ilusões?

Aqui, Leavis expõe o filisteísmo central, o profundo viés *anti*cultural da posição de Snow: a ideia de que o indivíduo é meramente uma ficha intercambiável, um tipo representativo cujo valor último é puramente uma função do seu lugar na tapeçaria da sociedade.

Enfim, Snow é um meliorista[5] ingênuo. Para ele, o padrão material de vida da sociedade fornece o definitivo, realmente o único,

---

[4] De forma curiosa, ele também parece ter-se esquecido do quanto a segunda lei da termodinâmica influenciou – vividamente, se não sempre precisamente – as imaginações dos artistas modernos, filósofos e teólogos por meio do conceito de entropia: o pensamento de que o universo está ineflutavelmente "se acabando" provou ser profundamente inquietante, mas também uma fértil metáfora.

[5] Defensor da doutrina filosófica segundo a qual o mundo, que não seria nem absolutamente bom nem radicalmente mal, pode ser aperfeiçoado por meio do progresso. (N. E.)

critério "da boa vida"; a ciência é o meio de alcançar esse padrão de vida; logo, a ciência é o árbitro do valor. A cultura – literária, cultura artística – é meramente uma pátina ou um polimento adicionado à substância da riqueza material para que ela possa adquirir mais brilho. Ela não nos fornece desafio moral ou discernimento, porque as únicas questões sérias são como continuar aumentando e efetivamente distribuindo a riqueza do mundo, e essas não são questões de competência da cultura. "O desfecho" do argumento de Snow, escreve Leavis, "é que se você insiste na necessidade de qualquer outro tipo de preocupação, implicando previsão, ação e provisão sobre o futuro humano – qualquer outro tipo de inquietação – do que aquele que fala em termos de produtividade, padrão material de vida, progresso higiênico e tecnológico, então você é um reacionário."

Vale fazer uma pausa neste ponto para notar que Leavis concede a Snow o argumento subsidiário de que os progressos na educação científica poderiam ser uma boa coisa. Leavis não é "anticientífico". *É claro* que "padrões de vida, progresso higiênico e tecnológico" são importantes. Nada disso está em questão. Nem está Leavis de forma alguma sugerindo que alguém deveria "desafiar, ou tentar reverter, o movimento de aceleração da civilização externa [...] que é determinado pelo avanço da tecnologia". A não ser por uma catástrofe que leve à extinção do mundo, o progresso da ciência é inexorável. Leavis aceita isso. O que ele nega é que a ciência seja um recurso *moral* – isto é, ele nega que haja algo como uma "cultura" da ciência. A ciência nos diz como fazer melhor as coisas que nós já decidimos fazer, e não por que deveríamos fazê-las. Sua jurisdição é a jurisdição dos *meios*, não dos *fins*. Esta é sua glória – e sua limitação.

Isso é algo que os editores da *The Spectator* compreenderam bem mais claramente que os vários correspondentes que escreveram para se queixar do ensaio de Leavis. Uma palavra que está faltando no ensaio de Snow, eles notam em um editorial não assinado, é "filosofia"

– "aquele esforço de transmitir uma direção moral que foi encontrada nos melhores escritores ingleses do século XIX". O principal entre "os melhores escritores ingleses do século XIX" foi o próprio modelo e inspiração de Leavis, Matthew Arnold. É uma das pequenas, mas deliciosas, coincidências da história que, em 1882, quase oitenta anos antes da Rede Lecture de C. P. Snow, Arnold foi escolhido para aquela homenagem. Sua *Rede Lecture* (Literatura e Ciência) apresentou ela mesma um tipo de raciocínio de "duas culturas". Mas seu ponto era essencialmente oposto ao de Snow. Escrita em resposta à insistência de T. H. Huxley em que a literatura deveria e inevitavelmente iria ser suplantada pela ciência, Arnold argumentou que, "desde que a natureza humana é o que é", a cultura continuaria a prover a humanidade com seu fulcro de compreensão moral.

O *teor* da conferência de Arnold não poderia ser mais diferente da de Leavis. "O tom de inquérito preliminar, o qual convém a um ser de fracas faculdades e conhecimento limitado, é o tom que eu gostaria de tomar", notou Arnold com uma modéstia não leavista. Mas seu argumento antecipou Leavis em detalhes surpreendentes. Ambos estão preocupados com o que Leavis chamou de "as consequências culturais da revolução tecnológica". Ambos argumentaram apaixonadamente contra a trivialização da cultura, contra o que Arnold descartou como "um humanismo superficial", que é "majoritariamente decorativo". E ambos olharam para a cultura para prover um modo de relacionar, nas palavras de Arnold, os "resultados da ciência moderna" à "nossa necessidade de conduta, nossa necessidade de beleza". Este é o ponto crucial: que a cultura é, em um sentido profundo, inseparável da *conduta* – daquela não científica, mas inelutável, questão "Como eu deveria viver minha vida?". A posição de Leavis é a mesma. As impressionantes reviravoltas precipitadas pela marcha da ciência e da tecnologia tinham tornado a cultura – as artes e as humanidades – ao mesmo tempo mais precárias e mais preciosas. Leavis entendeu que a preservação da cultura – não como entretenimento ou diversão, mas como um guia para a "conduta" – era agora mais crucial que nunca. Se a humanidade estava prestes a confrontar os desafios morais da ciência moderna "na integral posse inteligente de sua humanidade" e a manter "uma deferência básica com relação ao que, se abrindo em direção ao desconhecido e imensurável, nós sabemos que pertencemos", então o domínio da cultura teria de ser protegido das forças redutivas de um bruto racionalismo científico.

A relevância contemporânea desse argumento dificilmente pode ser superestimada. Nós vivemos em um momento em que "os resultados da ciência" nos confrontam diariamente com os mais extremos desafios morais. Aborto sob demanda, nanotecnologia, o prospecto da engenharia genética – a lista é longa e decepcionante. Porém, mais desafiadora que qualquer aplicação prática da ciência é a suposição generalizada de que *todo* problema enfrentado pela humanidade está suscetível à intervenção e ao controle tecnológicos. Nessa situação, a tentação de reduzir a cultura a um reservatório de passatempos excitantes é quase irresistível. Rock, "arte performática", televisão, videogames (sem mencionar drogas, violência, e promiscuidade): em toda parte somos encorajados a pensar sobre nós mesmos como complicadas máquinas de consumir sensações – quanto mais e mais exótico, melhor. A cultura não é mais um convite a confrontar nossa humanidade, mas uma série de oportunidades de empobrecê-la por meio da diversão. Nós estamos, como Eliot colocou em *Quatro Quartetos*, "distraídos da distração pela distração". C. P. Snow representa a sorridente face jovial dessa situação. Críticos como Arnold e Leavis nos oferecem os princípios de uma alternativa. Muitas pessoas objetaram à virulência do ataque de Leavis para com Snow. Mas, de qualquer modo, dado o estampido de vozes dissonantes, é uma maravilha que ele tenha sido ouvido.

Capítulo 15 | Francis Fukuyama e o Fim da História

> O historiador *whig* pode estabelecer linhas para certos eventos, [...] e, se ele não for cuidadoso, vai começar a esquecer que essa linha é meramente um truque mental seu; ele passa a imaginar que isso representa algo como uma linha de causalidade. O resultado final desse método é impor um certo formato sobre toda narrativa histórica e produzir um esquema de história geral que seguramente irá convergir de forma magnífica sobre o presente – demonstrando assim, através das eras, os mecanismos de um princípio incontornável de progresso.
>
> – *Herbert Butterfield,* The Whig Interpretation of History

> "Se este é o melhor de todos os mundos possíveis", ele disse a si mesmo, "como será o resto?"
>
> – *Voltaire,* Cândido, ou o Otimismo

É difícil lembrar um artigo em um periódico trimestral sobre política que tenha causado tanto impacto como O *Fim da História?*, de Francis Fukuyama, quando ele foi publicado na edição de verão de 1989 da *The National Interest*. Embora sua repercussão não tenha sido, nem de longe, unanimemente favorável, ela foi bastante ampla e apaixonada. Figuras de destaque como Allan Bloom, Irving Kristol, Gertrude Himmelfarb, Samuel P. Huntington e Daniel Patrick Moynihan escreveram nas páginas da *The National Interest* para comentar sobre o texto de quinze páginas. O artigo se tornou algo como uma causa nobre, atraindo comentários fervorosos tanto nos EUA quanto na Europa, na Ásia e na América do Sul. Seu título milenar, sem o ponto de interrogação, logo se tornou um *slogan* a ser difundido nos *think tanks* de Washington, na imprensa e na academia. O jovem Fukuyama, então vice-diretor da Equipe de Planejamento de

Políticas do Departamento de Estado dos EUA, logo emergiu como uma pequena celebridade, com uma posição na corporação RAND e um generoso contrato de edição, que o permitiria expandir suas ideias num livro. Mesmo aqueles que discordaram do artigo – "Eu não acredito em uma palavra disso", foi a resposta de Irving Kristol à sua tese principal – foram cuidadosos em elogiar a sofisticação intelectual do autor. Raramente a palavra "brilhante" foi usada com tanto entusiasmo e ímpeto: talvez aqui, em resposta a *O Fim da História?*, estivessem aqueles "mil pontos de luz" de que ouvíamos falar tanto na época.

Por que o estardalhaço? Escrevendo em um momento em que o comunismo estava recuando em toda parte, dificilmente era de surpreender que Fukuyama estivesse proclamando o fim da Guerra Fria e "vitória ousada do liberalismo político e econômico". Tais proclamações já eram numerosas. O que chamou a atenção foi algo muito mais radical. Alegando distinguir entre "o que é essencial e o que é contingente ou acidental na história mundial", Fukuyama escreveu:

> O que estamos testemunhando não é apenas o fim da Guerra Fria, ou a passagem de um período específico de história no pós-guerra, mas o fim da história como tal: isto é, o ponto final da evolução ideológica da humanidade e a universalização da democracia liberal ocidental como a forma final de governo humano.

"O fim da história como tal", "a evolução e a universalização da democracia liberal ocidental como a forma final de governo humano": esses foram os tipos de afirmações – junto com a convicção professada por Fukuyama de que "o ideal vai governar o mundo material *a longo prazo*" – que dispararam o alarme.

Algumas das respostas negativas ao artigo de Fukuyama, como ele foi rápido em apontar, se basearam numa má interpretação simplista da sua tese. Pois ao proclamar que o fim da história havia chegado na forma de democracia liberal triunfante, Fukuyama não quis dizer que o mundo dali em diante estaria livre do tumulto, da contenção política ou de problemas sociais irretratáveis. Além disso, ele foi cuidadoso em notar que "a vitória do liberalismo ocorreu principalmente no campo das ideias ou consciências e é ainda incompleta no mundo real ou material".

O que ele defendia, entretanto, era que a democracia liberal era o melhor sistema sociopolítico concebível para promover a liberdade; e, portanto – porque "o ideal vai governar o mundo material *a longo prazo*" –, ele também afirmou que a democracia liberal não seria substituída por uma forma de governo melhor ou "superior". De acordo com Fukuyama, outras formas de governo, da monarquia ao comunismo e ao fascismo, falharam porque elas eram veículos imperfeitos para a liberdade; a democracia liberal, possibilitando à humanidade a maior liberdade possível, triunfou porque representava melhor o ideal. Nesse sentido, o que Fukuyama previu não foi o fim da história, com letra minúscula – entendida como o reino das ocasiões e eventos diários – mas o fim da História, com letra maiúscula: um processo evolutivo que representou a autorrealização da liberdade no mundo. O "fim" que ele tinha em mente estava na natureza de um *telos*: mais "realização" do que "conclusão" ou "término".

É verdade que ainda se poderia perguntar se o curso da História assim entendida não seria algo mais que uma fantasia especulativa – ou se, de fato, a vontade de distinguir entre "o que é essencial e o que é contingente ou acidental na história mundial" não seria inútil, dada a visão limitada do homem e seu conhecimento imperfeito. Em todo caso, a ideia do fim da História decerto não é nova. De uma forma ou de outra, ela é um componente de vários mitos e religiões – incluindo o cristianismo, com sua visão da Segunda Vinda. E qualquer pessoa familiarizada com os interstícios da filosofia germânica do século XIX vai lembrar que o fim da História também figura com destaque nas filosofias de G. W. F. Hegel e seu ressentido discípulo Karl Marx. Talvez seja útil notar, também, que uma importante diferença entre a maior parte da especulação religiosa sobre o fim da História, de um lado, e versões propagadas por filósofos, de outro, é a arrogância: o cristianismo ortodoxo, por exemplo, é satisfatoriamente indefinido sobre a data dessa eventualidade. Hegel não fomentou tais dúvidas ou hesitações. O que ele chamou "*o último estágio da História, nosso mundo, nosso próprio tempo*" foi prenunciado pelos exércitos de Napoleão na Batalha de Jena em outubro de 1806. "Já nessa época", escreve Fukuyama, "Hegel viu [...] a vitória dos ideais da Revolução Francesa e a iminente universalização do Estado incorporando os princípios da democracia liberal". Fukuyama era da opinião de que "o mundo atual parece confirmar que os princípios fundamentais da organização sociopolítica não haviam avançado muito desde 1806".

Como Fukuyama reconhece, a filosofia de Hegel, especialmente da maneira como foi interpretada pelo filósofo marxista nascido na Rússia e burocrata francês Alexandre Kojève, foi a principal inspiração teórica para O Fim da História?. O que quer que ainda possa ser dito da filosofia de Hegel, ou de sua interpretação por Kojève, não pode haver dúvida de que isso demanda uma visão do mundo extraordinariamente racional. Nas famosas conferências que ele proferiu na década de 1930 sobre o primeiro livro de Hegel, *Fenomenologia do Espírito*, Kojève nos conta que a História "não pode ser *verdadeiramente* entendida sem a *Fenomenologia*", e, além disso, que "há História *porque* há filosofia e *para que* possa haver Filosofia".[1] Para aqueles menos

---

[1] Kojève (1902-1968) foi muito influente, não apenas como filósofo, mas também como membro do Ministério de Economia e Finanças francês. Implacavelmente antiamericano, ele sonhou com um Império Latinoamericano ressurgente. Ele foi crucial na formação da Comunidade Econômica Europeia e encorajou De Gaulle a bloquear a associação inglesa à CEE. Kojève impressionou quase todos com quem entrou em contato. Allan Bloom descreveu-o como "o homem mais brilhante que já conheci". Raymond Aron o considerava "mais inteligente que Sartre". Kojève uma vez descreveu a si mesmo como um "stalinista estrito". Ele estava falando sério.

persuadidos da importância determinante da filosofia nas relações humanas, tais afirmações podem ajudar a explicar por que Hegel, no prefácio da *Fenomenologia*, deveria ter definido "o verdadeiro" como *der bacchantische Taumel, an dem kein Glied nicht trunken ist*: "o turbilhão báquico no qual não há membro que não esteja bêbado". Embriaguez de algum tipo, em alguma medida, pareceria desejável quando se entra em águas tão inebriantes.

De forma curiosa, a atitude de Fukuyama com respeito ao fim da História é profundamente ambivalente. Por um lado, fiel hegeliano que é, ele vê isso como o triunfo final da liberdade. Ele fala de nações ou partes do mundo que ainda estão "presos na história" ou "atolados na história", como se a residência no domínio da história fosse algo que cabe a nós mudar. Por outro lado, ele antevê que "o fim da história será um tempo muito triste", em parte porque ele acredita que as coisas que uma vez evocaram "audácia, coragem, imaginação e idealismo serão substituídas por cálculos econômicos", e em parte porque "no período pós-histórico não haverá arte nem filosofia, apenas a perpétua administração do museu da história humana". Assim, ele confessa "uma poderosa nostalgia pelo tempo em que a história existiu" e ainda sugere que o prospecto do infindável tédio que espera a humanidade "após" a História pode "servir para começar a história mais uma vez".

Quando nos voltamos à elaboração da tese de Fukuyama em *O Fim da História e o Último Homem* (1992), percebemos que ele coletou diversas salvaguardas e qualificações cuidadosas para cercar as ideias que ele levou adiante em *O Fim da História?*. Por exemplo, ele continua a insistir que tem havido "um padrão evolucionário comum para *todas* as sociedades humanas – em resumo, algo como uma

---

Como foi revelado em 1999, Kojève foi um espião soviético por quase trinta anos. Como Daniel Johnson relatou no *Daily Telegraph* de Londres, esse "milagroso mandarim se revela ter sido uma toupeira malévola. Ninguém à sua altura jamais fora exposto como um traidor nessa escala antes".

História Universal da humanidade em direção à democracia liberal". Mas em vez de apresentar essa História Universal como o registro de uma inelutável dialética, ele passa a admitir que isso é "simplesmente uma ferramenta intelectual". No início de O Fim da História e o Último Homem, Fukuyama repete sua afirmação de que

> Não podemos conceber um mundo que é *essencialmente* diferente do mundo presente e, ao mesmo tempo, melhor. Outras eras menos reflexivas também pensaram sobre si como sendo a melhor, mas nós chegamos a essa conclusão esgotados, por assim dizer, com a busca de alternativas as quais nós sentimos que *tinham* de ser melhores que a democracia liberal.

Mas no final do seu livro, ele hesita, sugerindo que os sinais do progresso necessário – os sinais de que o "trem de vagão" da história está se movendo na direção certa, de que os vagões condutores estão de fato alcançando seu destino – são "provisoriamente inconclusivos". A resposta generosa para tais tensões é que elas tornam a discussão de Fukuyama mais rica e nuançada; a resposta cética é que, numa tentativa de responder a seus críticos, ele se tornou suscetível à acusação de inconsistência em questões fundamentais.

No início do livro, Fukuyama afirma que O Fim da História não é simplesmente uma reafirmação de seu famoso artigo. Talvez, então, devêssemos considerá-lo como uma reapresentação e continuação das ideias articuladas em O Fim da História?. Dividido em quatro partes e contendo cerca de trinta capítulos, o livro apresenta de forma meticulosa o argumento de que a história possui uma estrutura e direção, que a direção é para cima, e que nós, no Oeste liberal, ocupamos o topo do edifício histórico. O que há de novo é um monte de discussões filosóficas pormenorizadas. Fukuyama fornece uma síntese das especulações de Platão sobre a origem do nosso senso de honra e de remorso, assim como uma longa discussão sobre a famosa dialética do mestre e do escravo na *Fenomenologia* de Hegel. Seguindo Hegel, ele apresenta a "luta por reconhecimento" como o "anseio" que impulsiona a história, e conclui que a democracia liberal oferece a satisfação mais completa e racional possível daquele anseio. A última parte do livro é essencialmente uma meditação sobre a sua afirmação de que o fim da história será "um tempo muito triste". Fukuyama está particularmente preocupado com que as satisfações de viver no fim da história deixem a humanidade tão estúpida e complacente que sua vida espiritual vai atrofiar e ela vai se encontrar transformada em uma criatura flácida, o "último homem" de Nietzsche, descrito em *Assim Falou Zaratustra* como "o homem mais desprezível" o qual "não é mais capaz de se desprezar".

Como o artigo que o antecedeu, *O Fim da História* também fornece duas visões do mundo bem diferentes. De um lado nós temos o Fukuyama analista político e conservador, comentando em prosa leve e bem informada sobre o estado do mundo. Esse cavalheiro é obstinado, irônico, e lança mão de uma retórica dispensável mas discretamente espirituosa. "Na América de hoje", ele escreve, "nos sentimos no direito de criticar os hábitos de fumo de outra pessoa, mas não suas crenças religiosas ou seu comportamento moral". Além do mais, Fukuyama reconhece que, quer estejamos no fim da História ou não, nada aconteceu para cancelar a necessidade de vigilância de uma nação: "Nenhum Estado que valorize sua independência", ele insiste, "pode ignorar a necessidade de modernização defensiva". De fato, pode-se imaginar que ele assentiria com entusiasmo à sábia observação do comentarista militar romano Flávio Vegécio: *si vis pacem, para bellum* ("se você quer paz, se prepare para a guerra"). Não se fica surpreso ao descobrir, na capa do livro, citações elogiosas de figuras tão bem conhecidas como Charles Krauthammer, George F. Will e Eduard Shevardnadze.

Do outro lado nós temos o Fukuyama filósofo, muito erudito, profundamente comprometido com uma visão neo-hegeliana do processo histórico. Este Fukuyama parece apresentar um estoque maior de ideias do que de fatos (de fato, suspeita-se que ele desdenharia a distinção entre ideias e fatos como um constructo artificial). Ele fala frequentemente sobre "o motor" ou "direcionamento" da história, "contradições internas" que devem ser superadas e "a completa ausência de alternativas *teóricas* coerentes para a democracia liberal". Ele ainda sugere que "a presente forma de organização social e política é *completamente satisfatória* para os seres humanos em suas características mais essenciais". Não está completamente claro o que o Sr. Fukuyama tem a dizer a cada um, ainda que sua coabitação claramente funcione como uma cópia sensacional.

Nós saudamos o Fukuyama 1; quanto ao Fukuyama 2, entretanto, temos graves reservas, notavelmente por causa do perigo que suas ideias representam para seu gêmeo mais sensato.

Como a maior parte das construções que tentam explicar o mundo inventadas pela humanidade, a dialética de Hegel atua como uma gatária[2] em almas suscetíveis. Uma vez que se é seduzido, tudo parece maravilhosamente claro e, acima de tudo, *necessário*: todas as questões importantes foram respondidas de antemão, e a única tarefa real é aplicar o método para acabar com a desfavorável desordem da realidade. Isso é muito empolgante. "Todas as questões realmente grandes", conforme Fukuyama escreve em seu prefácio, "já foram colocadas." Mas o problema com tais constructos é que eles isolam seus adeptos da realidade empírica: desde que tudo se desdobra "necessariamente" de acordo com um plano preestabelecido, nada do que meramente *acontece* no mundo pode alterar o itinerário. Como o filósofo Leszek Kolakowski observou em seu livro *Religion: If There Is No God*,

> Reduções monistas[3] na antropologia geral ou "historiosofia" são sempre bem-sucedidas e convincentes: um hegeliano, um freudiano, um marxista e um adleriano estão, cada qual, a salvo da refutação desde

---

[2] Planta também conhecida como erva-dos-gatos, por seu efeito de atração sobre os gatos. (N. T.)

[3] Monismo: doutrina ou teoria segundo a qual há unidade das forças da natureza, e a realidade se reduz a um princípio único. (N. T.)

que ele esteja consistentemente murado em seu dogma e não tente suavizá-lo ou fazer concessões ao bom senso; seu dispositivo explanatório funcionará para sempre.

O que se ganha é uma explicação; o que se perde é a verdade. Há boas razões – que vão do aparecimento do multiculturalismo ao país que um dia se conheceu com o nome de Iugoslávia – para acreditar que o que nós estamos testemunhando hoje não é a consolidação final da democracia liberal, mas o nascimento de um novo tribalismo. Para aqueles comprometidos com o fim da História, no entanto, é simplesmente que "a vitória do liberalismo ocorreu primeiro no campo das ideias ou da consciência e ainda está incompleta no mundo real ou material".

Dentre os desagradáveis efeitos colaterais da adesão a tais doutrinas está o hábito da arrogância intelectual. Hegel oferece o caso supremo na questão. Sobre sua "firme e invencível fé em que há Razão na história", por exemplo, o filósofo nos assegura que sua fé "não é um pressuposto de estudo; ela é um *resultado* que me é conhecido porque eu já sei o todo". É animador possuir conhecimento "do todo", é claro, mas um pouco intimidador para o resto de nós. Não surpreendentemente, tal arrogância também se expressa sobre doutrinas concorrentes. Assim, encontramos Fukuyama suplementando Hegel com Nietzsche e explicando que "o problema com o cristianismo [...] é que ele permanece apenas como outra ideologia escrava, isto é, não é verdadeiro em certos aspectos cruciais". Como é gratificante poder resumir toda o cristianismo e arquivá-lo como um exemplo da imaturidade espiritual da humanidade!

Talvez o problema mais óbvio com a filosofia da história de Hegel seja que a "necessária" liberdade que seu sistema ordena pode se parecer bastante com falta de liberdade para qualquer um que discorde de seus preceitos. Como o filósofo alemão Hans Blumenberg observou, "se houvesse um imanente objetivo final da história, então aqueles que acreditam conhecê-lo e afirmam promover sua realização poderiam ser legitimados por usar todos os outros que não o sabem [...] como meros meios". O século XX nos familiarizou, de forma assustadoramente sofisticada e pormenorizada, com o que acontece quando pessoas são tratadas como "momentos" numa dialética impessoal. Vemo-nos numa situação em que a "verdadeira liberdade", como Hegel coloca, demanda a "subjugação da vontade meramente contingente". Não é surpreendente que Leszek Kolakowski, escrevendo sobre Hegel em *Main Currents of Marxism*, concluísse afirmando que "no sistema hegeliano, a humanidade se torna o que é, ou alcança a unidade consigo, apenas por deixar de ser humanidade". Mais uma vez, o contraste com o cristianismo é esclarecedor. O bom cristão também acredita que a liberdade consiste na "subjugação da vontade meramente contingente". Mas ele se esforça para agir não de acordo com "a ideia", como formulado por um filósofo alemão do século XIX, mas de acordo com a vontade de Deus. Além disso, enquanto Hegel insiste que com a formulação da sua filosofia "a antítese entre a vontade universal e a individual foi removida", a cristandade teve a boa educação de atribuir um grande torrão de inescrutabilidade à vontade de Deus. Recusando-se a sobrecarregar a humanidade com a "liberdade necessária", a cristandade preserva um grande domínio para o exercício da liberdade individual na vida cotidiana.

O compromisso de Fukuyama para com a dialética hegeliana o leva a fazer algumas estranhas inversões. No início do seu livro, ele observa que "é possível falar de progresso histórico apenas quando se sabe para onde a humanidade está indo". Mas é assim? Não é preferível, para discernir o progresso, que se se saiba onde a humanidade *esteve*, e não para onde está indo? E em todo caso, em quem devemos confiar para obter informações acuradas sobre aonde a humanidade está indo? Seria G. W. F. Hegel, com toda sua genialidade, realmente um guia confiável? E Fukuyama? Não: a história, um singelo relato de como o homem viveu e sofreu, é o que precisamos para declarar o progresso; não precisamos de profecia.

É importante ressaltar que a questão não é se a humanidade progrediu ao longo do milênio. Certamente o fez. As exatas natureza e extensão do progresso podem ser medidas de diversas formas. O progresso material da humanidade tem sido impressionante, especialmente nos últimos duzentos anos. O mesmo ocorreu com relação ao progresso político da humanidade, apesar das tiranias e despotismos que permanecem. Como Fukuyama aponta, em 1790 havia apenas 3 democracias liberais no mundo: os Estados Unidos, a França e a Suíça. Por volta de 1990 havia 61. Isso é um progresso notável. Mas é também um progresso *contingente*, reversível pelos mesmos meios que o realizaram em primeiro lugar: os esforços de homens e mulheres individuais.

De fato, um dos maiores desastres do sistema de Hegel é todo o campo da iniciativa individual. Fukuyama disse que "no período pós-histórico não haverá nem arte, nem filosofia", precisamente porque no fim da História nada resta para aquelas disciplinas realizarem. Mas com muita frequência, mesmo antes de Hegel, esse fim já foi proclamado. Gilbert Murray, em *The Classical Tradition in Poetry*, lembrou que lhe contaram que "um dos primeiros poemas desenterrados na Babilônia contém um lamento de que todos os assuntos adequados para a literatura já se esgotaram". E justamente na época em que Hegel proclamava o fim da História, encontramos o pintor francês Eugène Delacroix observando que "exatamente aqueles que acreditam que tudo já foi dito e feito vão cumprimentá-lo como novo e ainda vão fechar a porta por trás de você. E então eles dirão novamente que tudo já foi feito e dito".

Também vale notar, como o filósofo Davi Stove apontou em sua resposta ao artigo original de Fukuyama, que

> a mistura que Fukuyama espera que congele a história para sempre – uma combinação de valores iluministas com o livre mercado – é verdadeiramente uma das mais explosivas misturas conhecidas pelo homem. Fukuyama pensa que nada jamais acontecerá novamente porque uma

mistura como aquela de petróleo, ar e fósforos acesos é difundida e se propaga extensamente. Bem, Woodrow Wilson pensava o mesmo; mas é uma visão bem estranha de mundo, para dizer o mínimo.

Um dos problemas morais mais sérios com relação à ideia de fim da História é que ela implacavelmente transforma tudo o que está fora do campo de atuação da teoria em um "acidente" ou exceção histórica, privando-o de significância moral. O sistema de Hegel nos mostra o que *deve* acontecer; o que realmente ocorre acaba por não importar tanto. Fukuyama admite que "nós não temos garantias" de que o futuro não irá produzir mais Hitlers ou Pol Pots. Mas na sua visão, o mal (por exemplo, o mal que produziu o Holocausto), "pode desacelerar, mas não descarrilar a locomotiva da História". Mais: "No final do século XX", ele escreve, "Hitler e Stálin aparentarão ser trilhas da história que levaram a becos sem saída, e não que levaram a alternativas reais para a organização social humana". Mas o que isso pode significar? O terremoto de 1755 em Lisboa foi a tragédia que inspirou *Cândido, ou o Otimismo*, o ataque de Voltaire à sentença de Leibniz de que o nosso mundo era necessariamente "o melhor de todos os mundos possíveis". Em que paraíso filosófico alguém precisa habitar para olhar o curso da história desde 1806 como a reprise de uma sinfonia completa? Até que ponto devemos confiar em uma "História Universal" que despreza a conflagração de duas guerras mundiais e a indescritível tirania de Hitler e Stálin como "atalhos" epifenomênicos? Eu sugiro que qualquer teoria que considere a Segunda Guerra Mundial como um desvio momentâneo no caminho da liberdade necessita ser seriamente reconsiderada.

Se a lealdade de Fukuyama para com Hegel é por si só problemática, também o é, muitas vezes, sua interpretação dos ensinamentos de Hegel. Pois não está de todo claro que Hegel foi um defensor de qualquer coisa parecida com o que nós chamamos de democracia liberal. Fukuyama lamenta que as pessoas tenham rotulado Hegel como "um reacionário apologista da monarquia prussiana, um precursor do totalitarismo do século XX, e [...] um metafísico de difícil leitura". Vamos admitir que a parte sobre o totalitarismo é discutível. E quanto ao resto? Ninguém dará a Hegel um prêmio por prosa inteligível. Talvez, como diz Fukuyama, Hegel tenha sido por excelência o "filósofo da liberdade". Talvez. Certamente ele falou muitíssimo sobre liberdade. Ele gostava, por exemplo, de afirmar que "a História do Mundo não é nada além do progresso da consciência de Liberdade". Devemos certamente esperar que essa noção console as multidões às quais a dialética confiou o desconfortável (mas, infelizmente, necessário) papel de privação de liberdade na história cotidiana na qual todos nós apenas sobrevivemos.

Mas democracia liberal? Não há dúvida de que ela foi um daqueles afortunados golpes de sorte, um exemplo de vida imitando a arte: ainda assim, é notável que "*o mundo germânico*" do século XIX deva emergir como o apogeu do sistema de Hegel, *primus inter impares* "daquelas nações às quais o espírito do mundo conferiu seu verdadeiro princípio". *Mirabile visu*, a conveniência mais uma vez zomba facilmente da necessidade. Mas pergunto: foi a Prússia de Hegel, a Prússia de Metternich, de Friedrich Wilhelm III, et al., uma "democracia liberal"? Hegel acreditava nisso? Sem dúvida Fukuyama está certo de que para ter uma democracia liberal, o povo deve ser soberano. Mas em *Filosofia do Direito* Hegel parece pensar que o soberano deve ser soberano. "O monarca", ele nos conta, é "o ápice absoluto de um estado organicamente desenvolvido", "a autodeterminação infundada na qual a finalidade da decisão está enraizada", etc. Ele diz, além disso, que a monarquia constitucional como vemos na... oh, bem, na Prússia do século XIX, por exemplo, é "a façanha do mundo moderno, um mundo no qual a Ideia substancial ganhou a forma infinita". Em outras palavras, Hegel gosta disso.

Ou ao menos ele *parece* gostar disso. Em uma nota de rodapé, Fukuyama admite que Hegel apoiou abertamente a monarquia prussiana. No entanto, ele sustenta que "longe de justificar a monarquia prussiana de seu tempo", a discussão de Hegel em *Filosofia do Direito* "pode ser lida como uma crítica abstrata de aplicação inquestionável". Presumivelmente, é por virtude de algo como "crítica abstrata" que Hegel, defensor do Estado prussiano, se torna – *realmente, essencialmente* – um entusiasta do "Estado homogêneo universal" de Kojève, também conhecido como democracia liberal. É um bom trabalho, se você puder entendê-lo.

Talvez também seja importante apontar uma curiosa inconsistência no relato de Fukuyama sobre o fim da História. Se, como na frase célebre de Hegel, "o real é o racional, e o racional é o real", como podemos entender a "inconclusividade provisória" de Fukuyama? De fato, como podemos entender sua sugestão de que a nostalgia, ou o enfado, ou a maldade poderiam "reiniciar" a história? Seria a mera nostalgia compatível com os imperativos da História? Pode o enfado questionar "a caminhada de Deus pelo mundo", como Hegel uma vez descreveu o processo da história? Se o fim da História é uma necessidade lógica e metafísica, como poderemos entender as hesitações de Fukuyama? De fato, sua ambivalência confere muita vivacidade ao livro, pois fornece apenas uma fresta através da qual a realidade pode entrar. Mas considerado em seus próprios – ou seja, os de Hegel – termos, Fukuyama decepcionaria como dialético.

É escusado dizer que nenhuma dessas críticas intencionou negar que o sistema hegeliano possui um tremendo apelo *estético*. O grande drama de lutar incondicionalmente para alcançar o autoconhecimento perfeito na história: é um imponente conto de mil e uma noites para aqueles com tendência a filosofar. A pergunta inconveniente é apenas se a história que ele conta é verdadeira. Talvez, como Kierkegaard sugeriu, Hegel tenha sido um homem que construiu um palácio, mas viveu em suas masmorras.

O hábito de Fukuyama de construir palácios se revela numa resposta às críticas que ele publicou na edição de inverno de 1989-1990 da *The National Interest*. "Para refutar minha hipótese", ele escreve, "não é suficiente sugerir que o futuro guarda grandes e significativos acontecimentos. Ter-se-ia de mostrar que esses acontecimentos foram conduzidos por uma ideia sistemática de justiça política e social que reivindicava suplantar o liberalismo." Mas esse seria o caso apenas se se pudesse garantir a premissa de Fukuyama – de que possuímos uma "ideia sistemática de justiça política e social". A rigor, pode ser que precisemos não de uma teoria melhor, mas de menos teoria.

Nesse respeito, como possivelmente em outros, um bom antídoto para a máquina de demolição hegeliana seja a moderada doutrina do filósofo americano nascido na Espanha George Santayana. Em *Character and Opinion in the United States* (1920), Santayana faz uma distinção entre a "liberdade inglesa", que é "vaga", "reticente", e envolve "compromisso perpétuo"; e a "liberdade absoluta", que ele descreve como "um desafio insensato lançado por um inseto zumbindo contra o universo". "Ao final", sugere Santayana, "adaptação ao mundo como um todo, onde tanta coisa é oculta e inteligível, só é possível aos poucos, tateando com genuína indeterminação em objetivos pessoais" – ou seja, rejeitando as enfatuadas promessas de liberdade absoluta em detrimento de satisfações mais modestas de liberdade local. Para o partidário da dialética hegeliana ou qualquer outro "programa fixo, ou, como ele talvez chame isso, um ideal", essa capitulação para a incerteza irá sem dúvida parecer estranha. Mas o príncipe dinamarquês estava certo: "Há mais coisas no céu e na terra, Horácio, do que sonha a tua filosofia".

Capítulo 16 | Joseph Pieper: Ócio e seus Dissabores

O primeiro princípio de toda ação é o ócio. Ambos são necessários, mas o ócio é melhor que a ocupação e é o seu fim; e, portanto, deve-se perguntar: o que devemos fazer durante o ócio?

— *Aristóteles*, Política

O pobre, o sujo, o falso, podem o amor
Acolher, mas não o homem ocupado.

— *John Donne*, "Breake of Day"

Nem plenitude nem vazio. Apenas um bruxuleio
Sobre faces tensas repuxadas pelo tempo
Distraídas da distração pela distração
Cheias de fantasmagorias e ermas de sentido
Túmida apatia sem concentração

— *T. S. Eliot*, Quatro Quartetos

Pode-se aprender muito sobre uma cultura a partir das palavras e ideias que ela empurra a uma aposentadoria precoce. Nossa própria era é rica em tal jubilação conceitual, como qualquer pessoa que tenha meditado sobre as carreiras de termos como "desinteressado", "varonil", "respeitável" ou "virtuoso" (para selecionar apenas quatro) o sabe bem. Um dos maiores infortúnios resultantes dessa política de aposentadoria prematura envolve a palavra "ócio", uma ideia que para os gregos e para os doutores da Igreja foi inextricavelmente vinculada às maiores aspirações da humanidade. Para Platão, Aristóteles e Aquino, nós vivemos mais plenamente quando estamos mais plenamente no ócio. Ócio – a palavra grega é *skholē*, de onde vem nossa palavra "escola" – significa o oposto de "inatividade". Ócio nesse sentido não é preguiça, mas atividade empreendida para seu próprio bem: filosofia, deleite estético e culto religioso são modelos. É significativo que tanto em grego quanto em latim as palavras para ócio – *skholē* e *otium* – são positivas, enquanto os termos correspondentes a "ocupação" – *askholía* e *negotium* (de onde vem "negociar") – são negativas: *não* em lazer, isto é, atarefado, ocupado, comprometido. E para nós? É claro, nós ainda temos a *palavra* "ócio". Mas ela vive em uma pálida, dissecada forma, uma sombra de seu antigo eu. Pense por exemplo na frase – e no odioso objeto que ela nomeia – "roupa de lazer": ela vai muito longe ao resumir o infeliz destino do ócio na nossa sociedade.

À primeira vista, pode parecer estranho que o ócio sobreviva predominantemente em uma forma tão degradada. Apesar de tudo, os Estados Unidos e a Europa Ocidental nunca estiveram mais ricos ou mais preocupados com assuntos relacionados à "qualidade de vida". Por meio de cada medida objetiva, podemos certamente *adquirir* lazer. (A verdadeira questão é se podemos nos permitir a perdê-lo de vista.) Somos diariamente confrontados por um exército de especialistas e uma biblioteca de livros de autoajuda exortando-nos a reservar "tempo de qualidade" para nós mesmos, nossa família, nossos amigos. Que tempo poderia ser de melhor qualidade que o ócio, entendido como Aristóteles o entendeu? (O Cardeal Newman estava certo quando observou que, sobre diversos assuntos, "pensar corretamente é pensar como Aristóteles".) Mas todas essas medidas curativas servem para salientar até que ponto nossa sociedade se devota a derrotar o ócio genuíno, substituindo-o onde possível pelo mero entretenimento (o que os gregos chamavam *paidiá*, "brincadeira de criança"), e menosprezando os esforços de preservar o oásis do ócio como a indulgência perniciosa de uma elite obsoleta.

Provavelmente a meditação mais profunda sobre o significado de ócio é um pequeno livro do filósofo alemão neotomista Josef Pieper intitulado em inglês *Leisure, the Basis of Culture*. Ele consiste em dois ensaios, o texto principal, *Leisure and Worship* (em alemão, *Muße and Kult*) e *The Philosophical Act* (*Was Heißt Philosophieren? Vier Vorlesungen*), ambos escritos em 1947. Os dois foram publicados juntos em inglês em 1952, com uma introdução de T. S. Eliot. Em 1999, esse volume foi republicado pela St. Augustine's Press em uma nova tradução, com uma introdução do filósofo inglês Roger Scruton. Pieper, que morreu em novembro de 1997, aos 93 anos, é hoje praticamente esquecido. Mas nos anos 1950 e 1960 ele foi muito respeitado e exerceu considerável influência intelectual.

A introdução de Eliot a *Leisure, the Basis of Culture* – o primeiro de vários livros de Pieper publicados em inglês – é um sinal da seriedade com que ele era considerado. Outro sinal foi a recepção do livro pelos críticos. (A presente edição inclui excertos das críticas originais.) O *The Times Literary Supplement* dedicou uma resenha extensa e altamente favorável ao livro, assim como a revista *The New Statesman*. O artigo da *The Spectator* foi mais breve mas não menos elogioso: "Esses dois curtos ensaios [...] percorrem um longo caminho ao encontro de uma explicação lúcida da atual crise na civilização". O livro também mereceu amplo destaque nos Estados Unidos: críticas publicadas na *The Nation*, no *Chicago Tribune*, na *Commonweal* e no *The San Francisco Chronicle* estão aqui reproduzidas. A crítica de Allen Tate no *The New York Times Book Review* provavelmente contribuiu tanto quanto a introdução de Eliot para estimular o interesse em Pieper.

É questionável se esta nova edição irá suscitar algo comparável àquele nível de repercussão. Uma razão, é claro, é que estamos lidando com uma nova edição de um conteúdo publicado pela primeira vez há cinquenta anos. Mas uma razão mais profunda é que a perda que Pieper descreve foi mais agudamente sentida no final dos anos 1940 e no início dos anos 1950 do que é agora. Nós estamos mais longe do que nunca de uma cultura que estima o ócio genuíno. Mas a distância age como um anestésico, turvando o sentimento de perda e, portanto, a disposição do interesse.

Pieper não apenas escreveu sobre o ócio. Ele também foi um escritor cujo trabalho requer ócio (eu não falo simplesmente de "tempo livre") para ser adequadamente lido. Não que ele seja "difícil" ou excessivamente técnico. Ao contrário, Pieper escreveu com uma resplandecente simplicidade – pela primeira vez, uma genuína "simplicidade ilusória" – mas o tilintar de uma vida sem ócio nos ensurdece diante de tão discreta dignidade. Devemos parar para escutar se quisermos ouvir esses argumentos, e parar e ouvir estão entre as coisas mais difíceis de se fazer em um mundo que rejeita o ócio. A simplicidade de Pieper é a simplicidade que só se obtém com muito empenho, ao final de uma jornada intelectual. Ela é o fruto do domínio confiante, como o são *A Tempestade* ou o *Quarteto de Cordas nº 16 em Fá Maior (Opus 135)* de Beethoven. Pieper não utilizava jargões ou tecnicismos. Sua forma preferida era o longo ensaio construído com frases curtas. Seus livros – quase todos têm menos de 150 páginas – ostentam várias citações de filósofos – desde Aristóteles, Platão, Aquino, Descartes, Kant. E ainda assim, de alguma forma, eles conseguem não parecer acadêmicos.

Curiosamente, isso se deve, ao menos em parte, aos assuntos sobre os quais Pieper escreveu. Embora ele tenha escrito importantes livros sobre Platão, ele foi antes de tudo um especialista na filosofia de Tomás de Aquino. Seu *Guide to Thomas Aquinas*, por exemplo, é uma esplêndida introdução ao mundo intelectual e social habitado pelo filósofo. É verdade que Aquino nem sempre extrai clareza e simplicidade de seus comentaristas. Mas Pieper escreveu sobre ele não como um tema acadêmico, mas como alguém que tinha coisas insubstituíveis a dizer sobre as realidades moral e intelectual da vida – nossa vida. Ele consegue fazer o vocabulário de Aquino parecer a linguagem mais natural possível para se discutir o sujeito em questão. (Ele consegue o mesmo truque quando escreve sobre Platão e Aristóteles). Esse é um testemunho da habilidade retórica de Pieper, sendo a maior realização retórica a capacidade de se tornar invisível.

Isso também diz algo sobre a naturalidade das categorias que Aquino (como Aristóteles e Platão antes dele) usou para discutir questões morais. Pieper primeiro se tornou conhecido com uma série de ensaios sobre as chamadas Virtudes Cardeais – prudência, justiça, fortaleza e temperança. Esses termos – especialmente quando tomados em conjunto – podem parecer curiosamente datados para os ouvidos modernos. Contudo, em seu livro *The Four Cardinal Virtues* (1965) Pieper mostra com encantadora retidão que, por quaisquer nomes que escolhamos chamá-las, prudência, justiça, fortaleza e temperança são indispensáveis às ordinárias realidades da vida humana.

Como costuma acontecer com as coisas indispensáveis, a importância desses princípios passa despercebida até que elas entrem em colapso. Então sua centralidade entra em foco. Em *No One Could Have Known* (1979), uma autobiografia que retrata Pieper desde seu nascimento em uma pequena vila fora de Münster até 1945 e o fim da Segunda Guerra Mundial, ele relata uma deprimente história ocorrida em 1942, quando ele trabalhou como psicólogo no exército alemão. O ataque surpresa de Hitler à União Soviética pôs as tropas germânicas em plena Rússia. Pieper encontrou um jovem de dezoito anos "o qual ainda tinha a aparência de uma criança para ele". Ele vestia o uniforme de um voluntário "motorista auxiliar" e trabalhou para os nazistas atrás da linha de frente. Pieper perguntou ao garoto o que ele fazia.

> "Ultimamente não fizemos praticamente nada além de transportar judeus."
>
> Eu finjo estar confuso, sem entender. "Os judeus foram evacuados? Ou para onde você os levou?"
>
> "Não, eles foram levados para a floresta. E lá eles foram baleados."
>
> "E onde você os buscava?"
>
> "Os judeus costumavam esperar na praça do mercado. Eles pensavam que estavam sendo realocados. Eles traziam malas e pacotes com eles.

Mas eles tiveram de jogá-los em uma grande pilha. E imediatamente a milícia ucraniana ia pegar as coisas."

"E então você os levou para a floresta. Mas os tiros – contaram-lhe isso depois; isso é apenas o que você ouviu falar."

Então o garoto ficou bastante zangado em face de tanta descrença e estupidez. "Não! Eu mesmo vi isso. Eu os vi sendo baleados!"

"E o que você diz disso?"

"Oh, bem, é claro que você se sente um pouco estranho no início..."

E então?

E então, presumivelmente, a anestesia moral assume o controle e você para de pensar sobre isso. Em um sentido, o trabalho de Pieper visa a fornecer um antídoto para tal insensibilidade moral. Filosofia, é claro, é uma arma inútil contra a tirania. (Um ponto ressaltado por Stálin quando ele desdenhosamente perguntou quantas divisões o papa comandava.) Mas a filosofia não é de todo inútil quando se trata de ajudar a criar um clima moral intolerante à tirania. (O que ajuda a explicar por que se pode dizer que no fim o papa prevaleceu sobre a tirania do Comunismo.)

Não que possamos necessariamente acreditar em tudo o que se chama de filosofia. Em sua introdução à edição original de *Leisure, the Basis of Culture*, T. S. Eliot comentou sobre o amplo sentimento de que a filosofia de algum modo perdera o seu rumo – a filosofia, ele acrescentou, no "antigo significado da palavra", isto é, como uma fonte de "*discernimento* e *sabedoria*". A filosofia nesse "sentido amplo" tem sido substituída por várias especialidades técnicas, das quais o positivismo lógico era um exemplo evidente. (Em retrospecto, sugeriu Eliot, o positivismo lógico vai aparecer como "a contraparte do surrealismo: pois como o surrealismo pareceu fornecer um método de produzir trabalhos de arte com imaginação, então o positivismo lógico parece fornecer um método de filosofar sem discernimento e sabedoria".) A grande importância de Pieper era fornecer um atrativo contraexemplo. "De um modo mais geral", escreveu Eliot, "a influência [de Pieper] deveria ser no sentido de reinserir a filosofia em um lugar de proeminência, para cada pessoa educada que pensa, em vez de confiná-la em atividades abstratas que podem afetar o público apenas de forma indireta, insidiosa e, com frequência, distorcida."

Bem, Pieper forneceu o exemplo. Mas não se pode dizer que ele forneceu a influência ou a restauração que Eliot esperava. Com algumas notáveis exceções, a filosofia – ou a atividade que, na universidade, atualmente, emprega este pseudônimo – é hoje tão empobrecida e se perde em tantas especializações inúteis quanto na época em que Eliot escreveu, há 45 anos. Isso ocorre, talvez, se não por outro motivo além desse, porque existem hoje, em comparação com aquela época, muito mais pessoas se autodenominando filósofos. O positivismo lógico foi estéril. Mas ao menos fazia sentido. Exemplos provam pouco, é claro, já que no domínio das atividades humanas nunca há escassez de absurdidade. No entanto, nos diz *algo* sobre o atual estado da filosofia o fato de Gilles Deleuze e Félix Guattari, dois filósofos franceses muito idolatrados, terem escrito um livro chamado O *Que É Filosofia?* (1991), no qual aprendemos que

> conceitos filosóficos são unidades fragmentárias não alinhadas umas com as outras de forma que se encaixem, porque suas extremidades não se inserem umas nas outras. Não são peças de um jogo de quebra-cabeça mas antes o resultado do lançamento de dados. Eles repercutem, contudo, e a filosofia que os cria sempre introduz um poderoso Inteiro que, enquanto permanece aberto, não está fragmentado: um ilimitado Um-Todo, e "Omnitudo" que inclui todos os conceitos em um e mesmo plano.

O que significa... o quê? Talvez, como os Srs. Deleuze e Guattari nos contam um pouco adiante, "se a filosofia é reterritorializada no conceito, ela não encontra a condição para isso no formato presente do Estado democrático ou em um *cogito* de comunicação que é ainda mais dúbio que aquele de reflexão". Ou talvez isso seja apenas um contrassenso sinistro.

Se Pieper está certo, a atual confusão da filosofia não deveria causar surpresa. Pois a filosofia nesse "sentido mais amplo" da qual Eliot falou (e que Aristóteles famosamente observou no início de *Metafísica*) depende do ócio. A filosofia nesse sentido não é primariamente um modo de análise, mas uma atitude de abertura: é "teorética" no sentido original de *theōrētikos*: ou seja, uma atitude contemplativa de observar. É uma das várias ironias da vida acadêmica contemporânea que o que é chamado de "teoria" atualmente signifique mais ou menos o oposto do que a palavra *theōría* significava para os gregos. Para qualquer respeitável praticante das mais convencionais formas de crítica literária, a "teoria" envolve a proposital imposição das ideias de um autor sobre a realidade. Em seu sentido original, entretanto, a teoria indicava uma paciente receptividade *para* a realidade. Nesse sentido, a filosofia, a atividade teorética por excelência, não apenas depende do ócio, mas é também a realização ou o fim do ócio. Em consequência disso, a supressão do ócio naturalmente leva à perversão da filosofia.

Isso também leva à perversão da cultura, pelo menos na medida em que cultura é entendida não como um dado antropológico, mas como o repositório do autoentendimento espiritual da humanidade: "O melhor", nas palavras de Matthew Arnold, "que se passou e se disse no mundo". O ócio garante a integridade da alta cultura, sua libertação do ciclo sem fim de meios e fins que determina a vida diária. Foi um grande feito de Pieper entender a profunda conexão entre ócio e liberdade espiritual. "Com espantosa brevidade", Roger Scruton observa em sua introdução, "ele extrai da ideia de ócio não apenas uma teoria de cultura e sua significância, não apenas uma teologia natural para nossos tempos desencantados, mas também uma filosofia da filosofia – um cálculo do que a filosofia pode fazer por nós [...] em um mundo onde a ciência e a tecnologia têm tentado usurpar o comando divino."

É claro que há vários obstáculos. Por um lado, conforme nota Scruton, "o ócio tem tido uma má publicidade. Para o puritano ele é uma fonte de vício; para o igualitarista, um sinal de privilégio". Há também o problema de simples pragmatismo. Se "maximizar os lucros" é um tipo de imperativo categórico, como pode o lazer – genuíno ócio, não apenas férias periódicas do trabalho – ser justificado? Qual é o uso de algo que é confessamente inútil?

Defender o ócio é sempre uma tarefa audaciosa. Ela foi particularmente audaciosa em 1947, quando uma Alemanha devastada pela guerra desesperava-se tentando remendar seu assolado tecido físico e moral. Especialmente em tempos assim, o ócio é suscetível de ser visto como um luxo, uma indulgência dispensável que desvia do necessário trabalho iminente. Pieper admite a força dessa objeção. "Estamos comprometidos com a reconstrução de uma casa, e nossas mãos estão ocupadas. Não deveriam todos os nossos esforços estar direcionados a nada além da conclusão da nossa casa?" A resposta é que a tarefa de construir ou reconstruir nunca é meramente um problema de engenharia. Se o fosse, a vida humana poderia, da mesma forma, ser reduzida a um problema de criação de animais. Algo mais é necessário: uma visão de sociedade, da vocação da humanidade. E a preservação daquela visão está intimamente ligada com a preservação do ócio. Mesmo em um tempo emergencial como o que a Europa enfrentou depois da Segunda Guerra Mundial – talvez especialmente em tais tempos – a tarefa de reconstruir requer um hiato no qual possamos confrontar e reafirmar nossa humanidade. O nome desse hiato é ócio. "Construir nossa casa", Pieper escreve, "implica não apenas assegurar a sobrevivência, mas também colocar novamente em ordem toda a nossa herança moral e intelectual. E antes que qualquer plano detalhado nessas linhas possa prosperar, nosso novo começo, nossa refundação, conclama à defesa do ócio."

Não estamos agora no estado de urgência da Europa no final dos anos 1940. Porém mais do que nunca, vivemos em um mundo governado por demandas de produtividade, as demandas do trabalho. Cada empreendimento humano está cada vez mais sujeito ao escrutínio do balancete. "Descanso", férias, "pausas" são necessidades conhecidas, mas apenas como lamentáveis requisitos da produtividade continuada. Consequentemente, "tempo livre", não importa quão vasto, não é uma alternativa de ócio ao trabalho, mas sua diastólica continuação. O mundo está cada vez mais "racionalizado", como o sociólogo Max Weber colocou, cada vez mais organizado para maximizar os lucros e minimizar o ócio genuíno. Agora, ainda mais do que quando Pieper escreveu, enfrentamos a perspectiva de uma "cultura do 'trabalho total' sem lazer", um mundo que exclui a ideia tradicional de ócio *em princípio*. Pieper encontrou o perfeito lema para essa atitude em uma passagem citada por Weber em *A Ética Protestante e o Espírito do Capitalismo*: "Não se trabalha apenas para viver, mas se vive por causa do seu trabalho, e se não há mais trabalho a fazer se sofre ou vai dormir". Isso é parte da tarefa de Pieper de nos mostrar como a atitude implícita nessa crença "coloca a ordem das coisas de cabeça para baixo".

Essa é uma medida do quão longe o imperativo do "trabalho total" tomou conta de nós, a ponto de o ideal oposto, clássico e medieval – segundo o qual, na frase de Aristóteles, nós trabalhamos para poder estar em ócio –, parecer ininteligível ou ainda vagamente imoral. Até mesmo a atividade puramente intelectual é rebatizada como "trabalho" para resgatá-la de uma vergonhosa carga de ociosidade. A imagem do "trabalho intelectual" e do "trabalhador intelectual" nos apresenta a visão de um mundo cujo ideal é a ocupação. René Descartes prometeu que, ao usar seu método científico, o homem poderia fazer de si o "mestre e possuidor da natureza". Três séculos de progresso científico e tecnológico fizeram muito para provar que Descartes estava certo. A pergunta de Pieper é o que acontece quando aquele modelo tecnológico de conhecimento é tomado como definitivo para todo o conhecimento humano. Apresentados a uma rosa, podemos observá-la e estudá-la, ou podemos apenas olhar e admirar sua beleza. Para o trabalhador intelectual, apenas a primeira dessas opções é realmente legítima. Admirar é "uma perda de tempo". Isso não produz nada, nem traz uma maior compreensão acerca do que quer que seja. Nesse contexto, talvez seja válido notar que Descartes esperava explicar extravagantes fenômenos naturais, como os meteoros e os relâmpagos, de tal forma que "não se terá mais ocasião de admirar nada do que é visto". Longe de ser um prelúdio do discernimento, admirar, para Descartes, era um impeditivo à tecnologia do conhecimento.

É claro, nós não gostaríamos de abrir mão das bênçãos extraordinárias daquela tecnologia. Vivemos em um mundo profundamente formado pelo imperativo cartesiano, e a primeira resposta a qualquer pessoa sã deveria ser "Graças a Deus por isso". Mas nossa primeira resposta não precisaria ser nossa única resposta. O ponto de Pieper é que o conhecimento discursivo – conhecimento cuja finalidade é análise, manipulação e reconstrução da realidade – não é o único modelo de conhecimento humano. A palavra "discursivo", ele assinala, sugere uma ocupação, um "correr para lá e para cá" (do Latim, *dis-currere*). Tal conhecimento – "investigar, articular, juntar, comparar, distinguir, abstrair, deduzir, provar" – nos dá poder sobre o mundo. Mas não diz nada sobre nossa vocação no mundo. O *simplex intuitus*, o "simples olhar" (*in-tueri*: olhar para), que o ócio fornece nos chama a atenção não para nosso poder sobre a realidade, mas para nossa definitiva dependência de iniciativas além do nosso controle. Assim, o ócio é uma abertura para a realidade e uma afirmação do mistério, de "não ser capaz de compreender" o que cada um observa. "Conhecimento humano", escreve Pieper, "tem um elemento do não ativo, do olhar puramente receptivo, que não está lá em virtude de nossa humanidade como tal, mas em virtude de uma transcendência sobre o que é humano, mas que é realmente a mais alta realização do que é ser humano, e é portanto 'verdadeiramente humano' afinal." Ambos os lados são necessários se quisermos reafirmar nossa humanidade plenamente.

O conhecimento nesse sentido (como vimos anteriormente com E. R. Curtius) é uma "interação mútua entre *ratio* e *intellectus*", entre razão discursiva e intuição receptiva.

Uma das ironias do que Pieper chama de o "mundo do trabalho total" é que, embora ele subscreva nosso controle objetivo *do* mundo, ele também insinua um corrosivo subjetivismo e relativismo na nossa atitude *para com* o mundo. "O outro lado, oculto, da mesma sentença [...] é a afirmação *feita pelo* homem: se conhecer é trabalhar, exclusivamente trabalhar, então aquele que conhece, conhece apenas o fruto da sua atividade subjetiva e nada mais. Não há nada em seu conhecimento que não seja fruto de seus próprios esforços; não há nada 'recebido' nele." O aspecto moral dessa recusa é um tipo de impermeabilidade espiritual, "a dura qualidade de *não ser capaz de receber*; um endurecimento do coração que não tolerará qualquer resistência". Ao final, é como Humpty Dumpty em *Alice Através do Espelho*:

> "A questão é", disse Alice, "se você *pode* fazer as palavras significarem tantas coisas diferentes".
>
> "A questão é", disse Humpty Dumpty, "o que é ser mestre – isso é tudo."

Como essa história nos lembra, impermeabilidade não é garantia de invulnerabilidade.

Vale notar que o argumento de Pieper em apoio ao ócio não é um ataque ao trabalho como tal. "O que é normal", ele reconhece,

> é trabalho, e o dia normal é o dia de trabalho. Mas a questão é esta: pode o mundo dos homens se exaurir por ser o "mundo do trabalho"? Pode um ser humano se satisfazer em ser um funcionário, um "trabalhador"? Pode a existência humana ser preenchida por ser exclusivamente uma existência de trabalho diário? Ou, para colocar de outro modo, a partir da direção oposta, por assim dizer: há coisas tais como artes liberais?

Em *The Idea of a University,* Pieper assinala, Newman sugestivamente traduz *artes liberales* como "conhecimento possuído por um cavalheiro", quer dizer, conhecimento nascido do ócio. Um bom indício da situação espiritual que Pieper descreve é o colapso generalizado das artes liberais em nossa sociedade. Mais e mais, as chamadas instituições de artes liberais são na verdade escolas vocacionais, na melhor das hipóteses (na pior, elas são circos de narcisismo); o *skholē*, o ócio, foi efetivamente drenado da escola como "treinamento profissional" – este é tomado como a única justificativa para a educação.

Novamente, Pieper não questiona a importância do treinamento. Não podemos viver sem "as artes úteis" – medicina, advocacia, economia, biologia, física: todas essas disciplinas relacionadas com os "propósitos que existem independentemente deles mesmos". A questão é apenas se elas exauriram o significado de educação. "Educação" é sinônimo de treinamento? Ou há uma dimensão do aprendizado que é empreendida não para vantagens negociais no mundo, mas puramente por seu próprio bem? "Para traduzir a questão em linguagem corrente", escreve Pieper, "soaria algo como isto: ainda há alguma área da ação humana, ou existência humana como tal, que não tenha sua justificação em ser parte de um maquinário de um 'planejamento de cinco anos'? Há ou não algo desse tipo?".

Responder que sim é afirmar o campo do ócio. É afirmar o valor da inutilidade, a preciosidade de uma dimensão livre do domínio do trabalho.

Historicamente, a origem desse domínio está no mundo do festival de culto religioso, o *Kult* do título alemão de Pieper. Ócio, afinal, é ação humana no feriado, no dia santo. Um templo é um *templum*, um pouco de espaço delimitado fora do espaço dos usos cotidianos e isento deles: é o que ocorre com o ócio. Assim como "não pode haver espaço inutilizado no mundo total do trabalho", não pode haver tempo inutilizado. O ócio arranca uma medida de tempo dos limites do propósito. O que valida essa dispensa é abertura à realidade a qual o ócio presume. A origem do festival de ócio é em última análise uma origem religiosa. Na fórmula do estudioso de Shakespeare C. L.

Barber, ele traça um movimento da "liberação para esclarecimento" e produz "uma conscientização da relação entre o homem e a 'natureza' – a natureza celebrada no feriado". Isso é o que constitui a ligação entre ócio e adoração. Nesse sentido, a justificativa para o ócio não está no repouso que oferece, mas na realidade que ele afirma.

De uma era pragmática, uma era dominada pelos imperativos do trabalho, pode-se esperar apenas que ela procure falsificar o ócio para se apropriar da aparência de receptividade sem na verdade receber nada. Mas o apetite humano natural pelo ócio não é satisfeito por simulacros. "Um festival", escreve Pieper,

> que não obtém sua vida da adoração, apesar da conexão na consciência humana ser tão pequena, não é para ser encontrada. Com certeza, desde a Revolução Francesa, as pessoas tentaram repetidamente criar festivais artificiais sem nenhuma conexão com a adoração religiosa, ou ainda contra tal adoração, como o "Festival de Brutus" ou "Dia do Trabalho", mas eles todos demonstram, por meio do caráter forçado e estreito de sua festividade, o que a adoração religiosa fornece a um festival.

Nós podemos de fato estar no "amanhecer de uma era de festivais artificiais". Mas se é assim, estamos no amanhecer de uma era sem ócio.

E encaixando isso neste louvor do ócio, Pieper não busca "dar conselho ou fornecer diretrizes para a ação, mas apenas encorajar a reflexão". À questão "O que deve ser feito?" a primeira resposta deve ser: nada. "Há certas coisas que não se pode fazer 'a fim de...' fazer alguma outra coisa. Uma pessoa não faz nada ou faz porque as coisas são significativas em si mesmas." Em *Quarta-feira de Cinzas*, Eliot pediu: "Nos ensine a ficar quietos". É uma lição difícil. No início de sua introdução a *Leisure, the Basis of Culture*, Roger Scruton cita "um presidente americano" (eu gostaria de saber qual) que respondeu a um espalhafatoso oficial com o comando "Não apenas faça algo: fique lá!". Isso é um tipo de conselho que todos nós – mesmo os presidentes entre nós – deveríamos aprender a levar a sério.

Índice Remissivo

A
Abelardo, 44
Ação Francesa, 59
Ackroyd, Peter
  T. S. Eliot: A Life, 80
Acton, Lord, 180
adlerianismo, 330
Aids, 242, 245, 250, 255, 282, 292
Aiken, Conrad, 36
Allen, Woody, 270, 341
Ammons, Archie Randolph, 36
Arendt, Hannah, 7, 11
Arensberg, Walter, 92
Argentor, The, 134
Aristófanes, 146
Aristóteles, 23, 73, 138, 304, 315, 339-40, 342-43, 348
  Metafísica, 346
  Poética, 121
  Política, 339
Armstrong, Robert, 135
Arnold, Matthew, 39-40, 44, 49, 88, 90, 94, 309, 320-21, 346
  Literatura e Ciência, 320

Aron, Raymond, 221, 233, 326
  O Ópio dos Intelectuais, 233
Ashbery, John, 36, 79, 99
Astor, David, 136
Auden, Wystan Hugh, 72-73, 87, 103-21, 184, 199, 299
  1º de Setembro de 1939, 104, 114
  About the House, 111
  Acalanto, 104, 114
  A Mão do Artista, 116-18
  Ao Descer a Rua Bristol, 104
  At the Grave of Henry James, 115
  Bucolics, 111
  Carta a Lord Byron, 103
  Collected Poems, 106
  Collected Shorter Poems, 115
  Complete Works of W. H. Auden, 106
  Em Memória de Sigmund Freud, 104
  Em Memória de W. B. Yeats, 104
  Epistle to a Godson, 109
  Forewords and Afterwords, 105, 117
  Grub First, Then Ethics, 112

Homage to Clio, 110
Juvenilia, 105
Musée des Beaux Arts, 114
New Year Letter, 110
O Agente Secreto, 104
O Escudo de Aquiles, 110
Outro Tempo, 109
Plains, 111
Reading, 92-93, 118
Secondary Worlds, 117
Thank You, Fog, 106
The Enchafèd Flood, 117
The English Auden, 106
The Public v. the Late Mr. W. B. Yeats, 103
The Sea and the Mirror, 117

B
Babbitt, Irving, 74
Barber, Cesar Lombardi, 352
Barraqué, Jean, 251
Bates, Milton, 100
Baudelaire, Charles, 38
   L'Art Romantique, 306
Beauvoir, Simone de, 220, 224, 226, 229
   A Cerimônia do Adeus, 221
Beethoven, Ludwig van, 342
Bell, Clive, 62-63
Bentham, Jeremy, 165, 167, 174, 177-78
Bergson, Henri, 53, 57, 59, 64, 94
Blackmur, Richard Palmer, 36, 73, 91-92
Blake, William, 99

Bloom, Allan, 323, 326
Bloom, Harold, 75, 79
Blumenberg, Hans, 331
Blunden, Edmund, 130
Boothby, Lord, 311
Borges, Jorge Luis, 36
Botticelli, Sandro, 35, 41, 44, 129
Bouvier, Emile, 228
Boyle, Robert, 315
Bradbury, Malcolm, 123
Bradley, Francis Herbert, 74
Bragg, William Lawrence, 313
Brandes, Georg, 213
Broch, Hermann, 146, 199
   Os Sonâmbulos, 140, 149
Brodsky, Joseph, 104
Brooker, Jewel Spears, 56
Brooke, Rupert, 130
Browning, Robert, 110, 130
Bruckner, Pascal, 230
   The Tears of the White Man, 230
Bruno, Giordano, 170
Buchan, John, 177
   Prester John, 177
Bucknell, Katherine, 105
Burckhardt, Jacob, 211, 213
Burke, Edmund, 173, 303
Butterfield, Herbert
   The Whig Interpretation of History, 323
Buttle, Myra. Ver Purcell, Victor
Bywater, Ingram, 41

C
Camberg, Bernard, 126

Camberg, Sarah, 126
Camus, Albert, 221-22
   O Homem Revoltado, 221
Carpenter, Humphrey, 107-08
Carroll, Lewis
   Alice Através do Espelho, 350
   Alice no País das Maravilhas, 317
Castro, Fidel, 229
Cézanne, Paul, 298
Chesterton, Gilbert Keith, 9, 18, 39, 55, 120
Chicago Tribune, 341
Chomsky, Noam, 249
Cioran, Emile Michel, 263-77
   Breviário de Decomposição, 264
   De l'Inconvenient d'Être Né, 264
   História e Utopia, 264, 271, 276
   La Chute dans le Temps, 264
   La Tentation d'Exister, 264, 272, 275
   Syllogismes de l'Amertume [Silogismos da Amargura], 264
Cocteau, Jean, 83
Cohen-Solal, Annie
   Sartre, 220-23, 232
Coleridge, Samuel Taylor, 37, 73, 166
   Literary Remains, 165
Colombo, Cristóvão, 298
Commentary, 104, 107, 312
Commonweal, 341
Compton-Burnett, Ivy, 134
Comte, Auguste, 172, 178
Comunidade Económica Europeia (CEE), 326

comunismo, 274, 324-25, 344
   francês, 242
confucionismo, 187
Conrad, Joseph, 70
Copérnico, 170, 315
Courtivron, Isabelle de, 245-46
Cowling, Maurice
   Mill and Liberalism, 166, 172, 192
Crane, Hart, 36
Criterion, The, 8, 56, 69, 73, 76-77, 84, 103
Csengeri, Karen, 54, 57-58, 63
cubismo, 152, 292
Culler, Jonathan, 18
Curtius, Ernst Robert, 9-12, 25, 88, 350
   Essays on European Literature, 11
   Literatura Europeia e Idade Média Latina, 9

D

dadaísmo, 284-86, 294-95
Daily Telegraph, 287, 327
Dalí, Salvador
   A Idade de Ouro, 296
   A Vida Secreta da Salvador Dalí, 296
   Um Cão Andaluz, 283
Dante, 10, 76
Darwin, Charles
   A Origem das Espécies, 168
Davenport-Hines, Richard, 107, 115
Davie, Donald, 77
Day-Lewis, Cecil, 73

Defert, Daniel, 248, 255, 258
de Gaulle, Charles, 326
Delacroix, Eugène, 333
de la Mare, Walter, 130
Deleuze, Gilles
    O Que é Filosofia?, 345
de Man, Paul, 20
Derrida, Jacques, 15, 17-20, 24-25, 28-30, 242
    Farmácia de Platão, 17
    La Dissémination, 17
Descartes, René, 315, 348-49
    influência de, 342
desconstrucionismo, 11, 242
Dial, The, 76
Dickens, Charles, 121, 316
    Nosso Amigo Comum, 76
Dickinson, Emily, 36
Donne, John, 339
Donoghue, Denis, 36-42, 47-51
    The Arts Without Mystery, 48
    Walter Pater: Lover of Strange Souls, 36
Dorment, Richard, 287
Dostoiévski, Fiódor, 127, 304, 307
Duchamp, Marcel, 284-85, 295

E

Eliot, Andrew, 83
Eliot, George, 46, 47
    Middlemarch, 41
Eliot, Thomas Stearns, 7-8, 36, 50-51, 54, 56, 69-70, 72-90, 94, 104, 116, 125, 300-01, 321, 339, 341, 344-46, 352

A Canção de Amor de J. Alfred Pufrock, 37
A Dialogue on Dramatic Poetry, 89
After Strange Gods, 81, 89
A Função da Crítica, 56
A Ideia de uma Sociedade Cristã, 81
antissemitismo em, 14, 80-82
Arnold e Pater, 36, 88
A Terra Desolada, 70, 76, 78, 84-88, 116
A Tradição e o Talento Individual, 300
Burnt Norton, 8, 90
Crime na Catedral, 87
Gerontion, 70, 88, 116
Inventions of the March Hare, 80
Little Gidding, 69
Manhã à Janela, 75
Notas para a Definição de Cultura, 86
Old Possum's Book of Practical Cats, 87
Os Homens Ocos, 70, 77, 79, 88
O Uso da Poesia e o Uso da Crítica, 90
Prelúdios, 37, 75
Prufrock, 70, 75-76, 80, 82, 86, 88, 116
Quarta-feira de Cinzas, 77, 88, 352
Quatro Quartetos, 8, 69-70, 77-78, 86, 90, 116, 321, 339

Retrato de uma Dama, 37, 75, 88
Second Thoughts About Humanism, 87
Emerson, Ralph Waldo, 94, 145
Empson, William, 70
Encounter, 310, 314
epicurismo, 46-47
Epstein, Jacob, 59, 61-62
Eribon, Didier, 243-44, 257
estruturalismo, 11, 15, 19-21, 23
Euclides, 315
Evangelho de São João, 13
existencialismo, 223, 226

F

Faber and Faber, 73
Fanon, Frantz
   Os Condenados da Terra, 230
feminismo, em J. S. Mill, 167
Finkielkraut, Alain, 281
Finley, Karen, 292
Fisher, Mary Frances Kennedy
   The Art of Eating, 119
Fish, Stanley, 18-19
Fitzgerald, Francis Scott, 36
Flaubert, Gustave
   A Educação Sentimental, 228
Fleming, Ian, 134
Ford, Ford Madox, 36
Förster, Bernhard, 214
Forster, Edward Morgan, 36, 115
Förster-Nietzsche, Elisabeth, 214
Forum, 136
Foucault, Michel, 15, 20, 241-61, 277
   A Arqueologia do Saber, 241
   A História da Sexualidade, 250, 255, 261
   As Palavras e as Coisas, 258-59
   História da Loucura, 255, 259
   Vigiar e Punir, 242
Franz, Josef, 152, 213
freudiano, 246, 330
Freud, Sigmund, 104, 114, 199, 206, 210, 212
Friedrich Wilhelm III, 13, 35, 112, 148, 195, 203, 208-10, 240, 256-57, 276, 309, 335
Frost, Robert, 117
Fukuyama, Francis, 323-37
   O Fim da História?, 323-24, 326-29
   O Fim da História e o Último Homem, 327-28
Fuller, John
   W. H. Auden: A Commentary, 104, 107
futurismo, 291

G

Galileu, 170, 315
Gallimard, Gaston, 223
Gast, Peter, 212
Gauguin, Paul, 234, 298
Gellner, Ernest, 260
Giacometti, Alberto, 221
Gide, André, 199, 227-28
Gilbert & George, 286-87, 307
   Naked Shit Pictures, 287
Gillespie, James, 128-30

Giotto, 129
Goethe, Wolfgang, 73, 87, 141, 199, 214, 223, 300
Golub, Leon, 291
Good Housekeeping, 93
Gordon, Lyndall, 79-83, 87, 129
   Eliot's Early Years, 79, 83
   Eliot's New Life, 79
   T. S. Eliot: An Imperfect Life, 79-80, 83
Gosse, Edmund, 41
Goya, Francisco, 244
Greenberg, Clement, 73, 281, 294
Greene, Graham, 137
Gross, Paul R.
   Higher Superstition, 316
Grupo Baader-Meinhof, 230
Guardian, The, 287
Guattari, Félix
   O Que é Filosofia?, 345
Guerra Franco-Prussiana, 211
Guevara, Che, 229
Gurstein, Rochelle
   The Repeal of Reticence, 301

H

Haacke, Hans, 292
Haack, Susan, 27-28
Haigh-Wood, Vivienne, 84
Hardy, Thomas, 41
Harris, Frank, 42-43
   Minha Vida Meus Amores, 42
Hartford Accident and Indemnity Company, 96
Hayman, Ronald, 209
Hegel, Georg Wilhelm Friedrich, 112, 170, 325-28, 330-36
   Fenomenologia do Espírito, 326
   Filosofia do Direito, 335-36
Heidegger, Martin, 16, 198, 225
   O Que é a Metafísica?, 227
   Ser e Tempo, 227
Heller, Erich
   The Importance of Nietzsche, 195, 207
Hightower, John, 289-90
Himmelfarb, Gertrude, 323
   On Liberty and Liberalism, 167-68, 180, 191
Hirst, Damien, 283-84, 286, 297, 301
Hitler, Adolf, 133, 160, 272, 334, 343
Hoare, Quentin, 224-26
Hobbes, Thomas, 237
Hofmannsthal, Hugo von, 147
Holzer, Jenny, 292, 297, 301
Homero, 301
Hopkins, Gerard Manley, 36, 316
Horácio, 87, 337
Howard, Richard, 266
Hughes, Ted, 73
Hulme, Thomas Ernest, 53-67, 89
   A Lecture on Modern Poetry, 55
   A Tory Philosophy, 60
   biografia, 58-60
   Cinders, 53, 59, 64
   Diary from the Trenches, 62
   Further Speculations, 57
   Humanism and the Religious, 57

Modern Art and Its Philosophy,
    66
Mr. Epstein and the Critics, 61
Romanticism and Classicism, 67
Speculations, 56-57, 59, 62
*The Complete Poetical Works of
    T. E. Hulme*, 54
War Notes, 62
Huntington, Samuel P., 323
Husserl, Edmund, 54, 227
Huxley, Thomas Henry, 320
Huysmans, Joris-Karl, 38
Hynes, Samuel, 57

I

Iluminismo, 13, 30-31
imagismo, 54
irmãos Chapman, 297
irmãos Marx, 87
    Os Galhofeiros, 88
    Uma Noite na Ópera, 88
irmãs Brontë, 124
Isherwood, Christopher, 105, 107

J

Jackson, Glenda, 124
James, Henry, 36, 86
Jameson, Fredric, 18
James, William, 94, 145
    Vontade de Crer, 97
Jarrell, Randall, 110, 113
Jaspers, Karl, 202
Johnson, Daniel, 327
Johnson, Lyndon, 115
Johnson, Paul, 230
Johnson, Philip, 295
Johnson, Samuel, 73, 141
Jones, Alun, 57
Jowett, Benjamin, 40
Joyce, James, 36, 75
    Ulisses, 140

K

Kafka, Franz, 140, 270
Kaiser, Ernst, 142-43, 228
Kallman, Chester, 107, 113, 119
Kant, Immanuel, 342
    influência de, 94, 315
    O Que é o Iluminismo?, 30
Kelley, Mike, 297
Kenner, Hugh, 73
Kermode, Frank, 55
    como editor de Stevens, 97
    Romantic Image, 55
Khomeini, Ruholla, 248
Khrushchov, Nikita, 229
Kiefer, Anselm, 302
Kierkegaard, Søren, 119, 227, 264, 336
    Ou Isso, ou Aquilo, 51, 150
    Ou Isto, ou Aquilo, 292
Kilmartin, Terence, 136
Kipling, Rudyard, 119, 177
Koestler, Arthur, 228
Kojève, Alexandre, 326-27, 336
Kolakowski, Leszek, 29, 64, 330
    Main Currents of Marxism, 229, 332
    Religion: If There Is No God, 330

Koons, Jeff, 286, 297
Kramer, Hilton, 8, 82
 The Age of the Avant-Garde, 294
Krauthammer, Charles, 329
Kristol, Irving, 323-24
Kundera, Milan, 197

L

Laforgue, Jules, 75-76, 82
Larkin, Philip, 110-11, 113-14, 261
 The Less Deceived, 111
Lasserre, Pierre, 59, 64
Lawrence, David Herbert, 17, 199
Leavis, Frank Raymond, 309-13, 316, 318-21
 As Duas Culturas, 309-10, 312-15
Leibniz, Gottfried, 334
Lênin, Vladimir Ilich, 170, 271
Leonardo, 36, 44
Lessing, Doris, 132
Lessing, Gotthold, 132
Levitt, Norman
 Higher Superstition, 316
Lewis, Wyndham, 54, 73, 317
liberalismo, 166-68, 170-79, 182-83, 187-89, 192-93, 271, 274, 324-25, 331, 337
Lloyd, Marie, 87
Locke, John, 315
Longfellow, Henry Wadsworth, 93
Lowell, Robert, 73
Ludovici, Anthony, 61
Ludwig, Emil, 208-09, 228

M

Mach, Ernst, 145
MacIntyre, Alasdair, 243
Maeterlinck, Maurice, 145, 154
Mallarmé, Stéphane, 38, 42, 91, 112
Mallock, William Hurrell
 The New Republic, 42
Malraux, André, 199
Mancy, Joseph, 219
Manet, Edouard, 298
 Olympia, 282
Mann, Thomas, 199
 A Montanha Mágica, 140, 148
 Doutor Fausto, 148, 210
maoismo, 248
Mao Tsé-Tung, 229-30
Mapplethorpe, Robert, 286, 296, 302
Marcuse, Herbert, 246, 302
 Eros e Civilização, 246
Marx, Groucho, 87
marxismo, 23, 195, 248, 274, 330
 literário, 98
 neomarxismo, 19, 305
Marx, Karl, 170, 172, 195, 325
Masefield, John, 124, 130, 136
Matisse, Henri, 293
Mayhew, Henry
 London Labour and the London Poor, 121
McCann, Janet
 Wallace Stevens Reconsidered, 100
Meier-Graefe, Julius, 303, 306

Meinong, Alexius, 54
Mencken, Henry Louis
    The Philosophy of Friedrich Nietzsche, 203-04, 211
Mendelson, Edward, 104-08, 111, 115-16
    Early Auden, 104-07
    Later Auden, 105-07
Meredith, William, 105
Merleau-Ponty, Maurice, 221
Merquior, José Guilherme, 260-61
    Foucault, 260
Metternich, Klemens von, 335
Michelangelo, 37, 44, 287
Miller, James, 241-61
    Democracy Is in the Streets, 247
    The Passion of Michel Foucault, 241, 243, 247
    The Rolling Stones Illustrated History of Rock and Roll, 247
Mill, John Stuart, 165-93
    A Sujeição das Mulheres, 167, 178
    Autobiografia, 165, 175
    Sobre a Liberdade, 168, 172-74, 177-79, 184-86
    Utilitarismo, 178, 183
Milne, Alan Alexander, 113
Milton, John
    Paraíso Perdido, 141
modernismo, 35-36, 39, 56, 69, 75, 77, 79, 105, 140, 293, 295
    e a tradição romântica, 106
    na Inglaterra, 54

Molotov, Vyacheslav, 23
Moore, George Edward, 54
Moore, Marianne, 73
More, Paul Elmer, 77
Morley, John, 176
Moulton, John Fletcher, 297
Moynihan, Daniel Patrick, 323
Muir, Edwin, 73
Murdoch, Isis, 238
    Metaphysics as a Guide to Morals, 21-22
Murray, Gilbert
    The Classical Tradition in Poetry, 333
Museu de Arte Moderna, 289
Museu do Brooklyn
    Sensation, 284
Musil, Martha, 159
Musil, Robert, 139-50, 152-54, 156-61, 199
    Address at the Memorial Service for Rilke in Berlin, 139
    Da Estupidez, 139
    história familiar de, 146, 154
    Nachlass zu Lebzeiten, 140
    O Homem sem Qualidades, 139-42, 144-46, 148-50, 152, 154, 156, 159-61
    O Jovem Törless, 139, 143
    Os Entusiastas, 139
    Três Mulheres, 139

N

Napoleão, 151, 326
National Interest, The, 323, 336

Nation, The, 341
Nauman, Bruce, 307
nazismo, 20, 81, 139, 141, 147, 203, 205, 214
Nehamas, Alexander, 243, 245
New Age, 54, 59
New Criterion, The, 8, 103
Newman, Caroline, 107
Newman, John Henry, 137-38, 340
    Apologia pro Vita Sua, 138
    The Idea of a University, 350
New Republic, The, 42, 245
New Statesman, The, 310, 312, 341
Newton, Isaac, 145, 315
New Yorker, The, 79, 302
New York Times Book Review, The, 246, 341
New York Times Magazine, The, 302
Nietzsche, Friedrich, 13-17, 27, 30, 35, 39, 60-62, 172, 195-218, 256-59, 264, 276-77, 329, 331
    A Gaia Ciência, 35, 208, 217, 277
    A Genealogia da Moral, 212
    Além do Bem e do Mal, 15, 196, 276
    Assim Falou Zaratustra, 196, 199, 201, 329
    Aurora, 204
    A Vontade de Poder, 204
    biografia de, 209-10, 212-14
    Considerações Intempestivas, 206
    Ecce Homo, 201, 212
    influência de, 94, 145, 148, 160, 257-59, 266, 276-77

    O Nascimento da Tragédia, 214
    Schopenhauer Educador, 206
Nouvelle Revue Française, 223
Novalis, 154, 195, 218, 263

O

Observer, The, 136
O'Connor, Flannery, 123
Orage, Alfred Richard, 59
Organização para a Libertação da Palestina (OLP), 230
Orwell, George, 119
    Benefit of Clergy, 296
    Mil Novecentos e Oitenta e Quatro, 317
Overbeck, Franz, 213
Ozick, Cynthia, 69, 79

P

Pall Mall Gazette, 176
Pater, Walter, 35-51, 88
    A Escola de Giorgione, 35
    educação, 40-42
    Estudos sobre a História do Renascimento, 43, 47
    história familiar, 40-42
    influência de, 36-38
    Marius the Epicurean, 47
    Sandro Botticelli, 35
Pattison, Emilia (Sra. Mark), 43
Pattison, Mark, 43
Pavlova, Anna, 130
Phillips, Adam, 49
Pico della Mirandola, 44
Pieper, Josef, 339-52

Guide to Thomas Aquinas, 342
Leisure, the Basis of Culture, 340-41, 344, 352
No One Could Have Known, 343
Pike, Burton, 142-43
Platão, 12-13, 328, 339, 342-43
   A República, 13
   Fedro, 17
   Filebo, 237
   O Banquete, 146, 154
Plath, Sylvia, 73
Plutarco, 241, 243
Poetry Review, 134-35
Pol Pot, 170
Pop Art, 295
Pope, Alexander, 173
positivismo lógico, 344-45
Posner, Richard A., 176-78
   Para Além do Direito, 27
   The Economics of Justice, 174
Pound, Ezra, 36, 54-57, 73, 76-77, 93, 317
   In a Station of the Metro, 55
   Ripostes, 54
Praz, Mario
   A Agonia Romântica, 38
Prêmio Kleist, 139
Primeira Guerra Mundial, 59, 62, 140
Pritchett, Victor Sawdon, 154, 157
Proust, Marcel
   Em Busca do Tempo Perdido, 125, 136, 140, 310
Purcell, Victor
   The Sweeniad, 78

Q

Quinn, John, 77

R

Rafael, 287
Rainha Elizabeth, 124
Ransom, John Crowe, 101
Rede Lecture, 310, 320
Reiter, Heinrich, 146
Retábulo de Isenheim, 287
Revolução Francesa, 178, 326, 352
Richardson, Joan, 97
Ricks, Christopher, 42, 80, 111-13, 123
Rilke, Rainer Maria, 114, 139, 148, 160, 199, 212
   Elegias de Duíno, 304
Rimbaud, Arthur, 38, 234, 266
Ritschl, Friedrich, 210-11
Roberts, Michael, 55, 57
romantismo, 48, 54, 60, 64-67, 74, 89, 154, 157, 217, 259, 263, 293, 299, 315
Rorty, Richard, 9, 14, 18, 23-30, 243, 302
   A Filosofia e o Espelho da Natureza, 24
   Consequências do Pragmatismo, 24
   Contingência, Ironia e Solidariedade, 24
Rosenblum, Robert, 287
Rousseau, Jean-Jacques, 17, 167, 182-83
   Emílio, 53

Ruskin, John, 39-40
Russell, Bertrand, 62-63, 84

S
Sade, Marquês de, 171, 244, 254
sadomasoquismo, 245-46, 251-55
Saint-Exupéry, Antoine de, 227
Saint-Just, Louis de, 171
Saintsbury, George
    History of English Prosody, 103
Salomé, Lou, 212
San Francisco Chronicle, The, 341
San Francisco Examiner, 282-83
Sanger, Margaret, 135
Santayana, George, 74, 94, 100
    Character and Opinion in the United States, 337
Santo Agostinho
    A Cidade de Deus, 235
Sartre, Jean-Paul, 198, 219-42, 326
    A Idade da Razão, 224
    A Náusea, 223, 231, 236
    As Palavras, 219, 228, 231
    Crítica da Razão Dialética, 221
    Diário de uma Guerra Estranha, 224-25, 231
    Entre Quatro Paredes, 237
    história familiar de, 219-21
    La Cause du Peuple, 230
    O Muro, 223
    O Ser e o Nada, 222, 225, 227, 233, 235-39, 242
Saturday Review, 42, 178
Scaevola, Gaius Mucius, 209
Scheler, Max, 54

Schiller, Friedrich von, 214
    A Educação Estética do Homem, 240
Schjeldahl, Peter, 302
Schopenhauer, Arthur, 206-07, 217, 263
    O Mundo como Vontade e Representação, 210
Schorske, Carl, 146-47
Schweitzer, Albert, 219
Schweitzer, Ann-Marie, 219
Scruton, Roger, 341, 346-47, 352
    O Que é Conservadorismo, 187
Scull, Andrew, 260
Sedlmayr, Hans, 301, 305-06
Segunda Guerra Mundial, 10, 20, 334, 343, 347
    falsa guerra, 225
Serrano, Andres, 286, 307
Shakespeare, William, 117, 318, 351
    A Tempestade, 342
    Rei Lear, 87
    sonetos, 117
Shaw, George Bernard, 199-200
Shelley, Mary, 124, 136
Shelley, Percy, 299
    Adonais, 45
Sherman, Cindy, 292, 297, 302
Shevardnadze, Eduard, 329
Shils, Edward
    Tradition, 30-31
simbolismo, 294
Simon, John, 143, 241
Simons, Hi, 95
Sitwell, Edith, 312

Smith, Maggie, 124
Snow, Charles Percy, 309-21
    As Duas Culturas e a Revolução Científica, 310
    Death Under Sail, 309
    Strangers and Brothers, 310
socialismo, 63
Sócrates, 13, 170, 215, 249
Sontag, Susan, 264-66, 270, 273, 275-77
Sorel, Georges
    Reflexões sobre a Violência, 54
Spark, Muriel, 121-38
    A Primavera da Srta. Jean Brodie, 124, 129
    catolicismo de, 122, 137
    Collected Stories, 124
    Curriculum Vitae, 124-27, 137-38
    Loitering with Intent, 121, 124, 137
    Memento Mori, 121, 123
    The Abbess of Crewe, 124
    The Comforters, 124, 137
    The Girls of Slender Means, 133
    The Seraph and the Zambesi, 136
Spark, Sydney Oswald, 131
Spears, Monroe K., 56, 105
Spectator, The, 311, 319, 341
Spender, Stephen, 73
Spengler, Oswald, 148
    Der Untergang des Abendlandes, 199, 263
Stálin, Josef, 228, 249, 271, 334, 344
Stanford, Dereck, 23, 125-26, 136

Stendhal, 227-28
Stephen, James Fitzjames, 73, 165, 176-86, 188-92
    Liberty, Equality, Fraternity, 165, 176-78, 180
Stephen, Leslie, 167, 176-77, 182
Stevens, Elsie, 92-93
Stevens, Wallace, 8, 36-37, 89, 91-101, 199, 307
    Adagia, 96, 98
    Ao Sair da Sala, 100
    A Queda do Piloto, 97
    Desilusão às Dez Horas, 92
    Garnisés no Pinheiral, 98
    Harmonium, 91-92, 100
    Man Carrying Thing, 91
    Manhã de Domingo, 37, 92, 100-01
    Notas para uma Ficção Suprema, 91, 93, 97
    O Boneco de Neve, 99
    O Imperador do Sorvete, 98
    O Sentido Claro das Coisas, 100
    Os Poemas de Nosso Clima, 95
    Parts of a World, 95
    Peter Quince no Teclado, 92
    Solilóquio Final do Amante Interior, 93
    The Motive for Metaphor, 91
    The Necessary Angel, 95
    The Sail of Ulysses, 101
    To an Old Philosopher in Rome, 100
    Treze Maneiras de Olhar para um Melro, 37

Stopes, Marie, 135
Stove, David, 16, 135, 169-71, 192, 298-99, 333
  Cricket Versus Republicanism, 169
Strauss, Richard
  Assim Falou Zaratustra, 199
Stravinsky, Igor, 298
Stumpf, Karl, 145
surrealismo, 98, 283, 344
Swift, Jonathan, 36
Swinburne, Algernon, 38, 130
Sylvester, David, 287
Symons, Arthur
  The Symbolist Movement in Literature, 75

T

Taine, Hippolyte, 213
Tate, Allen, 341
Taylor, Harriet, 122, 165, 167
Temps Modernes, Les, 222
Thibaudet, Albert, 294-95
Thorndike, Sybil, 130
Times Literary Supplement, The, 8, 76-77, 341
Tito (Josip Broz), 229
Tomás de Aquino, 216, 303, 342
totalitarismo, 7, 10-11, 335
Toulmin, Stephen, 312
Townshend, Larry
  The Leatherman's Handbook, 253
Toynbee, Philip, 136
Trilling, Lionel, 312

Trollope, Anthony, 96, 117
Truman, Harry S., 249

U

União Americana pelas Liberdades Civis, 192
União Soviética, 228, 314, 343
Universidade de Bucareste, 264
Universidade de Cambridge, 58, 310
URSS. Ver União Soviética
utilitarismo, 167, 172, 174-75

V

Vaihinger, Hans
  A Filosofia do Como Se, 94
Van Gogh, Vincent, 234, 298
Vegécio, Flávio, 329
Verdenal, Jean, 82
Verlaine, Paul, 38
Virgílio, 10
Voltaire
  Cândido, ou o Otimismo, 323, 334

W

Wagner, Cosima, 211
Wagner, Richard, 61, 155-56, 202, 214-15, 217
  Tristão e Isolda, 120
Ward, Sra. Humphry, 41
Warner, Stuart D., 176
Watts, Alan, 252
Waugh, Evelyn
  A Provação de Gilbert Pinfold, 137

Weber, Max, 198
  A Ética Protestante e o Espírito do Capitalismo, 348
Weil, Simone, 119
Weinman, Adolph Alexander, 93
Wellek, René, 54
White, Richard John, 176, 230
Wilamowitz-Möllendorf, Ulrich von
  Zukunftsphilologie!, 214
Wilbur, Richard, 104
Wilde, Oscar, 36, 46-47, 100, 204
  O Retrato de Dorian Gray, 38, 46
Wilhelm II, 228
Wilkins, Eithne, 142-43
Wilkins, Sophie, 142-43
Will, George F., 329
Wilson, Edmund, 42, 70, 73, 78, 83-84, 88, 113, 310
Wilson, Simon, 287
Wilson, Woodrow, 334
Winckelmann, Johann, 44, 48, 215
Windschuttle, Keith, 259-60
  The Killing of History, 259
Winters, Yvor
  The Anatomy of Nonsense, 93
Wittgenstein, Ludwig, 63, 94, 264
  Investigações Filosóficas, 31
Wolfe, Tom, 298
Woolf, Virginia, 36, 176
Wordsworth, Jonathan, 46
Wordsworth, William, 95, 130, 167
Worringer, Wilhelm, 54, 59, 65-66
  Abstraktion und Einfühlung, 65

Y

Yeats, William Butler, 36, 103, 104, 106, 112, 114, 118, 119, 130, 199, 317
  The Oxford Book of Modern Verse, 36
Yegge, Jonathan, 281, 282, 283, 284
Yudkin, Michael, 315

Leia também:

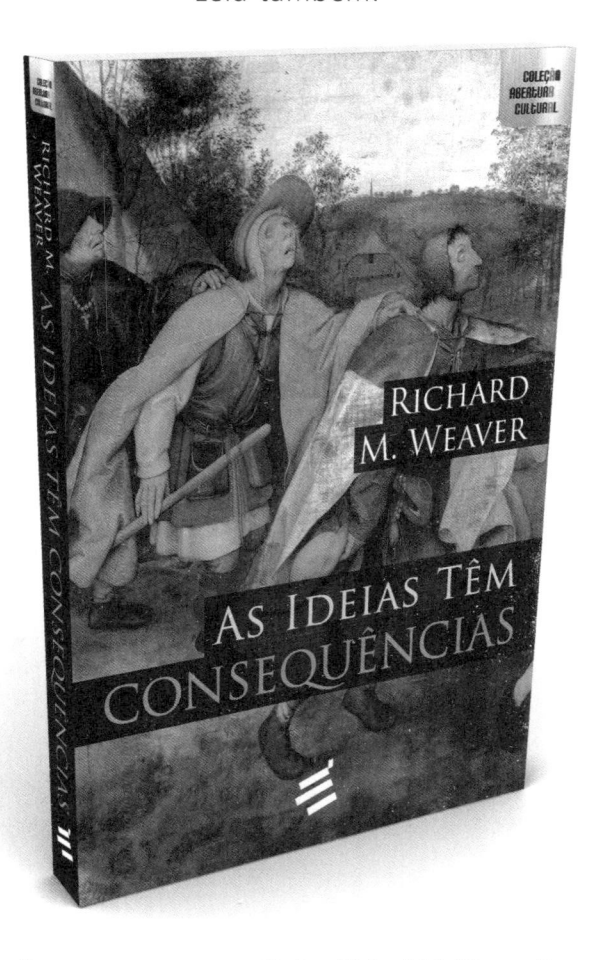

Em um livro que se tornou um clássico, Richard M. Weaver diagnostica impiedosamente as doenças de nossa época, oferecendo uma solução realista. Ele afirma que o mundo é inteligível e que o homem é livre. As catástrofes de nossa época não são produto da necessidade, mas de decisões pouco sábias. Uma cura, ele sugere, é possível. Ela encontra-se no uso correto da razão, na renovada aceitação de uma realidade absoluta e no reconhecimento de que as ideias – como as ações – têm consequências.

facebook.com/erealizacoeseditora   twitter.com/erealizacoes   instagram.com/erealizacoes   youtube.com/editorae

issuu.com/editora_e   erealizacoes.com.br   atendimento@erealizacoes.com.br